Acceptance and Challenges of Foreign Care Workers

# 外国人介護労働者の受入れと課題

姜 美香
[著]

晃洋書房

# 刊行によせて

　本書は，四天王寺大学審査学位論文である姜 美香 著「外国人介護労働者の確保に関する研究」を上梓したものである．刊行に際して，学位論文の題目を『外国人介護労働者の受入れと課題』に改めた．それは，単に，読者に馴染みやすい書名にしたにすぎない．また，誤字や脱字を訂正し，文法上の誤りを修正するなど，学位論文の内容の変更には至らない程度で文章を整えた．

　姜美香さんは，1999年に留学生として韓国から渡日し，2005年4月に四天王寺大学（当時は四天王寺国際仏教大学）の人文社会学部に編入し，卒業した．その後，大学院の博士前期課程を修了し，2010年4月に四天王寺大学大学院人文社会学研究科の博士後期課程に進学した．当時，大学院の専任教授として教鞭をとっていた私が，博士後期課程の姜美香さんを直接指導した．

　姜美香さんの研究テーマは，一貫して日本と韓国との関係を念頭においたものであった．当初は日・韓の高齢者問題の比較研究に焦点を当て，いくつかの論文を執筆した．その後，日本において介護労働者不足の問題が大きな社会問題になる状況の中で，日本以上に急激な高齢化が進んでいる韓国においても，いずれは介護労働者不足に直面するであろうことを想定した．そして，介護労働者不足を解消するための日本の取組みは，韓国の高齢者政策に対して大きな示唆を与えるものと考えた．そこで，近い将来に到来することが予測される韓国の介護労働者不足を解消するための手がかりとなるであろう日本における外国人介護労働者の確保のための取組みについて研究を始めた．

　統計資料を用いた人口動態の分析によって，韓国の急激な高齢化は明らかとなり，研究の焦点が正しいことを確証した．外国人労働者に対する日本や韓国での人権侵害的な処遇を明らかにする中で，今後の外国人介護労働者の受入れは，人権尊重の立場に立たなければならないことや，言葉の壁を乗り越えるための取組みにも自らの見解を示した．

　日本語を母語としない留学生にとって，日本語での論文執筆に困難を極めたことは想像に難くない．日本語の文献は読めるにしても，直接に日本語の文章を作成することは困難である．したがって，頭の中では韓国語で文章を練り，

それを日本語に訳して文章化するという手順をとらざるを得なかった．このような困難な状況の中でも，前向きに研究に取組み，次々と論文を執筆した．そして，それらの論文を体系化し，学位請求論文として提出した．審査の結果，2017年3月に，四天王寺大学から博士（人間福祉学）の学位が授与された．

　学位が授与されたのであるから，本来ならばできるだけ早くに刊行してもらいたかったが，仕事，結婚，出産，そして子育てと目のまわるような忙しい日々であったため，刊行が遅れた．この遅れは残念でならない．なぜなら，この間に，日本の外国人介護労働者受入れの政策はめまぐるしく変化し続けているからである．

　この間の新たな資料の分析を踏まえて論文を執筆し，それを補章として本書に付け加えることも考えたようであるが，やはり学位論文そのものの刊行の方が意義深いと考え，補章を付け加えることなく，学位論文そのものを本書として刊行することにした．

　補章を付け加えることはしなかったが，本書の巻末に付録として，学位請求論文の審査結果の概要，姜美香さんと私との対談，日本の外国人介護労働者の受入れをめぐるこの間の新たな法制度の動きを資料として掲載した．対談では，学位論文執筆に当たっての姜美香さんの思い等を話してもらった．この対談の司会をしたほか，審査結果の概要と，新たな法制度の動きの資料の紹介とその解説の執筆，そして，本書の刊行の労をとってくださったのは，四天王寺大学の和田謙一郎教授である．

　本書の刊行で満足するのではなく，外国人介護労働者の受入れが喫緊の課題になるであろう韓国のためにも，外国人介護労働者の日本における受入れ状況について，今後も一層詳細な研究を続けることを心から願っている．

　本書は，韓国の状況をも視野に入れた日本の外国人介護労働者の受入れを研究した最初のものであり，外国人介護労働者の問題に関心のある者にとっては必読の書である．是非，一読していただいて，著者の姜美香さんに感想を届けてくだされば幸甚である．


　　2019年　盛夏

　　　　　　　　四天王寺大学　名誉教授　愼　英弘　記す

# 目　　次

刊行によせて

序 …………………………………………………………………………… *1*

## 第1章　日・韓の高齢者の状況をめぐる比較 …………………… *9*

第1節　年齢別人口の推移の比較　　*(10)*

第2節　高齢者世帯の推移の比較　　*(13)*

第3節　性別高齢人口の推移の比較　　*(15)*

第4節　老年人口1人を支える生産年齢人口の推移の比較　　*(17)*

## 第2章　日本における外国人労働者の受入れ状況 …………… *20*

第1節　外国人労働者の受入れ状況　　*(20)*

第2節　日本における技能実習生の受入れ状況　　*(24)*

## 第3章　韓国における外国人産業研修制度 ………………………… *26*

第1節　韓国の外国人産業研修制度の変遷　　*(27)*

第1項　外国人産業研修制度の導入背景

第2項　1995年から2000年までの外国人産業研修制度

第3項　外国人産業研修制度の廃止

第2節　韓国における外国人勤労者雇用許可制度　　*(35)*

第1項　外国人勤労者雇用許可制度の目的

第2項　外国人勤労者雇用許可制度の実施機関

第3項　送出し国の選別

第4項　外国人労働者の選別及び受入れ過程

第3節　外国人勤労者雇用許可制度の問題点　　*(41)*

## 第4章　日本における経済連携協定 ……………………………… 46

第1節　経済連携協定（EPA）の導入背景及び問題点　　(48)

第1項　経済連携協定（EPA）の導入背景

第2項　経済連携協定（EPA）の仕組み及び問題点

第2節　外国人介護労働者の受入れに関する議論　　(56)

第3節　今後の外国人介護労働者の受入れ　　(59)

第1項　出入国管理及び難民認定法上の外国人労働者

第2項　「専門的・技術的分野」の在留資格を持つ介護に従事する外国人の受入れ


## 第5章　日本における外国人技能実習制度 ………………………… 67

第1節　外国人技能実習制度の変遷　　(67)

第2節　外国人技能実習制度の現状　　(73)

第1項　技能実習制度の目的

第2項　現行の技能実習制度の仕組み

第3項　外国人技能実習生の帰国後のフォローアップ

第3節　外国人技能実習制度の問題点　　(90)


## 第6章　ベトナムにおける介護分野の技能実習生確保への取り組み ……………………………………… 96

第1節　ベトナムと日本の交流　　(97)

第1項　ベトナムにおける日本からの支援

第2項　ベトナムにおける日本語教育

第2節　ベトナムにおける技能実習制度　　(100)

第1項　訪問調査目的及び方法

第2項　訪問調査からみたベトナム国内の技能実習生の現状

第3項　ベトナムにおける訪問調査の結果

第3節　ベトナムにおける技能実習制度の今後の課題　　(116)

目　　次　　v

第7章　日本における介護分野の技能実習生確保への
　　　　今後の課題 ……………………………………………… 123

　第1節　日本の介護分野における人材不足問題　　(124)

　第2節　日本における介護職員の概念及び介護職員養成カリキュラム　　(128)

　　第1項　介護職員の概念及び実態

　　第2項　介護職員の資格取得のための教育課程

　第3節　日本における介護分野の人材確保問題　　(148)

結　　び ……………………………………………………………… 155

付　　録　姜美香氏の博士論文の概要と現在的意義，
　　　　　その後の動向について ………………………………… 159
　　　　　　　　　　　　　　　　姜　美香・愼　英弘・和田　謙一郎

　1　姜美香氏の博士論文の要旨　　(161)

　2　姜美香氏と愼英弘名誉教授 (四天王寺大学) の対談　　(169)

　3　「外国人介護労働者の受入れと課題」，その後の動向について (解説)
　　　(186)

あとがき　　(197)

主要参考文献　　(200)

索　　引　　(207)

# 序

　日・韓における外国人労働者は劣悪な労働環境と人権侵害から保護されるべき社会的弱者であるとされ，注目を浴びるようになってきた．他方，近年では増えていく外国人不法滞在者による犯罪行為などに対する社会的不安が増大し，大きな問題にもなっている．

　特に，日・韓に滞在する外国人労働者に対する否定的な見解は多文化共生社会が叫ばれている現在においても存在している．日・韓における外国人労働者は，日雇いの多い農業や建設業，製造業など，日本人・韓国人労働者が避けているいわゆる３Ｋ労働を中心とした業種に携わり，一時的な低賃金の労働力としての役割を果たすこととなった．しかし，外国人単純労働者の受入れにより，日・韓国内における日本人・韓国人労働者の就職の機会が奪われているとの批判の声もあり，特に韓国国内においては，外国人労働者の雇用に対して反対運動がおこる場合もある．

　今日，他の国での就労活動は，多くの雇用への機会と，より良い生活の質の確保，母国との所得格差などを生み出すこと等の要因により，労働者の中には他国への労働市場に移動・移住する者もいる．

　また，特定分野における労働力不足を補完するため，外国人労働者の確保が必要不可欠な国が存在するために，外国人労働者の国際移動が行われている[1]．

　日・韓以外の他国においても，外国人労働者問題は課題となっている．少子高齢化が世界においても顕在化しており，それに伴う労働力不足問題を打開すべく外国人労働力の導入が改善策として提示されている．しかし，労働力の国際移動の歴史は何世紀も遡ることができ，私たちが現在経験している外国人労働者問題は近年に持ち上がってきた問題ではない．

　経済統合を達成する条件の一つとしてヨーロッパでは，自由な労働力の国際移動を支持してきたが，とはいえ，ヨーロッパの各国が外国人労働者の受入れ

問題について必ずしも同意をしているわけではない[2]. 世界の多くの国が外国人労働者を受入れることが自国に利益を与える反面，経済的・社会的に多様な問題を引き起こしかねないために，必要な外国人労働力を無条件で受入れることは難しく，一定の原則と規制の下でこの問題を扱っている[3].

外国人労働者を受入れた国であっても，外国人労働者に法律上一定の規制をしているのが一般的であり，その中には外国人労働者の定住を防ぐため就労期間に上限を設け，それ以上の期間の滞在については不法滞在者としている場合もある.

このようなことから考えると，本書における研究テーマである外国人単純技能労働者の問題だけではなく，労働力の国際移動により日・韓に滞在している外国人労働者の定住問題についても今後は深く検討する必要がある.

2016年から本格化した「ISテロ組織」による暴力的な行為により，ヨーロッパの各国では多くの難民を受入れざるを得なかった. このようなことは，近隣の国々が難民への支援対策として当然行わなければならないことでもあったが，一部の難民による集団暴力騒動があるなど，メリットとデメリットは必ず存在する.

韓国において外国人労働者の受入れが始まったのは，1990年代からである. 韓国は当時，日本の外国人技能研修制度をまねた外国人産業研修制度を実施することにより，中小企業における労働力不足問題を解消しようとした. しかし，外国人産業研修制度は，送出しに際しての各種の不正や外国人研修生への人権問題，現場から逃走した外国人研修生が不法滞在者になるという問題などが明らかになり，外国人産業研修制度を廃止し，新たな外国人勤労者雇用許可制度を制定するに至った経緯がある.

このような問題は，外国人単純技能労働者を韓国より先に導入した日本においても同様に発生している. 日本は，1980年代前半までは，外国人労働者の流入なく日本国内で労働力を確保することが一般的であり，この時期の外国人労働者のほとんどは中華料理人などの専門的・技術的分野においての熟練労働者や風俗事業における外国人労働者が多かった. しかし，1980年代後半からいわゆるバブル時代を迎えるようになり，特に製造業や建設業での単純技術労働者の不足問題が深刻化していた[4]. この時期以前においては，海外にすでに進出し

ていた日本企業からの要請により，海外に支店をもつ企業に限って日本国内における外国人労働者の一時的な研修を許可していた．これはあくまでも日本企業の海外支店に対しての技術移転であり，外国人労働者を労働力として扱ったものではなかった．このような背景の中で制定されたのが日本の外国人技能実習制度である．

　韓国だけではなく日本においても，短時間の一時的な労働条件であるため熟練までに至らないまま母国へ帰国しなければならない場合や，外国人技能実習生の人権問題や賃金未払い問題，悪徳斡旋事業者による不当な賃金没収などの様々な問題を抱えている[5]．

　日本の外国人技能実習制度は現在も継続的に実施されているが，韓国の外国人産業研修制度は，前述したように制度の形を変化させた．このような新たな制度への変化にもかかわらず，韓国における外国人労働者問題は，送出しに対する費用の何倍もかけて入国しなければならない構造的な問題がある．悪徳斡旋事業者による韓国へ就労するまでの高額な費用問題などから，不法滞在者に転落せざるを得ない外国人労働者問題，雇用者の外国人労働者に対する虐待問題など，制度の変化にもかかわらず，過去と同じ問題が継続的に発生しているのが現状である．

　年々深刻化していく外国人労働者の問題は，韓国だけの問題ではない．同じく問題点を抱えている日本と韓国に共通の外国人労働者問題として検討すべきである．それは，日本の外国人技能実習制度と韓国の外国人産業研修制度・外国人勤労者雇用許可制度は構造的に類似しているからである．

　しかし，主な違いとしては，韓国は外国人産業研修制度時代の失敗を踏まえて，外国人を研修生としての身分から勤労者としての身分へ変化させたことである．それ以外のシステム上の組み立ては類似しており，日・韓ともに少子高齢化による国内における労働力不足問題を抱えている[6]．

　その解決策の一環として，日本は介護分野における外国人技能実習生を受入れることを近年積極的に検討してきた．しかし，韓国の場合，まだ家族内扶養意識が残っているため，今すぐの問題点としては対策にのぼらないが，今後の少子高齢化の速度から考えると，将来韓国においても同じ問題が引き起こされる可能性は高い．

このようなことから，本研究では，今日日本で問題視されている介護労働者不足問題を取り上げ，日本における介護労働者不足問題を解消するための一つのキーワードである外国人介護労働者の受入れについて考察を行い，課題や問題点を明らかにすることや，日本以上の速度で少子高齢化が進んでいる韓国における将来の介護労働者不足問題をどのような視点から考えていくべきであるかについて考察することを研究目的としている．この目的を達成するため，本書では次の3点について検証を行う．

第一に，日本と韓国における統計資料を用いて，年齢階級別人口の推移，高齢者世帯の推移，性別高齢人口の推移，老年人口1人を支える生産年齢人口の推移の比較を行うことにより，日・韓における高齢者の実態を明らかにする．

また，日本における外国人労働者の受入れ状況や中国，ベトナム，インドネシアなどからの技能実習生の受入れ状況について統計資料を用いて検討を行い，現在日本で活動している外国人労働者の実態を明らかにする．

第二に，韓国における外国人産業研修制度の検討を行い，その問題点を明らかにする．前述したように，韓国において外国人労働者の受入れが始まったのは1990年代からであり，日本の外国人技能実習制度のような外国人産業研修制度を実施した．しかし，韓国の外国人産業研修制度は送出し機関や悪徳斡旋事業者による不正や外国人産業研修生の人権侵害問題，賃金没収，賃金未払い問題などにより廃止され，外国人勤労者雇用許可制度を新たに開始したのである．韓国における外国人産業研修制度上で明らかになった問題は，日本の外国人技能実習制度においても問題視されていることであるため，なぜ韓国は外国人産業研修制度を廃止せざるを得なかったのかについて明らかにする．

また，日本における介護分野での外国人労働者の受入れの始発となる経済連携協定（EPA[7]）や外国人技能実習制度について検討を行い，日本へ流入するようになった背景やその流れなどの歴史的変遷及び制度の仕組みについて明らかにし，経済連携協定（EPA）と外国人技能実習制度が抱えている問題点や課題について明らかにする．

第三に，今後介護分野における外国人労働者の受入れが始まることを前提に，送出し国ではどのような取り組みをしているのかについて検証を行う．

日本との経済連携協定（EPA）により介護分野における外国人労働者を送出

した経験を持つ中国，フィリピン，ベトナムなどの東南アジア諸国の中から，ベトナムを対象に現地調査を行い，どのような学生が日本へ送出しを希望しているのか，送出し機関はどのような所であるのか，今後介護分野における技能実習生の送出し機関としてどのようなことを準備しているのかなどの現状を明らかにする．このような調査結果を基に，今後日本における外国人介護労働者の受入れはどのような方向で進められるべきであるのかについて，特に外国人介護労働者に対する教育面においてどのような視点を持ち，進むべきであるのかについても考察する．

　本書ではこれらのことを検証するために分析する．

　第1章では，日本と韓国における統計資料からみた高齢者の状況を明らかにする．

　第2章では，日本における外国人労働者の受入れ状況や技能実習生の受入れ状況について検討する．

　第3章では，韓国で一時的な労働者として受入れた外国人産業研修制度の変遷について検討し，その中で韓国の外国人産業研修制度が失敗した背景について明らかにする．また，外国人産業研修制度から新たな制度として制定された外国人勤労者雇用許可制度についても検討する．

　第4章では，日本の経済連携協定（EPA）の導入背景や仕組み，問題点について検討するとともに，外国人介護労働者の受入れに関する議論を踏まえ，今後の「出入国管理及び難民認定法」(平成28年，法律第88号）での介護分野における外国人介護労働者の受入れについて検討する．

　第5章では，日本の外国人技能実習制度について検討を行い，現在日本で起こっている外国人技能実習制度に対する外国人労働者の問題について明らかにする．

　第6章では，日本の介護労働者の確保に関する研究の一環として，介護分野の外国人技能実習生の受入れに関する事前調査をベトナムに限定し，現地調査を行った（2015年11月18日～19日）結果について明らかにする．

　第7章では，今後，日本の介護分野の技能実習生をどのような視点を持って受入れるべきであるのか，また，今後，韓国においても同じく介護分野における外国人労働者を受入れる場合，日本の今後の動きはどのような示唆を与える

のかについて検討する.

先行研究としては,上林千恵子『外国人労働者受け入れと日本社会』,佐藤誠『越境するケア労働』,坂幸夫『外国人単純技能労働者の受け入れと実態』,落合恵美子『アジア女性と親密性の労働』等がある.

それらの内容は次の通りである.

上林は『外国人労働者受け入れと日本社会』において,外国人労働者の受入れ実態について,東京都では人口の社会的流入により年齢構成に占める若年者の比率は高いものの,零細中小企業においては若年者の採用がほとんど反映できず,従業員の高齢化が進んでいるため,外国人労働者の雇用は重要であると述べている.このような経緯から流入した外国人労働者は出稼ぎを目的に来日しており,その目的は技能実習制度の目的である技能移転より多いことを明らかにしている.また,技能実習生の受入れ費用については,技能実習生の受入れは低賃金労働力の代替であるという議論に対し,実態としては,制度的に多くの事務的手続きや教育訓練などが必要とされるため,必ずしも労働費用を低下させることにはつながらないことを明らかにしている[8].

佐藤は『越境するケア労働』において,ケア労働の場と担い手が女性を中心とした家庭から,介護事業所などの多様な主体に拡大し,越境していると述べ,グローバル化により,ケア労働分野における外国人労働者の受入れは日本の医療現場を始め,介護労働者へと拡大しつつあることを明らかにしている.加えて,このような背景により,特に,経済連携協定(EPA)によるフィリピン人看護師が日本国内で増加しており,これらは国際結婚や移民などの増加へとつながると述べている.ケア,教育労働などの再生産部門等における移民労働者の実態に関する論点について南アフリカ,日本,フィリピン,イギリスなどでの現地調査や実態の把握から,非自発的移民や国際結婚も含め国際人口移動を考える際には人権,安全保障の視点から外国人労働者の受入れ問題や不法労働者問題などではなく,その家族や子どもの教育など多様な観点から受入れを考えるべきであることを明らかにしている[9].

坂は『外国人単純技能労働者の受け入れと実態』において,富山県における外国人労働者の生活水準や地域活動の参加状況などについて述べている.その枠組みとしては,一般外国人労働者と中国人技能実習生に分けており,富山県

における外国人労働者の実態をアンケートやヒアリングにて調査している．その結果，富山県に居住する外国人労働者の内ブラジル人労働者の家計水準がもっとも低いと述べ，その原因としてブラジル人の場合，非正規の有期雇用が大半であることを明らかにしている．ブラジル人は，契約の途中での打ち切りや契約更新をしない場合が多く，そのため仕事を失ったブラジル人の外国人労働者は帰国を余儀なくされている可能性が高いと述べている．また，富山県における中国人技能実習生については，東日本大震災の影響により第二次産業の零細工場や農家などへの仕事が続かず帰国せざるを得なかった中国人技能実習生が多いことを明らかにしている．自然災害はどうしようもないことではあるものの，中国に帰国した技能実習生の多数は出稼ぎを目的に日本へ戻りたいと考えており，長期的な展望からすると中国人を中心とした技能実習生の受入れは３年間の在留期間，特定の勤務箇所などが持つ法律上の拘束性も再検討しつつ，受入れ態勢を整える必要があると述べている[10]．

　落合は『アジア女性と親密性の労働』において，近年におけるアジア女性の家庭内での役割について考察している．従来の家事，育児に専念した女性の役割が女性の社会進出の影響により，介護や家事，育児を外国人労働者が代わりに担うというアジア女性の役割の変化について明らかにしている．また，オランダ，インド，ベトナム，シンガポールなどのアジア各国の家庭内の仕事，介護，育児をだれが担っているのかについて検討した結果，海外出稼ぎを目的とする家事労働者が増えている他国に比べ，日本での介護，家事，育児労働は助けてくれる人材が少ないため，その担い手は母親に集中していると述べている[11]．

　以上の先行研究以外にも労働政策研究からの実態報告書や外国人雇用に関する様々な専攻研究書が近年著されている．しかし，外国人労働者の受入れ，特に介護分野における外国人技能実習生の受入れについての先行研究は少なく，大半は中国を中心とした研究が多い．そのため，中国，フィリピン以外の国に関する研究は少なく，移民政策や多文化共生の観点がもっとも多いのが現状である．本書では，このようなことから，ベトナム現地における送出し機関の訪問調査を行い，今後介護分野における外国人技能実習生の受入れをどのような観点からしていくべきであるのかについて，韓国における外国人介護労働者問題も含めて検討する．

## 注

1) イム・ドンギュ「不法滞留外国人減少に対する研究：外国人産業技術研修制度を中心に」, ソンギュンカン大学行政大学院, 韓国国会図書館. 原文は韓国語であり, 日本語訳は筆者による. 임동규「불법 체류 외국인 감소를 위한 연구 : 외국인 산업기술 연수제도를 중심으로」, 성균관대학교 행정대학원, 국회도서관, 1999, P. 4.

2) ソル・ドンフン『労働力の国際移動』, オウル大学校出版部, 2000, 原文は韓国語であり, 日本語訳は筆者による. 설동훈『노동력의 국제 이동』, 서울대학교 출판부, 2000, P. 3.

3) 同上, P. 4.

4) 佐野哲「日本とアジア諸国における外国人単純労働者の受け入れ政策」, 経営志林第45巻3号, 2008年10月, p. 37, p. 46.

5) この内容については, 本書第5章で詳しく論じる.

6) この内容については, 本書第1章で詳しく論じる.

7) EPA: Economic Partnership Agreement の略語である.

8) 上林千恵子『外国人労働者受け入れと日本社会』, 東京大学出版会, 2015, pp. 121-220.

9) 佐藤誠『越境するケア労働』, 日本経済評論社, 2010, pp. 21-62, pp. 206-221.

10) 坂幸夫『外国人単純技能労働者の受け入れと実態』, 東信堂, 2016, pp. 3-45.

11) 落合恵美子, 赤枝香奈子『アジア女性と親密性の労働』, 京都大学学術出版会, 2016, pp. 1-110.

# 第1章　日・韓の高齢者の状況をめぐる比較

　日本と韓国における家族形態は，現代社会では夫婦と子どもを中心とした核家族化がいっそう進んでいる．それに伴い，家族機能の縮小や家族の価値体系も多様化してきた．そのため，以前のように，同じ世帯の中で老親を扶養することは困難になり，高齢者の介護や生活維持を社会全体で行わなければならない状況になってきた．

　最近では，高齢世帯数が増加してきている．後述の**表1-3**で示すように，2009年の韓国と日本の統計によると，全世帯数に占める65歳以上の高齢世帯の割合は，韓国が約17.1％で，日本が約30.4％である．また，韓国の約39.9％，日本の約39.4％の高齢者が家族扶養に依存していることから今後いっそう生じる介護問題は無視できない．

　家族機能の崩壊により，多くの高齢者の老後生活は見通しの立たないものになっている．そのため，韓国の多くの高齢者は，公的所得保障以外に，老後生活の対応策として貯蓄や私的保険などの掛け金で老後に備えているのが現状である．

　このような高齢者の状況を踏まえた上で，本章では，日本と韓国の高齢者に関わる生活状況や日本における外国人労働者の受入れ状況を，統計資料を用いて比較し明らかにすることを目的としている．これを，今後ますます深刻化していく介護労働力の不足問題を考える上での基礎資料として活用したい．

　本章の構成は次のとおりである．日本と韓国の統計資料を用いて，第1節では，年齢階級別人口の推移，第2節では，高齢者世帯の推移，第3節では，性別高齢人口の推移，第4節では，老年人口1人を支える生産年齢人口の推移について比較・検討する．

## 第1節　年齢別人口の推移の比較

　ここでは，日本と韓国の高齢者の状況を総人口推移及び年齢別人口の推移の統計を用いて比較・検討を行う.

　表1-1からいえることは，日本の総人口は，1960年代から2007年までは持続的な増加を辿っている．しかし，2008年以降は減少傾向になっている．特に総人口がピークに達する2004年の約1億2778万人から，2030年には約1億1522万人と約10%減少すると推計されている．これに比し，韓国の総人口は，表1-1によると，1960年代から持続的な人口の増加となるが，2025年以降の推計では減少傾向となっている．表1-1によれば，韓国の総人口は日本の総人口ピ

### 表1-1　日本と韓国の総人口推移の比較

(単位：千人)

| 年 | 日　本 | 韓　国 | 年 | 日　本 | 韓　国 |
|---|---|---|---|---|---|
| 1960 | 94,302 | 25,012 | 2003 | 127,694 | 47,859 |
| 1970 | 104,665 | 32,240 | 2004 | 127,787 | 48,039 |
| 1980 | 117,060 | 38,123 | 2005 | 127,768 | 48,138 |
| 1990 | 123,611 | 42,869 | 2006 | 127,770 | 48,297 |
| 1991 | 124,043 | 43,295 | 2007 | 127,771 | 48,456 |
| 1992 | 124,452 | 43,747 | 2008 | 127,692 | 48,606 |
| 1993 | 124,764 | 44,194 | 2009 | 127,510 | 48,746 |
| 1994 | 125,034 | 44,641 | 2010 | 127,176 | 48,874 |
| 1995 | 125,570 | 45,092 | 2011 | 126,913 | 48,988 |
| 1996 | 125,864 | 45,524 | 2012 | 126,605 | 49,083 |
| 1997 | 126,166 | 45,953 | 2013 | 126,254 | 49,162 |
| 1998 | 126,486 | 46,286 | 2014 | 125,862 | 49,227 |
| 1999 | 126,667 | 46,616 | 2015 | 125,430 | 49,227 |
| 2000 | 126,926 | 47,008 | 2020 | 122,735 | 49,325 |
| 2001 | 127,316 | 47,357 | 2025 | 119,270 | 49,107 |
| 2002 | 127,486 | 47,622 | 2030 | 115,224 | 48,634 |

　(出典)　韓国の数値は，統計庁「将来人口推計[1]」2009，2010年による．2010年以降は推計値．日本の数値は，総務省統計局「国勢調査」，「日本の人口」，「人口推計[2]」2009，2010年による．2010年以降は推計値．

ークであった2004年より16年後の2020年がピークとなり，その後人口減少傾向に入ると推計されている．

　つまり，人口減少は生産年齢人口の減少につながることとなる．生産年齢人口が減少すると物を生産したりサービスを供給できる人が減少するため生産力の低下につながる要因となるのみならず，税金と保険料の納付者や介護現場で働く介護者が減少することになる．そのため，16年の差は，今後の経済発展に影響を及ぼすと同時に現役世代の社会保障費に対する負担は段々重くなっていくだろう．

　**表1-2**をグラフにすると**図1-1**のようになる．**表1-2**，**図1-1**の年齢階級別人口のうち日本をみると，年少人口は，1960年がピークであり，その後一時減少し，1980年に約2751万人となり，その後は減少傾向となる．その構成比からみると2030年には9.7％という1ケタの数値となり始める．生産年齢人口も1960年代から増加し続け，1995年の約8717万人とピークになるが，2030年には約6740万人に減少する．年少人口の減少に続いて生産年齢人口の減少が始まる一方で，老年人口は2009年の約2901万人から2030年の約3667万人と約766万人が増加すると予測される．

　韓国をみると，年少人口は1970年約1371万人がピークであり，その後は減少傾向となる．生産年齢人口は1960年代から増加し続け，2015年の約3616万人とピークになるが，2030年には約3130万人に減少する．年少人口の減少に続いて生産年齢人口の減少が始まる一方で，老年人口は2009年の約519万人から2030年の約1181万人と約662万人が増加すると予測される．特に老年人口の構成比をみると，2015年以降は持続的な増加傾向を見せ，2025年から2030年にかけて4.4％の急激な増加となる．その原因は，第1次ベビーブーム世代といわれる1955年から1963年の間に出生した人々が2020年以降に65歳以上の高齢者になるからである．そのため，日本でも同じく問題になっている団塊世代の問題（2015年問題）が韓国では2020年から起きると予想できる．しかし，**表1-2**を見てみるとわかるように，日本は老年人口が徐々に増加していくが，韓国は急激な増加を辿っているため，2020年以降急増する老年人口の問題は日本以上に深刻な社会問題の一つとなるだろう．

　このように韓国と日本の総人口は各ピークの時点から2030年まで減少傾向と

## 表1-2 韓国と日本の年齢別人口の推移の比較

(単位：千人)

| 年 | 韓国 | | | | | | 日本 | | | | | |
|---|---|---|---|---|---|---|---|---|---|---|---|---|
| | 0-14歳 | ％ | 15-64歳 | ％ | 65歳以上 | ％ | 0-14歳 | ％ | 15-64歳 | ％ | 65歳以上 | ％ |
| 1960 | 10,587 | 42.3 | 13,698 | 54.8 | 726 | 2.9 | 28,434 | 30.2 | 60,469 | 64.1 | 5,398 | 5.7 |
| 1970 | 13,709 | 42.5 | 17,540 | 54.4 | 991 | 3.1 | 25,153 | 24.0 | 72,119 | 68.9 | 7,393 | 7.1 |
| 1980 | 12,950 | 34.0 | 23,716 | 62.2 | 1,456 | 3.8 | 27,507 | 23.5 | 78,835 | 67.3 | 10,647 | 9.1 |
| 1990 | 10,973 | 25.6 | 29,700 | 69.3 | 2,195 | 5.1 | 22,486 | 18.2 | 85,904 | 69.5 | 14,895 | 12.0 |
| 1991 | 10,858 | 25.1 | 30,170 | 69.7 | 2,266 | 5.2 | 21,904 | 17.7 | 86,557 | 69.8 | 15,582 | 12.6 |
| 1992 | 10,791 | 24.7 | 30,610 | 70.0 | 2,345 | 5.4 | 21,364 | 17.2 | 86,845 | 69.8 | 16,242 | 13.1 |
| 1993 | 10,734 | 24.3 | 31,023 | 70.2 | 2,436 | 5.5 | 20,841 | 16.7 | 87,023 | 69.8 | 16,900 | 13.6 |
| 1994 | 10,653 | 23.9 | 31,445 | 70.4 | 2,542 | 5.7 | 20,415 | 16.3 | 87,034 | 69.6 | 17,585 | 14.1 |
| 1995 | 10,536 | 23.4 | 31,899 | 70.7 | 2,656 | 5.9 | 20,014 | 15.9 | 87,165 | 69.4 | 18,261 | 14.5 |
| 1996 | 10,403 | 22.9 | 32,326 | 71.0 | 2,794 | 6.1 | 19,686 | 15.6 | 87,161 | 69.3 | 19,017 | 15.1 |
| 1997 | 10,233 | 22.3 | 32,791 | 71.4 | 2,929 | 6.4 | 19,366 | 15.4 | 87,042 | 69.0 | 19,758 | 15.7 |
| 1998 | 10,091 | 21.8 | 33,125 | 71.6 | 3,069 | 6.6 | 19,059 | 15.1 | 86,920 | 68.7 | 20,508 | 16.2 |
| 1999 | 9,972 | 21.4 | 33,420 | 71.7 | 3,223 | 6.9 | 18,742 | 14.8 | 86,758 | 68.5 | 21,186 | 16.7 |
| 2000 | 9,911 | 21.1 | 33,701 | 71.7 | 3,394 | 7.2 | 18,472 | 14.6 | 86,220 | 67.9 | 22,005 | 17.3 |
| 2001 | 9,853 | 20.8 | 33,925 | 71.6 | 3,578 | 7.6 | 18,283 | 14.4 | 86,139 | 67.7 | 22,869 | 18.0 |
| 2002 | 9,747 | 20.5 | 34,102 | 71.6 | 3,772 | 7.9 | 18,102 | 14.2 | 85,706 | 67.3 | 23,628 | 18.5 |
| 2003 | 9,605 | 20.1 | 34,285 | 71.6 | 3,968 | 8.3 | 17,905 | 14.0 | 85,404 | 66.9 | 24,311 | 19.0 |
| 2004 | 9,445 | 19.7 | 34,427 | 71.7 | 4,165 | 8.7 | 17,734 | 13.9 | 85,077 | 66.6 | 24,876 | 19.5 |
| 2005 | 9,241 | 19.2 | 34,530 | 71.7 | 4,366 | 9.1 | 17,521 | 13.7 | 84,092 | 65.8 | 25,672 | 20.1 |
| 2006 | 8,996 | 18.6 | 34,715 | 71.9 | 4,585 | 9.5 | 17,435 | 13.6 | 83,731 | 65.5 | 26,604 | 20.8 |
| 2007 | 8,733 | 18.0 | 34,912 | 72.0 | 4,810 | 9.9 | 17,293 | 13.5 | 83,015 | 65.0 | 27,464 | 21.5 |
| 2008 | 8,458 | 17.4 | 35,132 | 72.3 | 5,016 | 10.3 | 17,176 | 13.5 | 82,300 | 64.5 | 28,216 | 22.1 |
| 2009 | 8,180 | 16.8 | 35,373 | 72.6 | 5,192 | 10.7 | 17,011 | 13.3 | 81,493 | 63.9 | 29,005 | 22.7 |
| 2010 | 7,906 | 16.2 | 35,610 | 72.9 | 5,356 | 11.0 | 16,479 | 13.0 | 81,285 | 63.9 | 29,412 | 23.1 |
| 2011 | 7,643 | 15.6 | 35,808 | 73.1 | 5,537 | 11.3 | 16,193 | 12.8 | 81,015 | 63.8 | 29,704 | 23.4 |
| 2012 | 7,395 | 15.1 | 35,945 | 73.2 | 5,741 | 11.7 | 15,880 | 12.5 | 79,980 | 63.2 | 30,745 | 24.2 |
| 2013 | 7,167 | 14.6 | 36,032 | 73.3 | 5,962 | 12.1 | 15,542 | 12.3 | 78,859 | 62.5 | 31,852 | 25.2 |
| 2014 | 6,953 | 14.1 | 36,095 | 73.3 | 6,178 | 12.6 | 15,201 | 12.0 | 77,727 | 61.8 | 32,934 | 26.2 |
| 2015 | 6,732 | 13.7 | 36,163 | 73.4 | 6,380 | 12.9 | 14,841 | 11.8 | 76,807 | 61.2 | 33,781 | 26.9 |
| 2020 | 6,118 | 12.4 | 35,506 | 72.0 | 7,701 | 15.6 | 13,201 | 10.8 | 73,635 | 60.0 | 35,899 | 29.2 |
| 2025 | 5,777 | 11.8 | 33,562 | 68.3 | 9,767 | 19.9 | 11,956 | 10.0 | 70,960 | 59.5 | 36,354 | 30.3 |
| 2030 | 5,525 | 11.4 | 31,298 | 64.4 | 11,810 | 24.3 | 11,150 | 9.7 | 67,404 | 58.5 | 36,670 | 31.8 |

(出典)　韓国の数値は，統計庁「将来人口推計[3]」による．2010年以降は推計値．日本の数値は，総務省統計局「国勢調査」，「国民生活基礎調査」，「日本の人口」，「人口推計[4]」による．2010年以降は推計値．

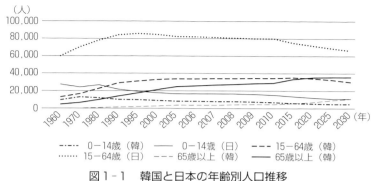

**図1-1　韓国と日本の年齢別人口推移**
(出典)「表1-2　韓国と日本の年齢別人口の推移の比較」より筆者作成．

なり，その中でも年少人口の減少傾向は比較的早い時期から始まっていた．また，老年人口に関しては日本が高齢化社会（1970年）→高齢社会（1994年）→超高齢社会（2007年）になるまで24年，13年の期間を要したことに対し，韓国は高齢化社会（2000年）→高齢社会（2020年）→超高齢社会（2030年）になるまで20年，10年と日本に比べると急速な変化である[5]．このことは，福祉や社会保障などの施策の立案・実行・改正に影響を及ぼす．つまり，日本では24年と13年の間に諸制度を整えればよかったが，20年，10年の急速なスピードの変化を見せている韓国は，日本より4年又は3年先立って福祉や社会保障などの対策を考えなければならないことを示す．しかし，韓国が高齢社会や超高齢社会を迎えるまでには時間の余裕がまだあるので，今後は一層高齢者福祉に関する様々な問題点の検討と実現に力を入れる必要がある．

## 第2節　高齢者世帯の推移の比較

ここでは，韓国と日本の高齢者の状況を高齢世帯の推移を用いて比較・検討する．

表1-3をグラフにすると図1-2のようになる．世帯数でみると，日本の総世帯数は，2000年の約4678万世帯から2020年には約5027万世帯と約7％が増加する．世帯主が65歳以上の世帯は，2000年の約1114万世帯から2020年には約1847万世帯と約66％の増加になり，その中でも特に独居高齢世帯は，2000年の

表1-3 韓国と日本の高齢世帯の推移の比較

(単位:千世帯)

| 年 | 韓国 ||||| 日本 |||||
|---|---|---|---|---|---|---|---|---|---|---|
|  | 総世帯数 | 65歳以上世帯数 | 構成比(%) | 独居高齢世帯数 | 構成比(%) | 総世帯数 | 65歳以上世帯数 | 構成比(%) | 独居高齢世帯数 | 構成比(%) |
| 2000 | 14,507 | 1,733 | 11.9 | 543 | 3.7 | 46,782 | 11,136 | 23.8 | 3,032 | 6.4 |
| 2001 | 14,843 | 1,878 | 12.7 | 589 | 4.0 | 47,262 | 11,654 | 24.7 | 3,212 | 6.8 |
| 2002 | 15,170 | 2,016 | 13.3 | 635 | 4.2 | 47,742 | 12,141 | 25.4 | 3,385 | 7.1 |
| 2003 | 15,465 | 2,155 | 13.9 | 681 | 4.4 | 48,204 | 12,573 | 26.1 | 3,547 | 7.4 |
| 2004 | 15,720 | 2,292 | 14.6 | 728 | 4.6 | 48,642 | 12,929 | 26.6 | 3,694 | 7.6 |
| 2005 | 15,971 | 2,432 | 15.2 | 776 | 4.9 | 49,040 | 13,376 | 27.3 | 3,861 | 7.9 |
| 2006 | 16,158 | 2,550 | 15.8 | 834 | 5.2 | 49,296 | 13,850 | 28.1 | 4,046 | 8.2 |
| 2007 | 16,417 | 2,672 | 16.3 | 883 | 5.4 | 49,549 | 14,326 | 28.9 | 4,232 | 8.5 |
| 2008 | 16,673 | 2,785 | 16.7 | 930 | 5.6 | 49,776 | 14,749 | 29.6 | 4,405 | 8.8 |
| 2009 | 16,916 | 2,885 | 17.1 | 975 | 5.8 | 49,972 | 15,174 | 30.4 | 4,576 | 9.2 |
| 2010 | 17,152 | 2,982 | 17.4 | 1,021 | 6.0 | 50,139 | 15,406 | 30.7 | 4,709 | 9.4 |
| 2015 | 18,191 | 3,533 | 19.4 | 1,250 | 6.9 | 50,476 | 17,616 | 34.9 | 5,664 | 11.2 |
| 2020 | 19,011 | 4,231 | 22.3 | 1,512 | 8.0 | 50,270 | 18,471 | 36.7 | 6,354 | 12.6 |
| 2025 | 19,593 | 5,338 | 27.2 | 1,894 | 9.7 | 49,643 | 18,426 | 37.1 | 6,801 | 13.7 |
| 2030 | 19,871 | 6,410 | 32.3 | 2,338 | 11.8 | 48,802 | 19,031 | 39.0 | 7,173 | 14.7 |

(筆者注) 統計上,年度,年の表記となっているため,数字が異なっている.
(出典) 韓国の数値は,統計庁「将来人口推計」,「保健福祉統計年報」,「人口動態統計年報[6]」による.
2010年以降は推計値.日本の数値は,総務省統計局「国勢調査」,「日本の人口」,「国民生活基礎調査」,
国立社会保障・人口問題研究所,「日本の世帯数の将来推計[7]」による.2010年以降は推計値.

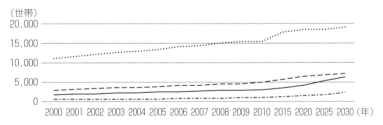

図1-2 韓国と日本の高齢世帯の推移

(出典) 「表1-3 韓国と日本の高齢世帯の推移の比較」より筆者作成.

約303万世帯から2020年には約635万世帯と約110％の増加になる.

　韓国の総世帯数は，2000年の約1451万世帯から2020年には約1901万世帯と約31％の増加となる．世帯主が65歳以上の世帯は，2000年の約173万世帯から2020年には，約423万世帯と約145％の増加になり，その中でも特に独居高齢世帯は，2000年の約54万世帯から2020年には約151万世帯と約180％と急激に増加する．また，2010年までの10年間の数値を見ても日本は65歳以上高齢世帯が約1.4倍増加しており，韓国は約1.7倍も増加している．特に独居高齢世帯は，日本では約1.6倍に増加し，韓国では約1.9倍に増加している.

　このように，今後韓国と日本ともに一般世帯数は減少するものの，65歳以上高齢世帯は増加し，その増加は結局独居高齢世帯の増加につながっていく傾向を示している．そのことはつまり，親子の同居率の低下などの要因からきており，65歳以上の高齢世帯や独居高齢世帯の増加は介護を必要とする要支援・要介護状態の高齢者の増加につながる可能性が高い．特に，韓国の場合，総人口の14.6％を占めている第1次ベビーブーム世代（1955年から1963年の間の出生）が2020年以降には順次65歳以上の高齢者となる．この第1次ベビーブーム世代は朝鮮戦争直後に生まれ，現役時代には1997年の経済危機やアメリカの金融危機まで経験している世代であり，韓国でも最も子どもに対する教育熱意の高い世代，また親の扶養を担ってきた世代でもあるため，本人の老後準備をするには困難であった世代でもある．そのため，このような第1次ベビーブーム世代が含まれている2020年以降の65歳以上高齢世帯及び独居高齢世帯が急激な増加の傾向を示しているので，2020年以降の要支援・要介護状態の高齢者に対する介護のあり方について早急に考える必要がある.

## 第3節　性別高齢人口の推移の比較

　ここでは，韓国と日本の高齢者の状況を性別高齢人口の推移を用いて比較・検討する.

　性別高齢人口をみると，韓国と日本の65歳以上高齢人口は1960年から男女ともに増加傾向である．男性総人口の場合，日本は2006年から減少していくのに対し，韓国は2020年から減少していく．しかし，これらの男性総人口の減少に

## 表1-4　韓国と日本の性別高齢人口の推移の比較

(単位：千人)

| 年 | 韓　国 | | | | | | 日　本 | | | | | |
|---|---|---|---|---|---|---|---|---|---|---|---|---|
| | 男性総人口 | 65歳以上男性人口 | 構成比(%) | 女性総人口 | 65歳以上女性人口 | 構成比(%) | 男性総人口 | 65歳以上男性人口 | 構成比(%) | 女性総人口 | 65歳以上女性人口 | 構成比(%) |
| 1960 | 12,550 | 288 | 2.3 | 12,461 | 437 | 3.5 | 45,878 | 2,323 | 5.1 | 47,541 | 3,027 | 6.4 |
| 1970 | 16,308 | 408 | 2.5 | 15,932 | 583 | 3.7 | 50,918 | 3,223 | 6.3 | 53,296 | 4,108 | 7.8 |
| 1980 | 19,235 | 544 | 2.8 | 18,888 | 911 | 4.8 | 57,594 | 4,503 | 7.8 | 59,467 | 6,150 | 10.3 |
| 1990 | 21,568 | 821 | 3.8 | 21,301 | 1,373 | 6.4 | 60,697 | 6,007 | 9.9 | 62,914 | 8,920 | 14.2 |
| 1991 | 21,783 | 846 | 3.9 | 21,511 | 1,419 | 6.6 | 60,905 | 6,298 | 10.3 | 63,139 | 9,285 | 14.7 |
| 1992 | 22,013 | 873 | 4.0 | 21,734 | 1,472 | 6.8 | 61,096 | 6,594 | 10.8 | 63,356 | 9,648 | 15.2 |
| 1993 | 22,242 | 905 | 4.1 | 21,952 | 1,531 | 7.0 | 61,228 | 6,893 | 11.3 | 63,536 | 10,007 | 15.8 |
| 1994 | 22,472 | 943 | 4.2 | 22,169 | 1,599 | 7.2 | 61,328 | 7,203 | 11.8 | 63,706 | 10,381 | 16.3 |
| 1995 | 22,705 | 986 | 4.3 | 22,387 | 1,670 | 7.5 | 61,574 | 7,514 | 12.2 | 63,996 | 10,763 | 16.8 |
| 1996 | 22,924 | 1,041 | 4.5 | 22,600 | 1,752 | 7.8 | 61,687 | 7,848 | 12.7 | 64,177 | 11,169 | 17.4 |
| 1997 | 23,148 | 1,094 | 4.7 | 22,805 | 1,834 | 8.0 | 61,805 | 8,182 | 13.2 | 64,361 | 11,576 | 18.0 |
| 1998 | 23,295 | 1,155 | 5.0 | 22,990 | 1,914 | 8.3 | 61,919 | 8,516 | 13.8 | 64,568 | 11,991 | 18.6 |
| 1999 | 23,457 | 1,223 | 5.2 | 23,158 | 2,000 | 8.6 | 61,972 | 8,816 | 14.2 | 64,714 | 12,370 | 19.1 |
| 2000 | 23,666 | 1,299 | 5.5 | 23,341 | 2,095 | 9.0 | 62,111 | 9,243 | 14.9 | 64,815 | 12,798 | 19.8 |
| 2001 | 23,843 | 1,382 | 5.8 | 23,514 | 2,195 | 9.3 | 62,244 | 9,618 | 15.5 | 65,047 | 13,251 | 20.4 |
| 2002 | 23,970 | 1,470 | 6.1 | 23,652 | 2,301 | 9.7 | 62,252 | 9,957 | 16.0 | 65,183 | 13,671 | 21.0 |
| 2003 | 24,089 | 1,559 | 6.5 | 23,769 | 2,408 | 10.1 | 62,304 | 10,259 | 16.5 | 65,315 | 14,052 | 21.5 |
| 2004 | 24,165 | 1,644 | 6.8 | 23,873 | 2,521 | 10.6 | 62,295 | 10,506 | 16.9 | 65,392 | 14,371 | 22.0 |
| 2005 | 24,190 | 1,733 | 7.2 | 23,947 | 2,632 | 11.0 | 62,349 | 10,923 | 17.5 | 65,419 | 14,838 | 22.7 |
| 2006 | 24,267 | 1,835 | 7.6 | 24,029 | 2,750 | 11.4 | 62,330 | 11,310 | 18.1 | 65,440 | 15,294 | 23.4 |
| 2007 | 24,344 | 1,938 | 8.0 | 24,112 | 2,871 | 11.9 | 62,310 | 11,703 | 18.8 | 65,461 | 15,760 | 24.0 |
| 2008 | 24,415 | 2,032 | 8.3 | 24,190 | 2,983 | 12.3 | 62,251 | 12,044 | 19.4 | 65,441 | 16,172 | 24.7 |
| 2009 | 24,481 | 2,112 | 8.6 | 24,265 | 3,079 | 12.7 | 62,130 | 12,399 | 20.0 | 65,380 | 16,606 | 25.4 |
| 2010 | 24,540 | 2,189 | 8.9 | 24,334 | 3,166 | 13.0 | 61,868 | 12,569 | 20.3 | 65,309 | 16,843 | 25.8 |
| 2011 | 24,592 | 2,276 | 9.3 | 24,396 | 3,260 | 13.4 | 61,698 | 12,688 | 20.6 | 65,215 | 17,016 | 26.1 |
| 2012 | 24,632 | 2,373 | 9.6 | 24,450 | 3,368 | 13.8 | 61,506 | 13,173 | 21.4 | 65,099 | 17,572 | 27.0 |
| 2013 | 24,665 | 2,478 | 10.0 | 24,497 | 3,483 | 14.2 | 61,292 | 13,687 | 22.3 | 64,962 | 18,165 | 28.0 |
| 2014 | 24,689 | 2,581 | 10.5 | 24,537 | 3,596 | 14.7 | 61,059 | 14,186 | 23.2 | 64,803 | 18,748 | 28.9 |
| 2015 | 24,706 | 2,678 | 10.8 | 24,570 | 3,702 | 15.1 | 60,806 | 14,570 | 24.0 | 64,624 | 19,212 | 29.7 |
| 2020 | 24,679 | 3,303 | 13.4 | 24,645 | 4,397 | 17.8 | 59,284 | 15,462 | 26.1 | 63,451 | 20,437 | 32.2 |
| 2025 | 24,505 | 4,276 | 17.5 | 24,602 | 5,490 | 22.3 | 57,406 | 15,562 | 27.1 | 61,864 | 20,792 | 33.6 |
| 2030 | 24,190 | 5,217 | 21.6 | 24,444 | 6,593 | 27.0 | 55,279 | 15,636 | 28.3 | 59,944 | 21,034 | 35.1 |

(出典)　韓国の数値は，統計庁，「人口調査」，「将来人口推計」，「人口動態統計年報[8]」より筆者作成．2010年以降は推計値．日本の数値は，総務省統計局，「国勢調査」，「国民生活基礎調査」，「人口推計[9]」より筆者作成．2010年以降は推計値．

**図1-3　韓国と日本の性別高齢人口の推移**

(出典)「表1-4　韓国と日本の性別高齢人口の推移の比較」より筆者作成．

対し，韓国と日本ともに65歳以上男性人口は1960年代から増加している．表1-4及び図1-3をみればわかるように，日本の65歳以上男性人口は2012年辺りから急激に増加している．しかし，韓国は2020年辺りから日本よりもっと急激な増加を見せている．

女性総人口の場合は，日本は2010年から減少していくのに対し，韓国は2025年から減少していくと予測されている．65歳以上男性人口と同様に65歳以上女性人口も増加している．特に韓国においては，2025年から2030年にかけて男性総人口に占める65歳以上男性人口の構成比は4.1％増加であるが，女性総人口に占める65歳以上女性人口の構成比は4.7％の増加と予想されている．2010年の数値からみると，韓国は男性約11人に1人，女性約8人に1人が65歳以上の高齢者であり，日本は男性5人に1人，女性4人に1人が65歳以上の高齢者である．そのため，高齢人口の増加とともに，高齢者への支援制度がますます必要となり，さらには生活費が苦しいことにより社会保障の問題が重要課題となってくるだろう．韓国の場合，前述したように，2025年から2030年にかけて65歳以上男女ともに急激な増加を見せていることから，日本より早急な高齢者の社会保障制度の整備のなかでも特に介護保険制度及び介護保険サービスの整備の重要性が要求される．

## 第4節　老年人口1人を支える生産年齢人口の推移の比較

ここでは，韓国と日本の高齢者の状況を，老年人口1人を支える生産年齢人

表 1 - 5　韓国・日本の老年人口 1 人を支える生産年齢人口の推移の比較

(単位：人)

| 年 | 老年人口 1 人を支える生産年齢人口数 | | 年 | 老年人口 1 人を支える生産年齢人口数 | |
|---|---|---|---|---|---|
| | 韓　国 | 日　本 | | 韓　国 | 日　本 |
| 1960 | 33.5 | 16.5 | 2003 | 11 | 4.2 |
| 1970 | 31.5 | 9.8 | 2004 | 10.5 | 4.1 |
| 1980 | 25.2 | 10 | 2005 | 10 | 4 |
| 1990 | 18.5 | 7.3 | 2006 | 9.5 | 3.8 |
| 1991 | 18.1 | 7 | 2007 | 9.1 | 3.7 |
| 1992 | 17.7 | 6.9 | 2008 | 8.7 | 3.5 |
| 1993 | 17.1 | 6.4 | 2009 | 8.4 | 3.4 |
| 1994 | 16.7 | 6.1 | 2010 | 8.1 | 3.3 |
| 1995 | 16 | 5.9 | 2011 | 7.8 | 3.3 |
| 1996 | 15.3 | 5.6 | 2012 | 7.5 | 3.1 |
| 1997 | 14.7 | 5.4 | 2013 | 7.2 | 3 |
| 1998 | 14 | 5.2 | 2014 | 7 | 2.8 |
| 1999 | 13.6 | 5 | 2015 | 6.7 | 2.7 |
| 2000 | 12.8 | 4.8 | 2020 | 5.4 | 2.4 |
| 2001 | 12.2 | 4.6 | 2025 | 4 | 2.3 |
| 2002 | 11.6 | 4.4 | 2030 | 3.1 | 2.2 |

(出典)　「表 1 - 2　韓国と日本の年齢階級別人口の推移の比較」より筆者作成.

口の推移の統計を用いて比較・検討する.

　表 1 - 5 をグラフにすると図 1 - 4 のようになる. 日本は老年人口 1 人を支える生産年齢人口の割合が1970年から急速に減少している. 1960年では 1 人の高齢者を生産年齢人口16.5人が支えていたのに対し，2009年には高齢者 1 人を3.4人で支え，2030年には 1 人の高齢者を2.2人で支えていかなければならなくなってしまう. この状況に関しては韓国も同様である.

　韓国は老年人口 1 人を支える生産年齢人口の割合が1960年の33.5人から2030年の3.1人とおよそ10分の 1 以下に減っている. 2009年では韓国は8.4人で日本の3.4人に比べると 5 人，つまり高齢者 1 人に対し生産年齢人口 5 人の余裕はある. しかし，表 1 - 2 の老年人口の急速な増加や高齢化社会から超高齢社会

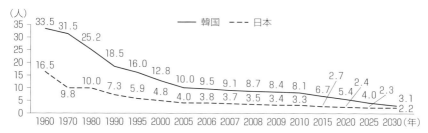

**図 1-4　韓国と日本の老年人口 1 人を支える生産年齢人口の推移**
(出典)「表 1-5　韓国と日本の老年人口 1 人を支える生産年齢人口の推移の比較」より筆者作成.

までかかる年数から考えるとその減少傾向はあまりにも急速で激しい．このことは，日本で現在問題になっている老々介護問題と同様の現象が韓国にも生じるおそれがあることを容易に推測させる．また，老年人口の増加や生産年齢人口の減少により，世代間扶養の基で成り立っている社会保障費の負担や要支援・要介護状態の高齢者の介護問題は生産年齢人口にとって過重なものになるはずである．韓国は日本に比べまだ高齢者 1 人に対し生産年齢人口 5 人の余裕があるとはいえ，このような問題についての対策を急がなければならない．

注
1) 韓国統計庁「将来人口推計」2009, 2010 年による. http://kostat.go.kr/wnsearch/search.jsp, 2016 年 1 月 15 日閲覧.
2) 総務省統計局「国勢調査」,「日本の人口」,「人口推計」2009, 2010 年による. http://www.stat.go.jp/data/kokusei/2010/index.html, https://www.stat.go.jp/data/jinsui/2.html, 2016 年 1 月 15 日閲覧.
3) 前掲 1), に同じ.
4) 前掲 2), に同じ.
5) 内閣府『高齢社会白書』平成 22 年版, 2016, pp. 2-3.
6) 前掲 1), 韓国統計庁, 各年による. 韓国統計庁「人口動態統計年報」各年による. http://kostat.go.kr/wnsearch/search.jsp, 2016 年 1 月 15 日閲覧.
　　韓国保健福祉部「保健福祉統計年報」各年による. http://www.mohw.go.kr/front_new/sch/index.jsp, 2016 年 1 月 15 日閲覧.
7) 前掲 2), 総務省統計局, 各年による.
8) 前掲 1), 韓国統計庁, 各年による.
　　前掲 6), 韓国保健福祉部, 各年による.
9) 前掲 2), 総務省統計局, 各年による.

# 第2章　日本における外国人労働者の受入れ状況

　この章では，日本における外国人労働者の受入れ状況や中国，ベトナム，インドネシア，フィリピンなどの送出し国からの技能実習生の受入れ状況について統計資料を用いて検討を行う．

　本章の構成は次のとおりである．第1節では，日本における外国人労働者の受入れ状況を把握するため，日本の国籍別外国人登録者数の推移，在留資格別外国人数の推移を用いて検討を行う．第2節では，日本における技能実習1号ロ，技能実習2号ロの国籍別技能実習生数の推移を用いて技能実習生の受入れ状況について検討を行う．

## 第1節　外国人労働者の受入れ状況

　韓国と日本における少子高齢化による社会保障費の負担や要支援・要介護状態の高齢者の介護問題などは年々両国に深刻な社会問題として取り扱われるようになってきている．特に，本稿のテーマである高齢者の介護問題は，団塊世代が後期高齢者となる日本の2025年，韓国の2030年問題には生産年齢人口の減少による介護者の人手不足問題がますます深刻化していくだろうと予想できる．そのため，日本においては，介護職の人手確保のため，介護職員の処遇改善制度や介護職員の賃上げ，若手（子育てママ）が辞めないよう企業内保育所での子育て環境の整備など様々な方面から介護職に参入しやすいような促進策を設けるようにしている[1]．

　しかし，これらの促進策にもかかわらず，介護報酬の引き下げや若手の転職率の高さ，3K[2]と呼ばれる介護職のきついイメージから介護職の人手不足問題はなかなか改善できず，介護事業者の経営はますます困難となっている．このような状況から，日本においては，介護職における国内人材の活用と介護職に

第2章　日本における外国人労働者の受入れ状況　*21*

## 表2-1　日本の国籍別外国人登録者数の推移

（単位：人）

| 年 | 総　数 | 中　国 | 韓国・朝鮮 | フィリピン | ベトナム |
|---|---|---|---|---|---|
| 1960 | 650,566 | 45,535 | 531,257 | 390 | 不明 |
| 1970 | 708,458 | 51,481 | 614,202 | 932 | 不明 |
| 1980 | 782,910 | 52,896 | 664,536 | 5,547 | 不明 |
| 1990 | 1,075,317 | 150,339 | 687,940 | 49,092 | 不明 |
| 1995 | 1,362,371 | 218,585 | 666,376 | 74,297 | 不明 |
| 2000 | 1,686,444 | 335,575 | 635,269 | 144,871 | 15,785 |
| 2001 | 1,778,462 | 381,225 | 632,405 | 156,667 | 17,836 |
| 2002 | 1,851,758 | 424,282 | 625,422 | 169,359 | 20,409 |
| 2003 | 1,915,030 | 462,396 | 613,791 | 185,237 | 23,003 |
| 2004 | 1,973,747 | 487,570 | 607,419 | 199,394 | 25,061 |
| 2005 | 2,011,555 | 519,561 | 598,687 | 187,261 | 27,990 |
| 2006 | 2,084,919 | 560,741 | 598,219 | 193,488 | 31,527 |
| 2007 | 2,152,973 | 606,889 | 593,489 | 202,592 | 36,131 |
| 2008 | 2,217,426 | 655,377 | 589,239 | 210,617 | 40,524 |
| 2009 | 2,186,121 | 680,518 | 578,495 | 211,716 | 40,493 |
| 2010 | 2,134,151 | 687,156 | 565,989 | 210,181 | 41,354 |
| 2011 | 2,078,480 | 674,871 | 545,397 | 209,373 | 44,444 |
| 2012 | 2,038,159 | 653,004 | 530,421 | 203,027 | 52,385 |
| 2013 | 2,066,445 | 649,078 | 519,740 | 209,183 | 72,256 |
| 2014 | 2,121,831 | 654,777 | 501,230 | 217,585 | 99,865 |
| 2015 | 2,232,189 | 665,847 | 491,711 | 229,595 | 146,956 |

（出典）　外務省「国籍（出身地）別外国人登録者数の推移」，総務省統計局「在留外国人統計
（旧外国人登録統計）」，法務省「出入国管理白書」各年より筆者作成.

　おける外国人人材の活用についての議論が活発にされている現状である[3].

　現在，日本に滞在する外国人登録者は**表2-1**のようになる.

　**表2-1**によると，日本における国籍別外国人登録者数は，1980年には78万2910人であったのが，1990年には107万5317人と約37％が増加しており，2000年には168万6444人と1980年と比べると20年間で日本における外国人登録者数は約2.2倍と急激な増加を見せている. 2000年代に入ると，一時期を除き年々増加傾向にあり，日本における2015年の外国人登録者223万2189人は，日本の

総人口の約1.8％を占めている．これは，外国人登録者数が急激に増加し始める1990年に比べると約25年間で2倍の外国人登録者数に増加したことがわかる．

特に，日本における外国人登録者数は，1990年から2000年代にかけて急激な増加を見せている．これは，1980年代後半から1990年代初期にかけてのバブル時代における建設業関連の外国人労働者の受入れが活発にされていたことも一つの要因であったと考えられる．その後，2009年まで外国人登録者数は，持続的な増加傾向を見せているが，2009年から2013年にかけては減少傾向にある．これは，2007年の建築基準法改正や2008年のリーマンショックなどを含む国際的な金融危機に伴う経済不況が原因の一つであったと考えられる．そのため，建築業にも不況の影響を及ぼし，住宅建設着工数の急激な減少や倒産する中小の建築会社，日雇い労働者の求人数の減少などが発生した[4]．

外国人登録者を国籍別に見てみると，2006年以前は韓国・朝鮮人の外国人登録者が一番多く，2番目に多いのが中国人であった．しかし，2007年以降の外国人登録者数は中国人が最も多くなっている．2015年では日本における外国人登録者数全体の約30％を中国人が占めている反面，韓国・朝鮮人の登録者数は1995年以降年々減少傾向にある[5]．

フィリピン人の外国人登録者数は，1990年代から急激に増加している．フィリピン人の外国人登録者数は，1995年から2000年の間に約2倍の増加を見せている．

ベトナム人の外国人登録者数も2000年代から年々増加しており，2014年には9万9865人であったのが，2015年には14万6956人と約47％急激に増加している．法務省の統計資料[6]によると，技術・人文知識・国際業務におけるベトナム人は，2014年4393人から2015年8794人と約2倍に増えている．留学の場合も2014年3万2804人から2015年4万9809人と増加している．特に大きく増加している在留資格は，技能実習1号ロ，技能実習2号ロであり，2014年1万8635人と1万4048人から2015年3万1444人と2万4571人と約1.7倍の増加を見せている．

このように，中国人や韓国・朝鮮人の外国人登録者数が年々低迷状態にある反面，フィリピンやベトナムにおける技能実習生を対象とする建設・製造業などの日本企業の外国人労働者の受入れが年々増加しており，さらに外国人労働者の受入れが活発化していることがわかる．

第2章　日本における外国人労働者の受入れ状況　23

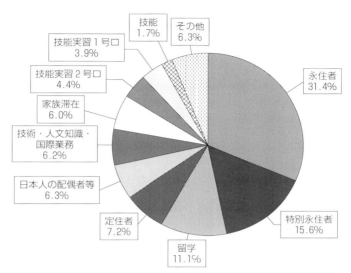

図2-1　在留資格別外国人数の割合

(出典)　法務省「平成27年末現在における在留外国人数について（確定値）」, p. 2.

図2-1は，外国人の在留資格別人数の割合である．その内容を見てみると，永住者と特別永住者，定住者が約54.2％と外国人登録者総数の半分以上を占めている．これに日本人の配偶者等，家族滞在を合わせた身分または地位に基づく在留資格を持つ外国人登録者は，全体の約12.3％を占めている．さらに，日本が積極的に受入れている技術・人文知識・国際業務における外国人登録者は全体の約6.2％となっている反面，商工会等の営利を目的としない団体の責任及び管理の下で行う活動をする団体監理型の技能実習1号ロ，技能実習2号ロの場合は，外国人登録者全体の約8.3％と技術・人文知識・国際業務における外国人登録者より約2.1％多い．

以上のように，日本における外国人登録者数は，1990年代から2000年代にかけて中国，韓国を中心に増加していたが，近年においてはフィリピンやベトナムなどの開発途上国を中心に増加傾向にあることがわかる．

## 第2節　日本における技能実習生の受入れ状況

　この節では，日本における技能実習生の受入れ状況について統計資料を用いて検討を行う．2015年現在における日本への技能実習生の送出し国のうち，主な送出し国である中国，インドネシア，ベトナム，フィリピンを中心に見ていくこととする．

　**表2-2**は，国籍別技能実習生数のうち技能実習1号ロ，技能実習2号ロの推移を表している．**表2-2**で示されるように，技能実習ロの受入れ人数は全体的に増加傾向である．技能実習生の受入れ人数が最も多い国は中国である．中国は，2010年から2015年にかけて一時期を除いて増加傾向であり，2010年の3万7788人から2015年の8万7070人と，5年間で中国人技能実習1号ロは約2.3倍と急激に増加している．技能実習2号ロの場合も一時期を除いて増加傾向であり，2010年の3万7841人から2015年の9万8086人と約2.6倍にこれまた急激に増加している．

　技能実習生の受入れ人数が2番目に多いベトナムの場合には，2010年の3840人から2015年の3万1444人と，5年間でベトナム人技能実習1号ロは約8.2倍と急激に増加している．技能実習2号ロの場合も年々増加傾向であり，2010年の3609人から2015年の2万4571人と約6.8倍に増加している．

　インドネシアの場合には，技能実習1号ロは2010年の2335人から2015年の

### 表2-2　国籍別技能実習生数の推移（技能実習1号ロ／技能実習2号ロ）

（単位：人）

| 年 | 中国 | インドネシア | ベトナム | フィリピン |
|----|------|------------|----------|------------|
| 2010 | 37,788／37,841 | 2,335／2,622 | 3,840／ 3,609 | 2,472／2,610 |
| 2011 | 43,288／60,418 | 2,943／4,514 | 6,125／ 6,553 | 2,925／4,564 |
| 2012 | 43,763／63,953 | 3,338／5,161 | 6,803／ 8,873 | 3,384／4,747 |
| 2013 | 38,955／64,986 | 3,545／5,961 | 9,276／11,242 | 3,697／5,603 |
| 2014 | 39,264／57,768 | 5,198／6,386 | 18,635／14,048 | 5,818／6,024 |
| 2015 | 87,070／98,086 | 6,439／8,024 | 31,444／24,571 | 8,545／8,081 |

（出典）外務省「国籍（出身地）別外国人登録者数の推移」，総務省統計局「在留外国人統計（旧外国人登録統計）」，法務省「出入国管理白書」各年より筆者作成．

6439人と約2.8倍に増加しており，フィリピンの場合も2010年の2472人から2015年の8545人と約3.5倍に増加している．しかし，中国やベトナムに比べると緩やかな増加人数である．

　このように，技能実習1号ロの増加は新規技能実習生の受入れ人数の増加を意味することであり，技能実習2号ロの増加は研修終了後現場での技能熟練を目指して技能実習へ移行する人数も増加していることを示す．つまり，日本における技能実習生数は中国人が圧倒的に多いが，年度別の増加率から考えると今後中国人技能実習生を追いかけるようにベトナム人技能実習生が急激に増加する可能性が高いということである．このことに関する詳細は第4章～第6章で述べることにする．

注
1）「介護職『30万人不足』厚労省，2025年度時点の推計示す」，『産経新聞』，2015年2月16日．
2）3Kとは，危険，きつい，汚いを指す．
3）「首相『外国人材活用を』建設や介護で検討指示――人手不足解消，経済活性化狙う――」，『日本経済新聞』，2014年4月5日．
4）建築基準法の改正や建築不況に関する詳細については，日経BPnet「時代を読む新語辞典」2008年2月5日を参照．http://www.nikkeibp.co.jp/style/biz/abc/newword/080205_36th/，2016年5月13日閲覧．
5）同上，2016年5月13日閲覧．
6）法務省統計局「国籍・地域別在留資枠（在留目的）別在留外国人」2014，2015年による．http://www.moj.go.jp/housei/toukei/toukei_ichiran_touroku.html，2016年6月2日閲覧．

# 第3章　韓国における外国人産業研修制度

　この章では，2007年廃止となった韓国における外国人産業研修制度の導入背景から廃止までの変遷について検討を行う.

　ドイツ，南米などへの労働力の主な送出し国であった韓国は，1980年代後半からの急速な経済発展により，労働力の受入れ国に転換した. そのため，中国や東南アジア各国からの外国人労働力が流入し始め，外国人労働者数は急激に増加した[1]. 急激な経済発展に伴い単純労働を主な産業とする製造業，建設業などの国内における単純労働者数の不足問題が深刻化していた. 1980年代後半は特に，急速な経済発展とともに，1988年ソウルオリンピック開催もあり，ソウルオリンピックの前後3，4年間は韓国国内における経済発展とともに労働者の勤労意識も変化したことから国内における単純労働者の募集は困難となった. その結果，外国人単純労働者の受入れの必要性が生じた[2].

　この章では，このような導入背景の下で導入された外国人産業研修制度について検討することとする.

　現在は外国人産業研修制度の一部改正により，韓国の外国人産業研修制度はその規模をかなり縮小している. 韓国国内では，外国人産業研修制度は失敗であると評価されているため，その廃止の原因を明らかにすることは，日本の外国人技能実習制度の今後の方向性への示唆にもなると考えている.

　本章の構成は次のとおりである. 第1節では，韓国の中小企業における外国人産業研修制度の歴史的変遷について明らかにする. 第2節では，韓国における外国人勤労者雇用許可制度について，その目的と実施機関などの仕組みについて明らかにする. 第3節では，韓国における外国人勤労者雇用許可制度の問題点について明らかにする. 外国人産業研修制度が廃止された理由を明らかにし，現行の外国人勤労者雇用許可制度の実施後どのような問題点が新たに又は継続的に生じているのかについて検討する.

## 第1節　韓国の外国人産業研修制度の変遷

### 第1項　外国人産業研修制度の導入背景

　前述のように，韓国における外国人産業研修制度は，1980年代後半からの経済発展に伴う単純労働者の不足問題がその原因である．特に，経済高度成長期における国内労働者の高賃金とそれに伴う労働力不足の深刻化である．その中でも特に，中小企業の製造，建設関連事業においての国内労働力の不足問題が深刻化していた．

　1980年代後半から韓国国内における労働力不足の問題がますます深刻化していた．1991年代には，住宅200万の建設計画とともに，建設業における単純労働者の需要が急増し，1989年の3.2％の韓国国内における労働力不足率は1991年に5.5％まで急増，特に生産職の韓国国内における労働力不足が一番深刻で1991年に9％の労働力不足率を示した[3]．

　その中でも，常勤労働者30人未満の中小企業の生産職における労働力不足率は15.3％で，30〜99人以下の中小企業の生産職における労働力不足率は12.6％，100〜299人以下の中小企業の生産職における労働力不足率は10.3％であった[4]．韓国における失業率[5]は，1985年4％，1986年3.8％，1987年3.1％，1988年2.5％，1989年2.6％，1990年2.4％，1991年2.4％であった．雇用率は，1985年54.3％，1986年54.9％，1987年56.5％，1988年57％，1989年58％，1990年58.6％，1991年59.1％であった[6]．

　このように，当時国内における労働力不足問題を抱えていた中小企業の中でも特に30人未満の零細企業における労働力不足問題が一番深刻であったため，外国人労働者の受入れに関する主な要因の一つとなった．

　また，韓国国内における労働力不足率とともに，当時労働力不足問題が一番深刻であった製造業といった生産職は，年間平均20.7％ずつ賃金が上昇したにもかかわらず，中小企業と大企業における賃金差は，1987年の中小企業の賃金水準が大企業の賃金水準の87.4％にしかすぎなかった[7]．

　このように，中小企業の賃金水準は年々上昇したものの，大企業に比べ低い賃金水準であったため，韓国国内の労働者だけで労働力不足問題を解決するに

は困難であった．また，1980年代以前，特に1960年代以降における韓国の労働
力は，海外諸国との賃金水準の差から主に西ドイツ，南米などへ労働力を輸出
する国であったが，1980年代後半から1990年代にかけての急速な経済発展は，
韓国を労働力の送出し国ではなく，労働力の受入れ国として変化させた．

このような問題を抱えていた1990年3月当時，韓国政府は，外国人産業研修
制度の導入による外国人労働者数の急激な増加に対する問題や外国人産業研修
生の受入れによる労使問題などの勤労監督上の支障について検討し始めた．そ
の主な内容としては[8]，①好意的な国際協力及び機能交流の促進，②労働集約的
産業等の短期的な経済的効果，③製造業，建設業などにおける労働力の減少を
短期間で解消，④住宅及び教育，医療などの社会保障制度面での問題，⑤間違
った異文化の理解による葛藤，犯罪発生の可能性，⑥外国人労働者の受入れに
よる国内労働者の雇用減少問題，⑦外国人労働者による勤労条件の低下及び国
内労働者によるストライキの可能性，⑧外国人労働者の低賃金による国内労働
者との賃金水準の差別問題などが挙げられていた[9]．

また，外国人産業研修生の場合，研修を目的として韓国へ入国するが，その
身分としては，滞在期間中は，労働基準法によって受入れ企業と雇用関係とな
るため，各労働関連法令による適用を受けることとなり[10]，これらを指導，監督
するための指針も必要であった．

外国人産業研修制度の導入に関する議論として，1991年6月28日商工部産業
政策局長及び関係機関による会議[11]では，次の議論がなされた．

①商工部：韓国国内における労働力不足問題を解消するため，外国人労働者
　を積極的に受入れる必要がある．

②経済企画院，労働部：不足する労働力を解決するために外国人産業研修制
　度を拡大することは，従来の外国人産業研修制度の目的に相違すると同時
　に，外国人産業研修制度の受入れ対象を拡大すると，様々な社会問題を引
　き起こす可能性がある．

③法務部：外国人産業研修制度の拡大に関しては慎重に考えるべき事項では
　あるが，韓国国内における中小企業の労働力不足問題を解消するためには
　外国人産業研修生の受入れ人数枠の拡大は不可欠である．

このように，韓国国内における労働力不足問題を解消するためには，外国人

産業研修制度の更なる活用は必要不可欠であるが，それに伴う外国人産業研修生の指導・監督体制などの労使問題，住宅，医療などの社会保障問題，異文化の認識による様々な社会問題などが考えられることから，外国人産業研修生を積極的に受入れることまでには至らなかった．

　以上のような背景により，1990年代韓国国内における各産業，特に製造業，建設業を中心に単純労働力の人材不足問題が深刻化し，その中でも中小企業の労働力不足が深刻化していたため，外国人産業研修制度を通しての外国人産業研修生の受入れとともに，技術の移転などの国際協力の強化を図る目的として，外国人産業研修制度が導入された．その内容は，出入国管理法第7条及び第9条，同法施行令第7条，同法施行規則第17条及び第78条に明示された．第7条では，「国際親善，観光または大韓民国の利益等のため入国する者として大統領令によって入国許可を得た者」として定めている．第9条では，「必要性が認定された時のみ外国人の事前申請によりビザ発行認定書を発行できる」と定めている．同法施行規則第17条では，第9条3項によりビザ発行認定書の発行対象として外国人産業研修生を定めている．同法施行規則第78条では，「外国人産業研修生として入国する外国人のビザ発行認定書の発行権限を事務所長または出張所長に委任する」と定めている．

　その主な内容を明示している「外国人産業技術研修ビザ発行等に関する業務処理指針」及び「外国人産業技術研修ビザ発行等に関する業務処理指針の施行規則」の制定により施行された外国人産業研修制度は，韓国国内における中小企業と投資関係及び技術の輸出，提供関係にある外国の企業団体間の産業技術研修のため，外国企業の技術者及び勤労者が韓国国内における諸企業団体へ派遣され，研修を受けるとともに，研修期間終了後，韓国で習得した技術を派遣された外国企業で移転する目的を持つ制度である．[12] そのため，外国人産業研修制度は，海外投資，技術提供，設備輸出などの国際協力関連産業研修生と，中小企業協同組合中央会を通じて受入れできる単純技能産業研修生と区分できる．

　その中でも，単純技能産業研修生は，1991年11月より海外投資企業を通して外国人産業研修生を受入れる制度として拡大・実施した．1993年までは主に国際協力関連に対する外国人産業研修生を商工部長官が推薦する事業団体のみ小規模にて実施した．そのため，海外へ支店を持つ事業団体，海外への技術提供

を主な事業としている団体, 産業設備関連輸出事業団体が商工部長官の推薦を受け, 現地で雇用した外国人労働力の技術向上の面から韓国国内において研修できるよう実施する制度であった[13]. しかし, 前述したように, 当時の韓国国内における労働力不足問題は, 特に海外進出が困難である国内の零細中小企業に集中していたため, 根本的な問題解消にはつながらなかった.

　また, 当時外国人産業研修制度を通して韓国へ入国した外国人産業研修生の所在不明・研修地逃走問題が急増すると同時に, 外国人不法滞在者の数も急増し, パキスタン人不法滞在者8人による殺人事件の発生などにより, 所在不明の外国人産業研修生や外国人不法滞在者に対する規制強化の必要性についての声が上がってきた[14]. 従来の外国人産業研修制度は, 商工部長官の推薦による外国人産業研修生の選別であったため, ①外国人産業研修生の選別, 導入, 教育, 帰国後のフォローアップが適切に実行されなかった, ②外国人産業研修生の総括的な教育, 管理を行う国内人力サービス業者, 斡旋事業者が高額な手数料を外国人産業研修生や受入れ団体から徴収する事例を発見した, ③国内人力サービス業者, 斡旋事業者が外国人産業研修生の受入れに関連して出入国管理の公務員へ賄賂を提供したことが発覚したなどの理由から, 1993年12月「法務部訓令第294号」は, 改正された[15]. 1994年1月には中小企業協同組合中央会は外国人産業研修制度の団体推薦が可能となった. これに伴い, 中小企業協同組合中央会は「外国人産業技術研修協力事業運用要領」を作成し, 外国人産業研修生の選別, 教育, 帰国後のフォローアップなどの業務に関与することとなった.

　しかし, 外国人産業研修生や外国人不法滞在者による様々な社会問題があったうえに, 韓国国内における単純技能労働力不足問題は解消できなかったため, 韓国政府は外国人不法滞在者の増加防止のための対策案を考えると同時に, 1994年9月には外国人産業技術研修調整協議会を通じて外国人産業研修生の受入れ人数枠を拡大する方針を決定した. このような流れの中で, 1992年単純労働者1万人を対象に外国人産業研修制度を最初に実施し, 1993年11月には, 外国人産業研修生2万人の一次的導入を決定した. 1994年9月には, 繊維, 靴製造業に従事する外国人産業研修生1万人を追加的に受入れ, 1995年5月には, 2万人の外国人産業研修生を追加的に受入れた[16].

第3章　韓国における外国人産業研修制度　*31*

### 第2項　1995年から2000年までの外国人産業研修制度

1995年1月ネパール人の外国人産業研修生13人による外国人産業研修制度改善を要求する運動が約8日間続いた．ネパール人の外国人産業研修生の運動の理由は，差別的な賃金と研修地の韓国人管理者から暴言・暴行を受けたということであった[17]．その結果，同年2月韓国労働部は外国人産業研修制度の改善に対する必要性を感じ，「外国人産業研修生の保護及び管理に関する指針」を制定した．この指針は同年3月1日から施行され，外国人産業研修生の法定労働時間による勤務体制，最低賃金の保障，健康診断，産業災害補償保険，健康保険加入及び適用など外国人産業研修生として韓国で研修を受けるに当たっての基本的な労働基準を定めることとなった[18]．

1997年後半においては，韓国の通貨危機により国内における経済がますます悪化していた．相当な韓国人のサラリーマンがリストラされ，韓国の多くの大企業が財源や人材の縮小などを経験した．このような事情は，外国人労働者にも影響を与え，多くの外国人労働者の帰国へとつながった．しかし，その当時帰国しても同じく経済危機を経験しているため韓国に残るのと変わらないという判断から，帰国しなかった外国人労働者も存在した[19]．また，研修実施場所の経済的困難により，賃金の未払い問題も発生した．

その後，景気が回復し，1998年10月には5人以上の事業所にも労働基準法が適用され，1999年11月には「海外投資企業産業研修生保護指針」を制定，中小企業協同組合中央会を通じた外国人産業研修生も適用されることとなった．

### 第3項　外国人産業研修制度の廃止

通貨危機により減少していた外国人労働者数が1999年からまた増加し始め，2000年代に入り，外国人労働者への差別的な接遇や人権問題が表面化した．これに対し韓国の雇用労働部は，従来の外国人労働者の人権や労働問題などの改善のため，外国人勤労者雇用許可制度の導入を推進したが，中小企業協同組合中央会，法務部などの反対により保留された．その理由としては，外国人勤労者雇用許可制度が実施されると，多様な費用（基本給の引き上げ，賞与金，退職金，雇用許可及び在留許可などの処理に対する業務過重など）が発生・増加し，中小企業への経済的負担が増えると同時に，高賃金を払うことのできない中小企業への支

援対策の一環として導入された外国人産業研修制度の根本的な趣旨とは異なるとのことであった[20]。

2000年4月には，外国人産業研修生の就職制が導入され，従来の外国人産業研修制度に2年間の研修後1年間の就労が可能となった。この場合，外国人産業研修制度にて2年間の研修を修了した者に限って外国人産業研修生の就職制による1年間の就労が可能であったため，最初に適用されたのは，1998年以降入国した外国人産業研修生であった。

このような流れの中で，2000年代に入り保留となった外国人勤労者雇用許可制度について韓国の労働部によりまた議論された。当時の雇用労働部は外国人移住労働政策に関する法案の一環として2001年12月外国人産業人力政策審議委員会を開催し，外国人産業研修制度と外国人産業研修就職制を実施しているにもかかわらず，韓国国内における労働力不足問題は解消していないと強調，外国人不法滞在者の問題点を解消するための改善策を模索すると同時に，外国人勤労者雇用許可制度の導入に向けての検討を行うことを正式に確定した[21]。

その主な内容としては，外国人勤労者雇用許可制度の導入に向けて，2002年1月より外国人産業研修生の受入れ人数枠を既存の8万3800人から8万5500人へと拡大した。同年4月には，外国人産業研修就職制の2年間の研修を1年間の研修と期間変更し，その代わりに就労期間を1年から2年へと改善した。また，外国人産業研修生の選別を所管していた中小企業協同組合中央会の推薦による受入れを廃止し，1年間の研修から2年間の就労に移行するに当たっての各研修団体の推薦による選別も廃止，筆記試験と口述試験による選別及び所定の教育修了・評価による移行に改正した[22]。

2001年12月外国人勤労者雇用許可制度の導入に向けての検討を行うことを正式に確定したにもかかわらず，2001年から2002年にかけて外国人勤労者雇用許可制度の導入に向けての議論は続いた。その主な内容[23]については次のとおりである。

①韓国国会中小企業特別委員会の委員長は，経済低迷の影響により，10％程度の賃金引上げの要因となる外国人勤労者雇用許可制度の導入は，零細中小企業に悪影響を与えるため，制度の導入を無期限延長することを要求した。
②中小企業協同組合中央会は，韓国政府に対し，外国人移住労働者に関する

政策を考える以前に，韓国国内における国民の失業問題や中小企業の労働
力不足問題を解決するための政策に向けて努力するべきであると要求した．
③韓国カトリック教会協議会会長は，既存の外国人産業研修制度は，外国人
産業研修生への人権問題や外国人不法滞在者問題などを継続的に生み出す
ことから，外国人移住労働者の人権と正当な労働の権利を保障するために
も外国人産業研修制度を廃止し，外国人勤労者雇用許可制度を導入すべき
であると要求した．
④国家人権委員会は，外国人労働者の人権実態調査を根拠に外国人労働者の
深刻な人権問題を改善するためには，現行の外国人産業研修制度を段階的
に廃止，差別がないように就労管理の補完，外国人不法滞在者の段階的措
置が必要であると要求した．

このように，外国人産業研修制度の廃止，外国人勤労者雇用許可制度の導入
を巡って様々な議論がされた．そもそも，外国人産業研修制度が韓国において
導入された主な趣旨[24]は，①外国へ進出する韓国企業の現地工場で勤務する労働
者を韓国で研修させ，現地工場で活用することにより，経営の効率性を高める，
②労働者不足問題から中小企業の製造業で外国人労働者を一定期間研修させる
ことにより，一時的な労働者不足問題を解消する，③開発途上国に対する技術
移転を通して経済協力を図るためである．

このような外国人産業研修制度を実施した場合，中小企業は外国人産業研修
制度の下で外国人労働者をより低賃金で研修生として活用することができ，正
規外国人労働者より，産業災害補償や雇用保険などの各種義務規定を緩和でき
るため，受入れ団体からすると利益追求をよりし易くなる制度である．しかし，
外国人単純労働者を研修生という名目で受入れすることであるため，研修生に
対する労働力搾取などの問題点を引き起こす可能性を持っている制度でもある．
特に，外国人産業研修制度は，1990年代末から2000年代の初めにかけて外国人
産業研修制度の廃止から外国人勤労者雇用許可制度への導入を要求する市民団
体や政治団体などの意見を受入れず，韓国政府は，中小企業協同組合中央会を
中心とした企業団体の要求を雇用者の費用負担の増加などの理由から優先し，
部分的な改正を行うのみで新たな制度への導入は保留していた[25]．

外国人産業研修制度の廃止問題が出始めたのは，1995年のネパール人産業研

修生のデモ運動であった．このように，外国人産業研修生は合法的な在留資格
を持つにもかかわらず，当時の外国人産業研修生は「勤労労働法」上の保護は
受けることなく，低賃金の外国人労働力として扱われてきた．また，募集時点
で決められていた賃金の半分以下しかもらえない場合もあり，場合によっては
斡旋事業者などにその賃金すら搾取されることもあった[26]．

　このような外国人産業研修生の人権問題や残酷な労働環境問題などが世間へ
知られるようになり，2002年末から韓国に在留する外国人産業研修生を研修生
としての在留資格ではなく，外国人労働者（勤労者）としての在留資格を与え
るべきであり，根本的な制度の改善が必要であると注目を浴びた[27]．その結果，

## 表3-1　外国人産業研修制度関連事項

| 1991年10月 | 「外国人産業技術研修ビザ発行等に関する業務処理指針」の制定及び施行． |
| 11月 | 外国人産業研修制度の施行．<br>海外投資企業における研修制度拡大・実施．<br>外国人産業技術研修調整協議会の設置． |
| 1993年11月 | 外国人産業研修生 2 万名受入れ． |
| 1994年 1 月 | 中小企業協同組合中央会を研修推薦団体として指定可能． |
| 9 月 | 外国人産業研修生の受入れ人数枠の拡大． |
| 1995年 2 月 | 労働部「外国人産業研修生の保護及び管理に関する指針」制定． |
| 3 月 | 外国人産業研修生の最低賃金，健康診断，産業災害補償保険，健康保険加入及び適用． |
| 1996年 9 月 | タバコ製造業，出版業，出版，印刷及び記録媒体複製業を除外した全職種へ外国人産業研修対象の拡大． |
| 1997年 9 月 | 外国人産業研修生の賃金未払い防止保険加入． |
| 1999年11月 | 海外投資企業産業研修生に対する保護指針． |
| 2000年 4 月 | 外国人産業研修生の就職制（研修 2 年，就労 1 年）導入． |
| 2001年 9 月 | 外国人産業研修生の権益保護委員会設置・運営． |
| 2002年 4 月 | 外国人産業研修就職制（研修 1 年，就労 2 年）改正<br>（2002年 4 月18日以降入国者に限る）． |
| 2003年 3 月 | 産業研修制度の廃止及び外国人勤労者雇用許可制度推進に関する意見発表． |
| 8 月 | 「外国人勤労者の雇用等に関する法律」制定・公布． |
| 2004年 3 月 | 「外国人勤労者の雇用等に関する法律」施行． |
| 8 月 | 外国人勤労者雇用許可制度の施行． |
| 2007年 1 月 | 外国人産業研修制度を廃止し，外国人勤労者雇用許可制度に移行． |

　（出典）韓国中小企業協同組合中央会，中小企業研究員『外国人研修就業制の政策的効率性に関する研修』韓
　　　国中小企業中央会，2004，pp. 37-42．

2002年の16代大統領選挙では，与党，野党ともに外国人勤労者雇用許可制度の導入を選挙公約の一つとして提示するに至った．

　また，2003年3月29日には，外国人力制度関連の関係部署幹事会議が開催され，外国人産業研修制度の廃止及び外国人勤労者雇用許可制度推進に関する意見を発表した[28]．同年4月15日には，外国人勤労者雇用許可制度を優先処理すべき問題案として取り扱ったが，ハンナラ党の同意を得られなかったため立法化できず，7月31日になって法案が可決された[29]．これによって同年8月「外国人勤労者の雇用等に関する法律」（第6967号）が制定・公布され，2004年8月17日より外国人単純技能労働者を対象とする雇用許可制が施行された．2005年7月には，外国人力政策委員会で雇用労働部，法務部などの関連部署の合意を得て外国人産業研修制度を2007年1月1日に廃止することを確定した．

　以上みてきたように，外国人産業研修制度の導入から廃止までのその主な制度の流れについて概略すると**表3－1**のとおりである．

## 第2節　韓国における外国人勤労者雇用許可制度

### 第1項　外国人勤労者雇用許可制度の目的

　外国人勤労者雇用許可制度は，韓国国内において労働力の確保が困難な企業が外国人労働者を雇用労働部の雇用許可書の発行を受け，勤労者として雇用できる制度である[30]．この外国人勤労者雇用許可制度は，外国人労働者を韓国人労働者と同等に各種労働関係法を適用し，労働災害補償保険，最低賃金などの労働者としての基本的権利を保障するための制度である．

　韓国国内における外国人の就労活動を目的とした在留資格は，「出入国管理法」第23条による外国人の就労及び在留資格によって区分され，短期就労，教授，外国語の会話指導，研究，技術指導，専門職業，芸術，特定活動，非専門職への就労，船員就労，居住，在外公民，永住，観光就労，訪問就労による者と定められている．

　外国人労働者に対する政策は，専門的外国人労働者と非専門的外国人労働者とに大きく区分できる．専門的外国人労働者に関する政策は，専門知識と技術を持つ外国人労働者を受入れるための政策であり，主に教授，外国語の会話指

導，研究，技術指導，専門職業，芸術，特定活動などの在留資格を有し，韓国国内で就労活動を行う外国人労働者を意味する．特に，IT技術分野の外国人労働者の場合，その特殊な専門性によりゴールドカード制度を2011年から施行している．そのため，ゴールドカード制度に該当する外国人労働者は，国籍に関係なく在留資格に対するビザを発行し，在留資格以外の活動も許可しているなど韓国国内での在留活動に関する要件を緩和している[31]．採用手続きも非専門的外国人労働者に比べ簡単であるため，雇用者と外国人労働者の雇用契約締結後，法務部長官のビザ発行認定書を発行することで外国人労働者としての在留資格を得ることができる[32]．

　このように，専門的外国人労働者は積極的に受入れする方針である反面，非専門的外国人労働者の受入れは消極的な方針であった．先でも述べたように，韓国の産業構造及び労働市場の構造変化などの影響により，1980年代後半大企業と中小企業間の労働条件の格差はますます広くなり，特に中小企業における単純労働者の労働力不足問題が深刻化した．急速な経済発展により製造業，建設業における労働力の需要は増加したが，韓国国内における単純技術労働力は不足する問題に直面することとなった．当時特に製造業の労働力不足の解消方法として生産職を中心とした非専門的外国人労働者の受入れが始まった[33]．また，非専門的外国人労働者は，非専門就労と訪問就労と区分され，雇用を許可している．非専門的外国人労働者を採用するためには，一定期間韓国人労働者の募集が前提となり，韓国人労働者の雇用が困難な場合のみ雇用センターを通じて外国人労働者を募集することができる[34]．職種別に雇用できる人数枠を毎年制限しており，雇用された外国人労働者の雇用契約期間も制限するなどの一時的なものとして外国人労働者の受入れを許可している[35]．

　韓国は1991年11月外国人産業研修制度の施行により，韓国国内における外国人単純技能労働者の受入れを正当化した．その流れについては前節でも述べたように，従来の外国人産業研修制度は，外国人労働者を韓国の研修地で研修させ，その後母国で働かせるという開発途上国への技術移転の意味を含んでいる．つまり，一時的な労働力として外国人へ研修生の在留資格を与える制度であったため，最低賃金，「勤労基準法」，社会保険などに根拠する労働時間，法定休暇などの労働環境の整備を保障することができなかった．このようなことを理

由に，外国人産業研修生の中には，賃金未払いや暴言・暴力などの不当な処遇を受けた者もおり，これらの問題が人権問題とつながり，外国人産業研修生の研修地からの逃走，外国人不法滞在者の増加，外国人不法滞在者の不法雇用問題などが社会問題化した[36]．

1995年から2000年にかけて外国人産業研修生の人権問題が次々と発生したことにより，2002年4月外国人産業研修就職制を改正，1年間の研修と2年間の就労へとその内容を変更したが，外国人産業研修生に関わる様々な社会問題を解消することはできなかった．

その後，2003年まで外国人勤労者雇用許可制度の導入は何回か保留されるが，2004年4月「外国人勤労者の雇用等に関する法律」（法律第6967号）施行により，同年8月外国人勤労者雇用許可制度が導入されることとなった．また，2006年まで外国人産業研修制度の段階的な廃止と外国人勤労者雇用許可制度の安定化を図りながら実施していたが，2007年1月より外国人勤労者雇用許可制度のみを運用することとなった．

### 第2項　外国人勤労者雇用許可制度の実施機関

韓国国務総理室に外国人力政策委員会を設置し，毎年韓国国内における労働者の需給動向を把握し，外国人労働者の受入れ規模や必要とする職種及び送出し国について選定している．外国人力政策委員は，企画財政部次官，外交通産部次官，法務部次官，行政安全部次官，文化体育観光部次官，などの20名で構成している[37]．外国人力政策委員会で議論する案件を事前審議するため，雇用労働部次官を委員長としている．

外国人勤労者雇用許可制度の施行機関の役割は，「外国人勤労者の雇用等に関する法律」に外国人勤労者の雇用管理及び保護に関する事項を審議・議決するため国務総理所属の外国人力政策委員会を設けることや，外国人勤労者の権益保護に関する事項を協議するための外国人勤労者権益保護協議会を設けることが可能であると定めている[38]．その主な内容は次のように整理できる．

①雇用者の代わりに外国人労働者を受入れる役割を持つ．つまり，外国人労働者と韓国国内企業との雇用契約であるため，両方の立場から平等な関係上での契約締結，契約移行，契約維持できるよう支援する．

②一部の業務を韓国産業人力公団などの公共機関へ委託し，実施できるよう
　にする．例えば，外国人労働者の選別に当たっての韓国語試験，雇用契約
　締結のための支援，入国支援，外国人労働者の不満処理などである．
③雇用者と外国人労働者の間で発生する問題を解決するための支援を行う．
　異文化理解により問題や労働環境に関連する問題などを解消するため外国
　人労働者の雇用管理全般を支援する．

### 第3項　送出し国の選別

　外国人労働者を受入れるための送出し国の選別は，外国人力政策委員会で最
終的に決定され，韓国の雇用者の優先順位，送出し過程に当たっての透明性，
効率性，外国人労働者の無断逃走などに対処するための強制的なパスポートや
通帳などの没収の可能性，外国人労働者の離脱率などを考慮して決定する．外
国人雇用許可制により，2004年以降1次送出し国として選ばれたのは，フィリ
ピン，モンゴル，スリランカ，ベトナム，タイ，インドネシアの6カ国であり，
2次送出し国は，ウズベキスタン，パキスタン，中国，カンボジア4カ国に選
定された．また，2007年には，バングラデシュ，キルギス，ネパールがMOU
（了解覚書）を締結した[39]．

　MOU（了解覚書）は，外国人労働者の募集と送出しの過程においての透明性
の確保，両国間の責任強化のため，外国人勤労者雇用許可制度に対する全般的
な事項を，受入れ国の雇用労働部長官と送出し国の労働関連省庁の長が締結す
ることになる[40]．

　MOU（了解覚書）は，2016年現在，15カ国（ベトナム，フィリピン，タイ，モンゴ
ル，インドネシア，スリランカ，中国，ウズベキスタン，パキスタン，カンボジア，ネパー
ル，ミャンマー，キルギス，バングラデシュ，東ティモール）と締結している．MOU
（了解覚書）の有効期間は締結日から2年間維持できる[41]．

　過去の外国人産業研修制度においては，送出し国はすべて18カ国であったが，
2007年1月から外国人産業研修制度を廃止し，外国人勤労者雇用許可制度に一
元化された．そのため，外国人労働者の選択権の尊重，送出し国との外交的関
係，従来の外国人産業研修生の在留資格の変更などを総合的に勘案し，従来の
外国人産業研修生を送出す国の大半をこの外国人勤労者雇用許可制度の送出し

国として指定，実施している．

### 第4項　外国人労働者の選別及び受入れ過程

外国人勤労者雇用許可制度による外国人労働者は，一般雇用と特例雇用に区分することができる[42]．

①一般雇用の外国人労働者の選別及び受入れの流れ

外国人労働者の選別や導入の過程の不正を断絶するため，外国人労働者の受入れ過程においての民間機関による介入を排除しており，受入れ業種や規模，送出し諸国などの外国人労働者関連の主要事項は外国人力政策委員会で決定している．そのため，韓国と送出し国間の MOU（了解覚書）を締結し，外国人の求職者の選別条件，方法，送出し機関，遵守事項などを合意するよう明示している．2016年現在，15カ国と MOU（了解覚書）を締結しており，MOU（了解覚書）締結以降も韓国の雇用者及び外国人労働者の継続的なモニタリングを通じて外国人不法滞在の件数，年間受入れ人数，MOU（了解覚書）の誠実な移行の評価によって MOU（了解覚書）を更新するかどうかを決定する．

求職を希望する外国人労働者は，送出し国にある送出し担当機関の主管の下で韓国語試験を受けることができる．韓国語試験の合格後，試験の成績，実務経歴，学歴などの選別基準によって求職者名簿に登録することができる．送出しの不正防止や外国人労働者の選別に対する基準を提示，韓国語の会話能力の検証のために2005年8月から韓国語能力試験を実施し，合格者を対象に求職者名簿を作成，韓国産業人力公団で電算送付にて外国人の求職者の登録を行う．

外国人労働者を採用しようとする雇用者は各管轄の雇用労働部傘下の雇用センターに外国人雇用許可を申請し，少なくとも7日間の韓国人の雇用に努力した証明をしなければならない．韓国人労働者の雇用に失敗した雇用者は，外国人雇用許可を受けて雇用センターから求人希望人数の5倍数の外国人求職者の推薦を受けることが可能である．雇用者は，学歴，年齢，経歴などを考慮し，求人適格者を選別する場合，外国人雇用許可書を発行される．雇用者は選別した外国人労働者と雇用契約を締結するが，その際には，標準勤労契約書を使用して賃金，労働時間，休日，労働の場所，契約期間などその他労働条件を明示する．また，雇用許可書，雇用契約書などを法務部の出入国管理事務所に提出

し，書類上の異常がない場合のみ法務部にてビザ発行認定書を受けることが可能である．このビザ発行認定書を送出し国に送付すれば，送出し国の機関から韓国大使館でビザが発行でき，韓国への入国手続きを進めるようになる．韓国に入国した外国人労働者は，中小企業中央会などで産業分野別に分けて事前教育を２日間履修し，雇用者の現場で働くこととなる．

②特例雇用の外国人労働者の選別及び受入れの流れ

訪問就労による外国人労働者を含む特例雇用の外国人労働者は，韓国国内の出入国及び就職で相対的に疎外されてきた中国，旧ソ連地域の在外韓国人を示す[43]．在外韓国人労働者に対して自由な往来と韓国国内における就職の機会を提供するため，2007年３月から訪問就職の在留資格を与え，韓国人と同等の就職活動の自由を保障，在外韓国人の雇用に関する手続きを緩和した[44]．

このように，訪問就労ビザで韓国へ入国した在外韓国人は，５年間就労活動を行うことができる．また，再入国許可なく自由に出入国が可能であり，１回の入国時に３年間就労活動が可能である．訪問就職ビザで入国した在外韓国人は，就職分野に関連する教育を受け，求職申請をすることが可能であり，雇用支援センターの就業斡旋を受け，就職することができる．この場合においても一般雇用の外国人労働者の選別と同じく，韓国人の雇用機会の保護のため，雇用者が一定期間韓国人労働者の求人努力をした証明が必要となり，韓国人労働者の採用に至らなかった場合，特例雇用可能確認書の発行を受け，在外韓国人を雇用することができる．特例雇用可能確認書の有効期間は１回に付き３年であり，雇用者が同在外韓国人労働者の継続的な就労活動を希望すれば，別途の雇用許可手続きなしで雇用できる．また，有効期間内に雇用センターが斡旋した在外韓国人と雇用契約を締結しない場合には，最初の手続き手順と同様に韓国人労働者の採用の努力をする必要性があり，雇用許可を再発行しなけなければならない．

雇用者は外国人労働者と雇用を開始した日から14日以内に雇用センターへ申告義務があり，就労を開始した日から14日以内に法務部へ就労開始の申告をしなければならない．これは，在外韓国人に対し，韓国人労働者と同等の就労ができるよう保障し，雇用者の雇用許可手続きを緩和することによって雇用者の雇用可能な人数を超過しているかどうか，在外韓国人の労働移動状況などを把

握するため，雇用主に就労開始の申告を事後的にする趣旨のことである<sup>45)</sup>.

## 第3節　外国人勤労者雇用許可制度の問題点

　韓国はこのように，外国人産業研修制度から生じた様々な問題点を解消するため，2007年に外国人産業研修制度を廃止し，外国人勤労者雇用許可制度へ一元化した．そのため，外国人労働者への様々な労働環境の整備がなされてきたにもかかわらず，外国人産業研修制度実施時と類似した問題点を未だ抱えている．その問題点について①制度的問題点，②手続き上の問題点，③送出しに対する費用の問題点，④外国人労働者の雇用管理上の問題点と大きく四つに分類することができる.

　①制度的問題点

　外国人労働者の人権問題，最低賃金にも及ばない劣悪な労働条件，研修生としての役割限界などによる外国人産業研修制度の問題点を解消するため外国人勤労者雇用許可制度を2004年から施行してきた.

　しかし，外国人労働者の労働権利が保障できず，外国人労働者の雇用が雇用者としての特権であるかのように，現場内暴行，性的暴行，韓国人との労働条件の差別，外国人労働者が就労する現場の移動制限，外国人不法滞在者の増加などの問題を同じく生み出しているため，外国人産業研修制度の時代の悪循環状態がある．このままでは韓国人の外国人労働者に対する偏見と人種差別の認識などがさらに深刻化し，外国人労働者に対する基本的な社会的安全装置すら解体される状況が，この外国人勤労者雇用許可制度でまた起こっているのである.

　②手続き上の問題点

　外国人労働者は，韓国語試験の合格日から2年以内に雇用契約を締結しなければならなく，韓国の雇用者との雇用契約締結ができなかった場合には，韓国語試験の合格が無効化され，韓国語試験を再度受験しなければならない．合格人員が過度に多い場合には，求職者名簿上の候補に登録され，結局，韓国への就職ができなかったりする場合もある．そのため，韓国へ外国人労働者として雇用できるかどうかの不安を抱えながら毎年外国人労働者の受入れ人数枠を予測しなければならない難点がある.

また，2年間の期間内に韓国での雇用が決まったとしても，韓国入国までの手続きで2年から4年間の待機をしなければならない場合もあり，外国人労働者がいつ雇用契約締結の通知を受けられるかわからない状況の中で，母国での安定的な職場へ就職することは現実的に難しいことである．そのため，入国までの期間，待機しながら支出する経済的，時間的損失は大きい．外国人勤労者雇用許可制度の場合，入国もしくは今後の就労活動に当たっての事前教育はほとんど行われていない状態であり，事前教育の義務も雇用者にはないため，入国後韓国で行われる2日間の就職関連分野の教育は，実質的には見せかけの形式上の教育に過ぎないのが現状であり，外国人勤労者雇用許可制度によって入国した外国人労働者は，韓国の就労活動に関する十分な情報を得ることができないまま韓国で就労活動をしているのが現状である．

③送出しに対する費用の問題点

外国人勤労者雇用許可制度の場合，送出し国が調査した入国に係る費用，健康診断に係る費用，ビザ手数料，試験料などの項目の金額を算出し，韓国の雇用労働部に提出すれば，検討後入国を許可している．こうした入国に至るまでの公式費用は，一定期間義務的に告示するようになっており，このような行為が送出しにかかわる費用の不正防止に大きな役割を果たしている．

しかし，送出し国で数10年間定着した構造的な不正を10年という短い期間で一掃させるということは実質的に不可能なことである．一部の送出し国では，未だ韓国への就職決定から入国までの期間を縮小するための不正な費用が存在し，斡旋手数料などの名目で不法に送出し国としての手数料を要求するのが非公式的に発生している．

外国人勤労者雇用許可制度の公式的な送出しに関する費用以外に，送出しに関する費用を悪徳斡旋事業者に支払った外国人労働者は，送出し国での約10年間の給料より多い金額のローンを負うことになる場合もあり，韓国で稼いだ賃金のほとんどをローンの支払いに支出してしまう悪循環が続いている．このような矛盾によって韓国国内における外国人労働者の不法滞在が増えるものとされている．

④外国人労働者の雇用管理上の問題点

外国人労働者の韓国国内における定住を防ぐため，雇用契約期間を1回に付

き 3 年と規定しており，短期就労という名目で家族連れは禁止されている．就労する現場の変更は，原則的に禁止し，正当な事由がある場合に限り，他の事業所への変更を許可している．しかし，市民団体などでは，外国人勤労者雇用許可制度の人権侵害の代表的な事例として事業所変更制限を挙げている．2016年現在，「外国人勤労者の雇用等に関する法律」(2003年 8 月16日，法律第6967号)第 8 条，第25条によると，外国人労働者の事業所変更は，雇用者が正当な理由により雇用契約期間中，雇用契約を解約しようとする場合や雇用契約が満了した後の継続的更新を拒否する場合，事業所の休業・廃業その他外国人労働者の責任のない事由により，その事業所での就労が継続できなくなったと認められる場合，事業所の雇用条件が雇用契約条件と異なる場合，不正・不平等な雇用行為など外国人労働者への差別的な処遇を行った場合などに限って 3 回（外国人労働者の責に帰すべき理由がない場合は 1 回追加，休業・廃業の場合は回数から除外）認められる．また，このような場合には，必ず雇用センターを訪問し，就職の斡旋を受けなければならない．しかし，外国人労働者の大半が不便を訴えている労働環境，作業内容上の問題ないし雇用者や韓国人労働者との葛藤，日常的な言語暴力，人権侵害などによる問題でその事業所を変更することは容易ではないのが現状である．また，日雇い労働者の性格が強い農業分野における外国人労働者の場合は，農業から製造業への業種間の移動・変更は不可能である．

　以上述べてきたように，韓国における外国人労働者の受入れについては，様々な問題や課題を抱えているのである．

注
1 ）　キム・ウォンチョル「国内外国人労働者の効果的管理制度に関する研究」，ドンシン大学大学院，http://www.riss.kr/link?id=T8933422，2016年 6 月13日閲覧．原文は韓国語であり，日本語訳は筆者による．

　　　김원철「국내 외국인 노동자의 효과적인 관리제도에 관한 연구」，동신대학교 대학원，1999．p. 18．

2 ）　同上．

3 ）　同上．p. 19．

4 ）　同上．

5 ）　韓国統計庁「経済活動人口調査」，「年齢別経済活動人口総括」各年による．http://

www.index.go.kr/potal/main/EachDtlPageDetail.do?idx_cd=1494, http://kosis.kr/statHtml/statHtml.do?orgId=101&tblId=DT_1DA7002&conn_path=I2, 2016年 6 月13日閲覧.

6 ）　同上.

7 ）　前掲 1 ），キム，p. 20.

8 ）　イム・ドンギュ「不法滞留外国人減少に対する研究：外国人産業技術研修制度を中心に」，ソンギュンカン大学行政大学院，韓国国会図書館. 原文は韓国語であり，日本語訳は筆者による. 임동규「불법체류외국인 감소를 위한 연구：외국인산업기술연수제도를중심으로」，성균관대학교행정대학원，국회도서관，1999，p. 21.

9 ）　同上.

10）　同上.

11）　同上.

12）　韓国中小企業庁「外国人産業技術研修制度運営に関する指針」，韓国中小企業庁，1996年 9 月19日，p. 15.

13）　同上，p. 16.

14）　イ・ギャンソク「政策参与者間葛藤原因と様相に関する研究」，ソンギョル大学大学院，韓国国会図書館. 原文は韓国語であり，日本語訳は筆者による. 이광석「정책참여자간 갈등원인과 양상에 관한연구」，성결대학교대학원，국회도서관，2015，p. 64.

15）　ホ・ユンジョン他 3 名「外国人労働者の実態及び雇用許可制の問題点」，韓国労総中央研究院. 原文は韓国語であり，日本語訳は筆者による. 허윤정외 3 명「외국인 노동자의 실태 및 고용허가제의 문제점」，한국노총중앙연구원，2006，p. 28.

16）　中小企業協同組合中央会，中小企業研究員『外国人研修就業制の政策的効率性に関する研究』，中小企業中央会. 原文は韓国語であり，日本語訳は筆者による. 중소기업협동조합중앙회，중소기업연구원『외국인 연수취업제의 정책적효율성에 관한 연구』，중소기업중앙회，2004，pp. 37-38.

17）　前掲14），イ，p. 69.

18）　同上，p. 70.

19）　前掲15），ホ，p. 30.

20）　前掲14），イ，p. 75.

21）　同上，p. 77.

22）　同上.

23）　同上，pp. 78-82.

24）　ヨム・ジェホ「外国人雇用に対する社会，経済的影響評価と規律法案」，『労働問題論集』，コリョ大学労働問題研究所. 原文は韓国語であり，日本語訳は筆者による. 염제호「외국인 고용에 따른 사회，경제적 영향평가와 규율방안」，『노동문제논집』，고려대학교 노동문제연구소，1998，p. 12.

25） 同上.

26） 「産業技術研修生の奴隷労働」,『ハンギョレ新聞』1995年 1 月12日,「世界化と外国
人労働者人権」,『ハンギョレ新聞』1995年 1 月14日,「外国人産業技術研修生は現代版
奴隷」,『東亜日報』2000年 5 月 3 日などの新聞記事による. 原文は韓国語であり, 日
本語訳は筆者による.「산업기술연수 생의 노예노동」,『한겨례신문』1995년 1 월12
일, 김선수「세계화와외국인노동자 인권」,『한겨례신문』1995년 1 월14일,「외국인
산업기술연수생 은 현대판 노예」,『동아일보』2000년 5 월 3 일.

27） 前掲24）, ヨム, p. 13.

28） 韓国中小企業協同組合中央会, 中小企業研究員『外国人研修就業制の政策的効率性
に関する研修』韓国中小企業中央会, 2004, P. 37.

29） 同上.

30） 韓国雇用労働部「外国人雇用許可制」, http://moel.go.kr/policyinfo/foreigner/view.
jsp?cate=1&sec=2, 2016年 7 月 2 日閲覧.

31） 前掲15）, ホ, P. 33.

32） 同上.

33） ヨム・ジェホ「外国人雇用に対する社会, 経済的影響評価と規律法案」,『労働問題
論集』, コリョ大学労働問題研究所. 原文は韓国語であり, 日本語訳は筆者による.
염제호「외국인 고용에 따른 사회, 경제적 영향 평가와 규율 방안」,『노동문제
논집』, 고려대학교 노동문제 연구소, 1998, P. 12.

34） 同上, P. 13.

35） 前掲24）, ヨム, p. 15.

36） 同上, p. 16.

37） 韓国雇用許可制度「外国人雇用許可制情報」, https://www.eps.go.kr/, 2016年 7
月 5 日閲覧.

38） 韓国『外国人勤労者の雇用等に関する法律』第 4 条, 第24条, 第27条.

39） 前掲24）, ヨム, p. 24.

40） 同上.

41） 同上.

42） 同上, p. 26.

43） 同上, P. 28.

44） 同上.

45） 同上, p. 29.

# 第4章　日本における経済連携協定


　介護分野における外国人労働者の受入れが東南アジア諸国との経済連携協定
（EPA）によって始まってから約8年が経過した．日本において外国人労働者
が本格的に流入してきたのは，1970年代後半で，1960年代前半までは日本は主
にアメリカやメキシコ，ブラジル，アルゼンチンなどへの労働者の送出し国で
あった．

　日本の外国人労働者問題に関する議論は大きく2回起こったと言われている[1]．
まず，1970年代後半，ベトナム戦争終結に伴うインドシナ難民の流入や，風俗
関連産業に従事する東南アジアからの女性が増え始め，1980年代のバブル景気
の製造業や建設業を中心とする労働力不足もあり，外国人労働者の受入れの拡
大に関する声が産業界から出始めた．

　1985年のプラザ合意以降の円高の進行により[2]，近隣国との賃金の格差などの
理由から多くの外国人労働者が日本へ出稼ぎのため流入し始め，1988年6月に
閣議決定された「第6次雇用対策基本計画」での「専門的・技術的分野の外国
人労働者」の受入れは「可能な限り受入れる方向で対処」するが，いわゆる
「単純労働者」の受入れについては「十分慎重に対応する」とされた．1992年
の「第7次雇用対策基本計画」では，単純労働者の受入れについては，「国民
のコンセンサス」が必要であると追加された[3]．

　1990年代の終わり頃から2000年初めの少子高齢化による人口減少により労働
力不足の問題が再び出始め，外国人労働者問題が議論された．これが2度目の
外国人労働者に関する議論であった．その後，1999年「第9次雇用基本計画」
では，日本の経済の活性化や国際化を図るための専門的，技術的分野の外国人
労働者の受入れは積極的に推進されるようになったが，単純労働者の受入れに
ついては消極的であった[4]．

　今日のように介護分野における外国人労働者の受入れがされ始めたのは，

2006年の東南アジア諸国との経済連携協定（EPA）からである．日・フィリピン経済連携協定（EPA）が2006年9月に両国首脳によって署名され，2008年12月に施行された．介護福祉士候補者は，2009年4月〜5月にかけて日本へ入国し，就労が可能となった．就学については2008年10月と2010年4月に介護福祉士養成校への入学が可能となった．さらに，日・インドネシア経済連携協定が2007年8月に両国首脳によって署名され，2008年度よりインドネシア人介護福祉士候補者の受入れが開始された．

このように1970年代から専門的・技術的分野以外の外国人労働者の受入れについては消極的であった日本は，2000年代に入り積極的な転換をみせ，グローバル化も視野に入れた介護雇用政策に向けて動き始めている．

とはいえ，このような受入れは限定的なものであり，経済連携協定（EPA）による外国人介護労働者の受入れ枠は数百人程度とされているため，経済連携協定（EPA）によって日本に来た外国人介護労働者は4年以内に国家資格を取得できなかった場合には帰国しなければならなかった．依然として，「出入国管理及び難民認定法」での在留資格に「介護」はなく，介護分野は外国人労働者の受入れ政策に関して積極的に受入れるとしている専門技術者ではなく単純労働者に位置付けられている．国際化や少子高齢化などの社会情勢からみると，今後も外国人介護労働者の受入れ要件の検討が継続されていくことは間違いない．

本章では，このような背景を踏まえて，今まで単純労働者としての外国人介護労働者を認めていなかった日本が，経済連携協定（EPA）を始め，なぜ外国人介護労働者を受入れざるを得なくなっているのか，高齢者政策の観点から検討することとする．

本章の構成は次の通りである．第1節では，外国人介護労働者の受入れの始発点ともいえる経済連携協定（EPA）の仕組み及び問題点について検討する．第2節では，外国人介護労働者の受入れに関する各団体の議論を分析する．第3節では，単純労働者としての外国人介護労働者の受入れ問題は今後どのように展開していくのかを検討する．

## 第1節 経済連携協定（EPA）の導入背景及び問題点

### 第1項 経済連携協定（EPA）の導入背景

日本の要介護者数の増加による介護労働者数の不足問題が各現場で深刻となっている.

2011年1月の厚生労働省,「今後の介護人材養成の在り方について（概要）[5]」の資料によると，前記の**図4-1**のように実際に必要となる介護労働者数は,2007年117万人から2025年には約212万〜255万人になると予想される. その一方で，介護福祉士養成校では生徒数の確保が非常に難しくなっており，また，若者を中心に福祉の仕事から離れていく人も多くなっている. また, **図4-2**によると，介護職全体の離職率は2009年では17.0％，全産業平均離職率は16.4％，2013年では介護職全体の離職率は16.6％で，全産業平均離職率は15.6％と2009年，2013年の2年は，介護職全体の離職率は全産業平均離職率よりわずかに高いが，そのほかの年の差は2〜6％と高くなっている. このような介護職員における人手不足の状況により，今後利用者に適切なケアが提供できるかどうかといった不安も感じられ，介護分野における慢性的な人材不足はより深刻化していくだろう.

このような現状を踏まえた上で，2015年現在，看護師・介護福祉士候補者の受入れが行われているインドネシア・フィリピン・ベトナムの経済連携協定又は交換公文の導入背景について概観する.

経済連携協定（EPA: Economic Partnership Agreement）とは，2以上の国（又は地域）の間で，自由貿易協定（FTA: Free Trade Agreement）の要素（物品及びサービス貿易の自由化）に加え，貿易以外の分野，例えば人の移動や投資，政府調達，二国間協力等を含めて締結される包括的な協定をいい，ここで示す人の移動には，看護・介護分野における外国人労働者の受入れに関する内容が含まれている[6].

日本において初めての看護・介護分野における外国人労働者の受入れが始まったのは，2002年のフィリピン自由貿易協定の交渉の中で，フィリピン政府が看護師や介護士の受入れを求めてきたことに遡る. しかし，フィリピンの場合,

第4章 日本における経済連携協定　49

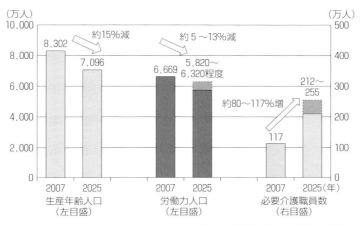

図4-1　生産年齢人口，労働力人口，必要介護職員数の見通し（試算）
（出典）　厚生労働省，「今後の介護人材養成の在り方について（概要）」，今後の介護人材養成の在り方に関する検討会報告書，2011年1月，p. 7.

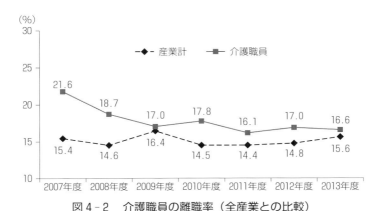

図4-2　介護職員の離職率（全産業との比較）
（出典）　社会保障審議会福祉部会福祉人材確保専門委員会「介護人材の確保について」，第1回社会保障審議会福祉部会資料2，2014年10月27日，p. 13.

2004年11月にアロヨ大統領が自由貿易協定に大筋合意し，2006年に協定署名されたが，上院での批准が遅れた．2007年5月「経済上の連携に関する日本国とインドネシア共和国との間の協定」が日本国会において承認され，フィリピンより先行してインドネシアから受入れが始まることとなった[7]．これによると，

①日本においては社団法人国際厚生事業団がインドネシア人看護師・介護福祉士候補者の受入れを希望する病院又は介護施設の募集を開始し，②その一方，インドネシアにおいてはインドネシア海外労働者派遣・保護庁がインドネシア人候補者の募集を開始し，③事業団の斡旋によって，受入れ機関とインドネシア人候補者とが雇用契約を締結した上で，④2008年厚生労働省告示第312号「経済上の連携に関する日本国とインドネシア共和国との間の協定に基づく看護及び介護分野におけるインドネシア人看護師等の受入れの実施に関する指針」において協定発効後にインドネシア人候補者が日本に入国することと明示されており，インドネシア人看護師・介護福祉士候補者の受入れが始まったのは，翌年の2008年7月からである．4カ月遅れてインドネシアとの協定に類似する協定がフィリピンと日本の間で結ばれた．2008年11月には，「経済上の連携に関する日本国とフィリピン共和国との間の協定」が公布及び告示され，その主な内容は，協定に基づくフィリピン人看護師・介護福祉士候補者の受入れは，「経済上の連携に関する日本国とインドネシア共和国との間の協定」(第九十四条1及び4並びに協定附属書十第一編第六節) に基づくインドネシア人看護師・介護福祉士候補者の受入れとほぼ同じ枠組みとなっている．しかし，協定には，病院又は介護施設で就労・研修を行って看護師・介護福祉士試験に合格して看護師・介護福祉士資格の取得を目指すコースに加えて，介護福祉士養成施設で就学し介護福祉士資格の取得を目指すコースが設けられており，両コースともに，今後所要の準備を経てフィリピン人候補者の受入れが開始されるところであると明示されている．また，2009年8月には，「経済上の連携に関する日本国とベトナム社会主義共和国との間の協定」(2012年厚生労働省告示第507号) が公布及び告示され，2012年6月には，「看護師及び介護福祉士の入国及び一時的な滞在に関する日本国政府とベトナム社会主義共和国政府との間の交換公文」が発効，同年の9月には，「看護師及び介護福祉士の入国及び一時的な滞在に関する日本国政府とベトナム社会主義共和国政府との間の交換公文に基づく看護及び介護分野におけるベトナム看護師等の受入れの実施に関する指針」が告示された．これによると，インドネシア・フィリピン看護師・介護福祉士候補者の受入れとほぼ同じ枠組みとなっているが，ベトナムにおいては，協定ではなく交換公文として明示し，ベトナム候補者の受入れは，交換公文で認められ

た一定期間を一時的な滞在と明示した点に違いがある.

「経済上の連携に関する日本国とインドネシア共和国との間の協定に基づく看護及び介護分野におけるインドネシア人看護師等の受入れの実施に関する指針」,「経済上の連携に関する日本国とフィリピン共和国との間の協定に基づく看護及び介護分野におけるフィリピン人看護師等の受入れの実施に関する指針」,「看護師及び介護福祉士の入国及び一時的な滞在に関する日本国政府とベトナム社会主義共和国政府との間の交換公文に基づく看護及び介護分野におけるベトナム看護師等の受入れの実施に関する指針」は,付医政発第1106012号,職発第1106003号,社援発第1106004号,老発第1106007号,2008年厚生労働省告示第312号の内容を含む.その主な内容は次のとおりである[9].

①インドネシア・フィリピン・ベトナム看護師・介護福祉士候補者の受入れは,二国間の経済活動の連携強化の観点から,これまで日本として外国人労働者の受入れを認めてこなかった分野について,協定又は交換公文に基づき,公的な枠組みで特例的に受入れを行うものであり,看護・介護分野における労働力不足への対応のために行うものではない.

②協定又は交換公文で認められた期間内にインドネシア・フィリピン・ベトナム看護師・介護福祉士候補者は,受入れ施設との協力の下で日本の国家試験の合格を目標とした適切な研修を受けることとなる.国際厚生事業団(JICWELS: Japan International Corporation of Welfare Services)が日本の唯一の受入れ調整機関として位置付けられている.

③事業団は,受入れを希望する受入れ機関を募集し,指針で定める受入れ施設の要件,研修の要件及び労働契約の要件を満たす受入れ希望機関を選考する.事業団の斡旋により受入れ機関と労働契約を締結したインドネシア・フィリピン・ベトナム看護師・介護福祉士候補者のみが「特定活動」としての在留資格で日本への入国が認められる.なお,協定又は交換公文に基づくインドネシア・フィリピン・ベトナム看護師・介護福祉士候補者の受入れについては,日本国内の労働市場に悪影響を及ぼさないという観点から受入れ人数に上限を設けている.

## 第 2 項　経済連携協定（EPA）の仕組み及び問題点

　ここでは，インドネシア・フィリピン・ベトナムの経済連携協定（EPA）又は交換公文に基づく看護師・介護福祉士候補者の仕組みについて述べることとする．本稿では，今後の外国人介護労働者の受入れに関する問題を明らかにすることを目的としているため，インドネシア・フィリピン・ベトナムの経済連携協定（EPA）又は交換公文に基づく看護師・介護福祉士候補者の仕組みの中でも特に外国人介護労働者に焦点を当てて検討する．

(1)インドネシアの場合

| | インドネシア介護福祉士候補者（2008年度～） |
|---|---|
| 趣　旨 | 介護福祉士の国家資格取得と取得後の就労 |
| 在留資格 | 二国間の協定に基づく「特定活動」の在留資格 |
| 国家資格取得前 | 日本国内の介護施設で就労・研修（雇用契約締結） |
| 国家資格取得後 | 日本国内の介護施設で介護福祉士として就労（訪問系サービスは除く） |
| 在留期間等 | 資格取得前：1年間3回を限度として更新可能<br>国家試験不合格：帰国<br>国家資格取得後：在留期間上限3年，ただし，最初の3年間以降は，過去の在留状況等により3年を超えない範囲で回数に制限なく更新可能 |
| 入国の要件 | ①から③までのいずれかに該当する者であること<br>①インドネシア国内にある看護学校の修了証書Ⅲ取得者<br>②インドネシア国内にある大学の看護学部卒業者<br>③インドネシア国内にある①・②以外の大学又は高等教育機関から，修了証書Ⅲ以上の学位を取得し，かつ，インドネシア政府により介護士として認定された者．ただし，訪日前日本語研修（6カ月）受講後に日本語能力試験N5程度以上に達していること（2014年度受入れ～）<br>JICWELSの紹介による受入れ機関との雇用契約を締結していること |
| 日本語等研修 | 入国後に6カ月間の日本語等研修を実施（日本語能力試験N2以上の候補者は日本語研修を免除） |
| 送出し調整機関及び支払 | インドネシア海外労働者派遣・保護庁（NBPPIU）<br>350万ルピア相当／1名当たり（予定）※350万ルピア＝約31,000円（2014年5月時点の換算レート） |
| 受入れ調整機関及び支払 | 公益社団国際厚生事業団（JICWELS）<br>①求人申込手数料—初めて候補者を受入れる機関：30,000円（税別）／受入れ機関当たり．候補者を受入れたことのある機関：20,000円（税別）／受入れ機関当たり<br>②斡旋手数料—131,400円（税別）／1名当たり<br>③滞在管理費—国家資格取得前の場合：20,000円（税別）／1名，1年間当たり．国家資格取得後の場合：10,000円（税別）／1名，1年間当たり |

（出典）　公益社団国際厚生事業団「平成27年度版EPAに基づく外国人看護師・介護福祉士受入れパンフレット」公益社団国際厚生事業団，2015，p. 13.

## (2)フィリピンの場合

| | フィリピン介護福祉士候補者（2009年度～） |
|---|---|
| 趣　旨 | 介護福祉士の国家資格取得と取得後の就労 |
| 在留資格 | 二国間の協定に基づく「特定活動」の在留資格 |
| 国家資格取得前 | 日本国内の介護施設で就労・研修（雇用契約締結） |
| 国家資格取得後 | 日本国内の介護施設で介護福祉士として就労（訪問系サービスは除く） |
| 在留期間等 | 資格取得前：１年間３回を限度として更新可能<br>国家試験不合格：帰国<br>国家資格取得後：在留期間上限３年，ただし，最初の３年間以降は，過去の在留状況等により３年を超えない範囲で回数に制限なく更新可能 |
| 入国の要件 | ①又は②のいずれかに該当する者であること<br>①フィリピン国内にある看護学校卒業者（４年制学士）<br>②フィリピン国内にある高等教育機関から学士号（４年制大学卒業）を取得し，かつ，フィリピン政府により介護士として認定された者，ただし，訪日前日本語研修（６カ月）<br>受講後に日本語能力試験Ｎ５程度以上に達していること（2014年度受入れ～）<br>JICWELSの紹介による受入れ機関との雇用契約を締結していること |
| 日本語等研修 | 入国後に６カ月間の日本語等研修を実施（日本語能力試験Ｎ２以上の候補者は日本語研修を免除） |
| 送出し調整機関<br>及び支払 | フィリピン海外雇用庁（POEA）<br>450米ドル相当／１名当たり※450米ドル＝約45,700円（2014年５月時点の換算レート） |
| 受入れ調整機関<br>及び支払 | 公益社団国際厚生事業団（JICWELS）<br>①求人申込手数料―初めて候補者を受入れる機関：30,000円（税別）／受入れ機関当たり，候補者を受入れたことのある機関：20,000円（税別）／受入れ機関当たり<br>②斡旋手数料―131,400円（税別）／１名当たり<br>③滞在管理費―国家資格取得前の場合：20,000円（税別）／１名，１年間当たり，国家資格取得後の場合：10,000円（税別）／１名，１年間当たり |

（出典）　公益社団国際厚生事業団「平成27年度版EPAに基づく外国人看護師・介護福祉士受入れパンフレット」公益社団国際厚生事業団，2015，p. 14.

## (3)ベトナムの場合

| | ベトナム介護福祉士候補者（2014年度～） |
|---|---|
| 趣　旨 | 介護福祉士の国家資格取得と取得後の就労 |
| 在留資格 | 二国間の協定に基づく「特定活動」の在留資格 |
| 国家資格取得前 | 日本国内の介護施設で就労・研修（雇用契約締結） |
| 国家資格取得後 | 日本国内の介護施設で介護福祉士として就労（訪問系サービスは除く） |

| | |
|---|---|
| 在留期間等 | 資格取得前：1年間3回を限度として更新可能<br>国家試験不合格：帰国<br>国家資格取得後：在留期間上限3年，ただし，最初の3年間以降は，過去の在留状況等により3年を超えない範囲で回数に制限なく更新可能 |
| 入国の要件 | ベトナム国内における3年制又は4年制の看護課程の修了者，ただし，訪日前日本語研修（12カ月）受講後に日本語能力試験N3以上に合格していることJICWELS の紹介による受入れ機関との雇用契約を締結していること |
| 日本語等研修 | 入国後に2.5カ月間の日本語等研修を実施（日本語能力試験N2以上の候補者は日本語研修を免除） |
| 送出し調整機関<br>及び支払 | 海外労働局（DOLAB）<br>450米ドル相当／1名当たり※450米ドル＝約45,700円（2014年5月時点の換算レート） |
| 受入れ調整機関<br>及び支払 | 公益社団国際厚生事業団（JICWELS）<br>①求人申込手数料―初めて候補者を受入れる機関：30,000円（税別）／受入れ機関当たり，候補者を受入れたことのある機関：20,000円（税別）／受入れ機関当たり<br>②斡旋手数料―131,400円（税別）／1名当たり<br>③滞在管理費―国家資格取得前の場合：20,000円（税別）／1名，1年間当たり，国家資格取得後の場合：10,000円（税別）／1名，1年間当たり |

（出典） 公益社団国際厚生事業団「平成27年度版EPAに基づく外国人看護師・介護福祉士受入れパンフレット」公益社団国際厚生事業団，2015，p. 14.

　在留期間は資格取得前は最大4年であり，「特定活動」の在留資格が与えられる．その後，国家試験に合格すれば日本での就労が認められ，不合格ならば強制的に帰国させられる．また，受入れ施設[10]（病院，介護施設）とは雇用関係を締結し，日本人が従事する場合に受ける報酬と同等の報酬が支払われ，日本の労働関係法令や社会・労働保険が適用される．この場合，受入れ機関と介護福祉士との間の唯一の斡旋機関となるのが，厚生労働省の外郭団体である「国際厚生事業団」である．就労希望者は，受入れ希望機関情報等を参考に，受入れ機関（施設）の希望順位を記入した就労意向表（第一次マッチングは最大第10位まで，第二次マッチングは最大第20位まで記入可能）をJICWELSに提出し，受入れ希望機関（施設）と就労希望者のマッチングの組合せを導き出すことを行う．このマッチングによって決められた受入れ施設で雇用契約に基づき就労・研修を行うこととなる．また，JICWELSでは，年一回の書類調査と訪問調査を行って労働条件の監視を行い，不正が発覚した施設には3年間の外国人受入れ禁止という罰則を課す．JICWELSの2015年度の介護福祉士候補者の受入れは，インド

ネシア・フィリピン・ベトナムそれぞれ最大300人ずつとされており，ベトナムについては，送出し調整機関において就労希望者をすでに選考しており，介護福祉士コースでは2014年5月の時点で155名が訪日前日本語研修を受講した.[11]

　介護福祉士候補者の資格取得までの流れとしては，入国したのちに2.5又は6カ月の日本語研修期間終了後，雇用契約に基づき受入れ施設において就労・研修を開始することとなる．なお，インドネシア人及びフィリピン人候補者の日本語研修免除者は，日本へ入国後，JICWELS が行う介護導入研修（10日間程度の予定）の修了後，受入れ施設での就労を開始する．ベトナム人候補者が日本語能力試験Ｎ2[12]以上を取得している場合については，訪日前日本語研修は免除されるが，訪日後の2〜3カ月間の研修は受講する必要がある．このような流れにより日本語等研修が終了すると，日本人と同等の雇用契約により，受入れ施設での就労が始まり，年1回の介護福祉士国家試験を受けることとなる．在留期間は介護福祉士の場合4年で，この期間内に合格しなければならず，不合格の場合には強制帰国となる．また，雇用契約においての主な内容や条件としては，①候補者の労働契約の期間，就業場所，業務内容，基本給料，残業手当，労働時間，休暇・休日の労働条件などの明示を明確にしないといけない，②日本人が従事する場合に受ける報酬と同等額以上の報酬を支払うことや，社会保険・労働保険の適用，試用期間は設けないこと，③その他渡航費用，雇用契約終了後の帰国費用の負担，契約の終了事由等がある.

　上記のような状況から経済連携協定（EPA）の問題点として次のことが指摘できる.

①看護・介護分野における人手不足問題という実態があるにもかかわらず，前述したように指針では看護・介護労働力不足への対策ではなく，二国間の経済連携協定（EPA）であるとしている点である.

②受入れ調整機関及び送出し調整機関の中には経済連携協定（EPA）を単なる金儲けの手段として利用する悪質な仲介斡旋業者が存在するという実態がある．このようなことを含め，経済連携協定（EPA）で来日する看護師・介護福祉士候補者が安心して安定的に就労できる環境（労働条件，社会保障，待遇の確保など）があるかどうかという問題である.

③日本の国家資格取得の厳しさである．定められた在留期間内に国家資格を

取得しないと帰国しなければならない．例えば，日本人の場合，介護福祉士資格取得のための手段の一つとして短期大学または専門学校で2年間勉学する必要があることを考えると，3年または4年という在留期間は短いのではないだろうか．国家試験不合格＝帰国ではなく，不合格になった場合でも在留できる措置が必要ではないだろうか．

## 第2節　外国人介護労働者の受入れに関する議論

日本における外国人介護労働者の受入れに関する議論は，かなり前から行われ，桑原靖夫は，労働力移動の中で熟練度の高い専門的職業，技術者など，知的水準の高いマンパワーの比重が増加していることを指摘し，特にフィリピンの医師，看護師，ハイテク技師等高度熟練職種の労働者の先進国への流出が問題化していると述べている[13]．佐藤忍は，フィリピンからの国際労働力移動に関する研究課題として，経済成長と国際労働力移動の方向と規模をどのように規定しているかを明らかにし，渡航先における労働生活の実態の把握や出移民のメカニズムの特徴を検討する必要があると指摘している[14]．また，看護分野においては，(社)日本看護協会などの専門職能団体は，外国人看護師の受入れについて，日本人看護師への営業を重要な留意点として，交渉に当たる政府などに要請してきた[15]．これに対し，日本政府は医療・福祉分野の「人の移動」に関しては，①専門家の移動に限る，②国家資格の取得を求める，③労働市場への悪影響を避ける，④送出し及び受入れの組織・枠組みを構築する，⑤ステップ・バイ・ステップのアプローチを行うといった原則に基づいて交渉を行ってきたといわれる[16]．一方，現場の聞き取り調査[17]によると，日本人同士の高齢世代と若者世代の間でも意思疎通は難しいのにましてや外国人ならなおさらで，耳は遠いし，発音は不明瞭であるため，その日にどんなことをしたか，どんな反応があったかなどの利用者の状態をきちんと報告しないといけない介護現場では難しいという心配の声もあった．また，看護業界においても，たとえ，夜勤一つをとっても，病院毎に勤務形態が異なるなど，施設，設備，経営運用状況も異なっていて，外国人看護師を受入れるための就業形態の体制を整える必要があり，英国や北欧諸国で外国人看護師導入が進んでいるのは，大規模病院，

国公立病院で多い事実に留意すべきであると述べている[18].

　内閣府大臣官房政府広報室の「外国人労働者問題に関する世論調査[19]」によると，「女性や高齢者など国内の労働力の活用を優先し，それでも労働力が不足する分野には単純労働者を受入れる」が39％で 1 番多く， 2 番目が「今後とも専門的な技術，技能や知識を持っている外国人は受入れ，単純労働者の受入れは認めない」が25.9％で，「特に条件をつけずに，単純労働者を幅広く受入れる」が16.7％であった．また， 2 番目に多かった回答をしたのは2075人の内537人で，認めない理由として「治安が悪化する恐れがある」(74.1%)，「地域社会の中でトラブルが多くなる恐れがある」(49.3%)，「不況時に日本人の失業が増加するなど雇用情勢に悪影響を与える」(40.8%) などであった．

　外国人労働者の受入れに一番重要な要件としては，「日本語能力」が35.2％で 1 番高く，「日本文化に対する理解」が32.7％，「専門的な技術，技能，知識」が19.7％であった．また，少子高齢化に伴う日本人の労働力不足を担う方法の一つとしての外国人労働者は，「高齢者や女性の活用を図ったり，就労環境の改善や技術革新，情報化関連投資等労働生産性向上に努め，それでも労働力が足りない場合に，受入れることはやむを得ない」が45％で 1 番多く，「高齢者や女性の活用を図ったり，就労環境の改善や技術革新，情報化関連投資等労働生産性向上に努めることによって解決を図るべきであり，安易に受入れを考えない」が29.1％で 2 番目となり，「高齢者や女性などを含め，国内の労働力の活用に努めるだけでは限界があるので，受入れについて積極的に考えていく」が15.3％であった．

　このように，日本では，専門的な技術，技能や知識をもっている外国人の受入れは認めても，単純労働者に関する就労はやや認めないということがわかる．実際，2000年代に入ってから行われてきた経済連携協定（EPA）による看護師や介護福祉士の受入れに対する議論として，日本看護協会は，日本の看護師不足を解消するために安易に外国人看護師の労働力に頼るのは問題であると述べ，日本人と同等の国家資格取得や同等の条件での雇用，日本語能力を有することなどを強調した．受入れ態勢に関しても受入れ組織の確立，言語や文化，医療体制の違いなどを克服できるような外国人看護師への支援体制，雇用に当たっての賃金，労働時間，福利厚生，社会保障などの体制整備の確立が必要である

と主張した[20]．また，看護や介護という人の命にかかわる重要な仕事は，国防・警察・消防といった職業と同様に国民が自ら担うべきであるという意見もあった[21]．

　一方で，経済連携協定（EPA）に対する議論がなされていた当時，日本経済団体連合会は，外国人人材の受入れに積極的で，必要性の高い外国人人材として「将来的に不足が予想される技能者等」の中に，看護師，介護士を明示した意見もあった[22]．また，外国人労働者を安価な労働力としてではなく，日本の社会に貢献する人と捉えて，もっと迎え入れるように日本人の意識を変革すべきとの意見もあった[23]．このように，ここでは主な意見のみを紹介したが，経済連携協定（EPA）による看護師・介護福祉士の受入れに関する賛否両論の議論も活発に行われてきたが，家事支援や介護などの分野での外国人労働者を積極的に受入れようとする日本政府の今後の動きについて注目する必要がある．

　日本における今までの外国人介護労働者の受入れに関する大きな論点は二つであった．一つは，介護就労を目的とした在留資格を認めるべきかどうかという問題である．今までは，介護は単純労働としたまま，経済連携協定（EPA）対象国のみ限定的に「特定活動」として位置づけてきたが，介護を単純労働ではなく専門・技術的労働としての「高度人材」に位置づけて積極的に受入れる方針を示した以上，それを実現すべきである．

　もう一つの問題点は，どのような要件をクリアした人に介護就労を目的とした在留資格を認めるべきかである．これについては，無条件，一定の研修を修了した人，他国における介護関連資格の取得者，日本の介護福祉士資格の取得者など様々な選択肢が考えられる．

　日本は外国人介護労働者問題に対し，今後どのような方向へと進むべきであるかについてより深く考えるべきである．介護政策の最終目標は，介護を要するすべての人に対して良質な介護サービスを提供することである．そのためには，介護サービスの量・質の確保はもちろん，質の高い介護労働者の確保も重要な課題である．

## 第3節　今後の外国人介護労働者の受入れ

### 第1項　出入国管理及び難民認定法上の外国人労働者

　現行の日本の外国人労働者の受入れ政策の基本方針は，「高度人材」と「単純労働者」の二つに分類され，前述したように「高度人材」の方は，受入れが積極的になされている反面，「単純労働者」の方は，受入れが事実上なされていないのが現状である．

　日本で就労する外国人のカテゴリーとして「出入国管理及び難民認定法」第3条，第19条，第23条，第24条では大きく五つに分類される．

①就労目的で在留が認められる者であり，いわゆる「専門的・技術的分野」に該当する在留資格で，一般的にいわれている就労ビザがこれに該当する．日本における外国人労働者の受入れは，一定の要件を満たす場合に就労を認め，その在留資格として定められているのは，(1)大学卒業のホワイトカラー，技術者を対象とする技術（機械工学等の技術者，システムエンジニア等のエンジニア），人文知識（企画，営業，経理などの事務職），企業内転勤（外国の事業所からの転勤者），(2)外国人特有又は特殊な能力等を活かした職業を対象とする国際業務（英会話学校などの語学教師，通訳・翻訳，デザイナー等），技能（外国料理人，外国建築家，宝石加工，パイロット，スポーツ指導者），(3)高度に専門的な職業を対象とする教授（大学教授），投資・経営（外資系企業の経営者・管理者），法律・会計業務（弁護士，会計士），医療（医師，歯科医師，看護師，薬剤師，診療放射線技師等），研究（政府関係機関，企業等の研究者），教育（高等学校，中学校等の語学教師）である．

②身分に基づき在留する者としては，永住者，日本人の配偶者等，永住者の配偶者，定住者が対象となり，これらの在留資格は在留中の活動に制限がなく，様々な分野で報酬を受ける活動が可能である．

③技能移転を通じた開発途上国への国際協力を目的とする技能実習においては，その目的の通り国際貢献のため，開発途上国等の外国人を日本で一定期間（最長3年）に限り受入れ，OJTを通じて技能を移転する制度であり，現在，農業，漁業，建設，食品製造，繊維・衣服，機械・金属，家具製作，

プラスチック成形関係などの71職種130作業を対象としている.

④経済連携協定（EPA）に基づく外国人看護師・介護福祉士候補者，ワーキングホリデー，ポイント制による優遇措置を受ける高度外国人材等を対象とする特定活動をする人を対象にしている．特に経済連携協定（EPA）に基づく外国人看護師・介護福祉士候補者に関しては，前述したように主にインドネシア・フィリピン・ベトナムを中心に行われている.

⑤留学生のアルバイト等と関連ある資格外活動は，本来の在留資格活動を阻害しない範囲内（週28時間以内）で，相当と認められる場合に報酬を受ける活動が許可される.

現在これらの五つの日本で就労する外国人のカテゴリーに該当する外国人の総数は約78.8万人であるが，介護分野については，就労が認められる前記のカテゴリーの内④特定活動に限って介護分野が認められており，他のカテゴリー，特に専門的・技術的分野においては介護分野については認められていないのが現状である.

ただし，最新の動向として前記のカテゴリーの中から，③技能実習に関しては2014年の「日本再興戦略」の改訂[24]の中において外国人技能実習制度の見直しより，対象職種の拡大について検討がなされている．その内容を見てみると，現在は技能実習制度の対象とされていないものの，国内外で人材需要が高まることが見込まれる分野・職種のうち，制度趣旨を踏まえ，移転すべき技能として適当なものについて，随時対象職種に追加していくと述べ，その際，介護分野については，既存の経済連携協定（EPA）に基づく介護福祉士候補者の受入れ及び検討が進められている介護福祉士資格を取得した留学生に就労を認めることとの関係について整理し，また，日本語要件等の質の担保等のサービス業特有の観点を踏まえつつ，2015年内を目途に検討し，結論を得ることと述べている[25].

職種追加に当たっては，介護サービスの特性に基づく様々な懸念に対応するため，以下の3点について適切な対応が図られるかどうかを踏まえることが必要であると述べている．その具体的内容については下記のとおりである[26].

①介護は外国人が担う単純な仕事というイメージとならないようにすることについて，⑴介護という仕事について，日本語能力の乏しい外国人が担う

「単純な肉体労働」という印象をもたれないようにすること，(2)介護業界について，外国人を安価な労働力として使う業界であると認識されないようにすること，(3)外国人を介護ではなく，単なる下働きとして使うために制度を活用しているとの疑念をもたれないこと．

②外国人について，日本人と同様に適切な処遇を確保し，日本人労働者の処遇・労働環境の改善の努力が損なわれないようにすることについて，(1)外国人でも，日本人と同等の労働を行う場合には，同等の処遇を行うことが担保されること，(2)同じ職場で働く日本人従業者と円滑な連携ができる環境が整備されること．

③介護のサービスの質を担保するとともに，利用者の不安を招かないようにすることについて，(1)利用者が安心してサービスを受けるのに必要な程度の言語能力が担保されること，(2)技能実習生であっても，他の日本人と比較し，サービスの水準が著しく劣ることがなく，安定性や確実性が担保されていること，(3)利用者との間でトラブル等が起きたり，技能実習生の労働者としての権利が侵されたりする状況を生じないこと．

以上の三つの要件に対応できることを担保した上での職種追加に向けて具体的な制度設計を進めることとしている．

これらに関しては，2014年10月から2016年9月までも検討が行われており，例えば，日本語能力試験「N3」程度を基本としつつ，1年目の入国時は，業務の到達水準として「指示の下であれば，決められた手順等に従って，基本的な介護を実践できるレベル」を想定することから，「基本的な日本語を理解することができる」水準である「N4」程度を要件とし，2年目は「N3」程度を要件とするなどの介護業務を行う上での必要なコミュニケーション能力を確保するよう設定を行うことなどについて検討がなされている．技能実習制度に関して，当時の塩崎恭久厚生労働大臣は自民党政調会長代理時代に職種に介護の追加を含めた自民党案作成に携わり，安倍晋三政権の成長戦略に盛り込んだ経緯がある．とはいえ，上記のコミュニケーション能力で日本人の介護職員の指導を受けながら利用者の表情やしぐさなどの変化をみて適切な介助ができるのか，意思疎通がうまく取れず，現場の混乱や事故を招くのではないかという懸念は残る．

ただし，これらに対するその具体的な内容や新制度への移行及び実施時期等に関する法案は2016年9月29日に学位請求のために本論文を提出した段階では国会で可決されていないため，まだ確定できていない段階ではある．

### 第2項 「専門的・技術的分野」の在留資格を持つ介護に従事する外国人の受入れ

介護に従事する外国人の受入れは，「特定活動」の在留資格を持つ経済連携協定（EPA）に基づく外国人看護師・介護福祉士候補者，「技能実習」の在留資格による外国人介護人材の受入れ，「専門的・技術的分野」の在留資格を持つ介護に従事する外国人の受入れと今後大きく三つの分野に分けられる見込みである．筆者は「専門的・技術的分野」に興味を持つので，このことについて検討することとする．

前述したように，今まで日本においては，経済連携協定（EPA）に基づく外国人看護師・介護福祉士候補者の枠組み以外では介護従事者としての入国及び在留は認められていなかった．しかし，高齢化が進む中で2025年に向けて，最大で約250万人規模の介護人材が必要とされており，これらの介護人材を確保するには国内の人材確保対策を充実・強化していくことが基本であり，外国人を介護人材として安易に活用するという考え方は採用すべきではないという世論の声により，国内人材の確保に向けた具体的方策の在り方については，2016年現在，社会保障審議会福祉部会福祉人材確保専門委員会において検討が進められているところである．

「日本再興戦略」改訂2015の参考資料3[29]によると，持続的な成長の観点から緊急に対応が必要な分野において新たな就労制度を創生するとし，2015年3月，介護福祉士の国家資格を有する者の国内における就労を認めるための新たな在留資格「介護」の創設を盛り込んだ出入国管理及び難民認定法の一部改正法案を国会に提出した．その「出入国管理及び難民認定法の一部を改正する法律案の概要[30]」によると，介護の業務に従事する外国人の受入れを図るため，介護福祉士の国家資格を有する者を対象とする新たな在留資格を創設するとし，活動内容は，「本邦の公私の機関との契約に基づいて介護福祉士の資格を有する者が介護又は介護の指導を行う業務に従事する活動」としている．

また，「出入国管理及び難民認定法の一部を改正する法律案[31]」によると，第

９条の16第２号中の「技術・人文知識・国際業務」の下に「介護」の項を追加すると示しており，これらに関する活動を行おうとする者から，あらかじめ申請があったときは，当該外国人に対し，介護の在留資格認定証明書を交付することができると示している．企業内転勤の項では，上記の活動内容のように，本邦の公私の機関との契約に基づいて介護福祉士の資格を有する者が介護又は介護の指導を行う業務に従事する活動を行うことが可能となる．しかし，介護という新たな項を設けると同時に不法滞在に関する内容も追加され，偽りその他不正手段による上陸や，在留資格で定める活動を行わない場合などにおいての在留資格取り消し，罰則規定も示している．また，施行日は公布日から３カ月を超えないこと，公布日から１年以内に政令を定めることとしている．この「出入国管理及び難民認定法の一部を改正する法律案」は2015年３月６日国会に提出されたものの，2016年９月現在においても成立していない．（ちなみに，同法案は，2016年11月18日に可決，成立した．法律第88号）総合的な方策をとりまとめるとともに今後具体的な施策が講じられる予定である．

　以上のように，経済連携協定（EPA）の導入背景から仕組み，問題点について明らかにすると同時に，外国人介護労働者の受入れに関する議論，「出入国管理及び難民認定法」による外国人介護労働者について概要を把握することができた．特に，「出入国管理及び難民認定法」による「専門的・技術的分野」の在留資格を持つ外国人介護労働者については，「出入国管理及び難民認定法の一部を改正する法律案」は国会に提出されているものの，学位請求論文を提出した2016年９月29日現在において可決されていないため，どのような具体策として展開するのかまでは検討することができなかった．

　外国人介護労働者の受入れの議論においては，専門的・技術的スキルを持つ外国人介護労働者の受入れは賛成していたが，反面治安などの問題も懸念していた．このことから，日本の要介護者数の増加による介護労働者不足問題の解決策の一貫としての外国人介護労働者の受入れは不可欠だと考えると同時に，外国人介護労働者を受入れるに当たってのシステム構築についての具体的な論議が今後より一層必要となるに違いないだろう．そのためにも，本章のように外国人介護労働者の日本への受入れをめぐる動向を検討することは重要であると考える．さらに，動向のみならず，外国人介護労働者の送出し国（EPAであ

るならば，ベトナムやインドネシア，フィリピン）と受入れ国（日本）間のルールをどのように整備していくのかの検討が重要であると考える．

　前述したように，本章では，外国人介護労働者の受入れの動向について第1節から第3節にわたりみてきた．今後の課題である外国人介護労働者の送出し国と受入れ国としての仕組み，監視・監督体制，外国人介護労働者の日本での生活保障などの面においての具体的な方法論について次章以降で検討する．


注
1）　依光正哲『日本の移民政策を考える人口減少社会の課題』，明石書店，2005，pp. 84
　　-85.
2）　プラザ合意とは1985年に行われた大規模な協調介入の場のこと．当時のアメリカ合
　　衆国における対外不均衡の解消を目的とした合意のことで，主に対日貿易赤字の是正
　　を目標とする円高ドル安政策を目的としたもの．発表から24時間以内にドル円レート
　　は20円近く変動し，その1年後にはドルの価値はほぼ半減（1ドル240円から1ドル
　　120円にまで下落）した．これが『プラザ合意』である．（金融・経済用語辞典HPに
　　よる．http://www.finance-dictionay.com/2008/04/post_156.html，2015年9月29日
　　閲覧．）
3）　吉田良生「国際人口移動の新時代」『人口学ライブラリー』4，原書房，2006，p.
　　190.
4）　同上．
5）　厚生労働省「今後の介護人材養成の在り方について（概要）」，今後の介護人材養成
　　の在り方に関する検討会報告書，2011年1月，p. 7.
6）　財務省HPの説明による．https://www.mof.go.jp/customs_tariff/international/
　　epa/，2015年8月12日閲覧．
7）　細田尚美『始動する外国人材による看護・介護——受け入れ国と送り出し国の対話
　　——』，笹川平和財団，2009，p. 12.
8）　2008年11月6日付医政発第1106012号，職発第1106003号，社援発第1106004号，老発
　　第1106007号「経済上の連携に関する日本国とフィリピン共和国との間の協定に基づく
　　看護及び介護分野におけるフィリピン人看護師等の受入れの実施に関する指針」．
9）　2012年厚生労働省告示第507号，2008年11月6日付医政発第1106012号，職発第
　　1106003号，社援発第1106004号，老発第1106007号，2008年厚生労働省告示第312号に
　　よる．
10）　介護福祉士候補者受入れ機関の施設要件としては，介護福祉士国家試験の実務経験
　　対象施設とする．

11）　公益社団国際厚生事業団「平成27年度版 EPA に基づく外国人看護師・介護福祉士
　　　受入れパンフレット」，公益社団国際厚生事業団，2015，p. 13.
12）　日本語能力試験認定の目安
　　　Ｎ１：幅広い場面で使われる日本語を理解することができる．
　　　Ｎ２：日常的な場面で使われる日本語の理解に加え，より幅広い場面で使われる日
　　　　　　本語をある程度理解することができる．
　　　Ｎ３：日常的な場面で使われる日本語をある程度理解することができる．
　　　Ｎ４：基本的な日本語を理解することができる．
　　　Ｎ５：基本的な日本語をある程度理解することができる．https://www.jlpt.jp/
　　　　　　about/levelsummary.html，2016年 2 月 8 日閲覧．
13）　桑原靖夫「アジアにおける国際労働力移動の一断面──フィリピン経済と海外出稼
　　　ぎ労働者──」『日本労働研究雑誌』第373号，日本労働研究機構，1990，p. 52.
14）　佐藤忍「フィリピンからみた外国人労働者問題研究の現在」『大原社会問題研究所雑
　　　誌』第529号，法政大学大原社研，2002年12月，p. 67.
15）　独立行政法人労働政策研究・研修機構『専門的・技術的労働者の国際労働力移動
　　　──看護・介護分野と IT 産業における主要課題──』JILPT 資料シリーズ No. 19,
　　　独立行政法人労働政策研究・研修機構，2006，p. 19.
16）　岡谷恵子「日本看護協会の外国人看護師受け入れに関する見解」『インターナショナ
　　　ルナーシングレビュー』，日本看護協会出版会，2005年 7 月号，p. 36.
17）　前掲15），独立行政法人労働政策研究・研修機構，pp. 59-61.
18）　同上，p. 114.
19）　内閣府大臣官房政府広報室「外国人労働者問題に関する世論調査」，内閣府，2000年
　　　度，2004年度による．http://survey.gov-online.go.jp/h12/gaikoku/index.html，2015
　　　年 8 月 5 日閲覧．
20）　岡谷恵子「介護人材受け入れのめざすもの」『月刊福祉』，全社協，2008年10月，p.
　　　17.
21）　永野秀雄「あなたは外国人看護師に命を預けられるか」『正論』，産経新聞社，2007
　　　年 3 月，p. 258.
22）　日本経済団体連合会『外国人材受入れに関する第二次提言』，（社）日本経済団体連
　　　合会，2007年 3 月20日，p. 2.
23）　鈴木宏昌「外国人労働者受け入れ問題を考える──FTA 交渉と看護・介護分野を
　　　含めて──」『看護展望』第29巻，メディカルフレンド社，2004，p. 52.
24）　2014年 6 月24日閣議決定している．
25）　外国人介護人材受入れの在り方に関する検討会『外国人介護人材受入れの在り方に
　　　関する検討会中間まとめ』厚生労働省社会・援護局福祉基盤課福祉人材確保対策室，
　　　平成27年 2 月 4 日，p. 1.

26) 同上，pp. 2-3.

27) 前掲17)，参照.

28) 前掲25)，『外国人介護人材受入れの在り方に関する検討会中間まとめ』，p. 6.

29) 労働政策担当参事官室が実施する検討会『日本再興戦略改訂2015——未来への投資・生産性革命——』，労働政策担当参事官室，平成27年6月30日，p. 3.

30) 法務省「出入国管理及び難民認定法の一部を改正する法律案の概要」，法務省，2015年3月6日による.

31) 法務省「出入国管理及び難民認定法の一部を改正する法律案」，法務省，2015年3月6日による.

# 第5章　日本における外国人技能実習制度

　日本では1990年代以降，外国人労働者の急激な増加を経験してきたものの，外国人技能実習制度に対する歴史的変遷や現行制度の体系及び外国人技能実習制度の実態について研究が十分になされてきたとは言い難い．すでにこの分野において文献研究はなされているが，そのほとんどは経済的観点や外国人政策という広範囲での文献が多く，外国人技能実習制度のみに焦点を当てた文献は未だ少ない．そのため，この章では，日本における外国人技能実習制度について検討する．第1節では，日本で2016年現在施行されている外国人技能実習制度を通して外国人労働者が日本へ流入するようになった背景やその流れの中での外国人技能実習制度の歴史的変遷について明らかにする．第2節では，外国人技能実習制度について検討する．第3節では，外国人技能実習制度の実態について明らかにし，外国人技能実習生は日本において実際どのような生活を送り，どのような問題点を抱えているかなどについて検討する．

## 第1節　外国人技能実習制度の変遷

　1980年代前半までは，単純労働の外国人労働者の流入はなく，日本国内で労働力を補充することが一般的であり，この時期の外国人労働者のほとんどは中華料理人などの専門的・技術的分野においての熟練労働者や風俗事業による外国人労働者が多かった．当時の外国人労働者の流入に対する日本政府の考え方は，1967年「第1次雇用対策基本計画」において「求人難が強まるとともに，産業界の一部に外国人労働者の受入れを要望する声があるが，わが国では依然として中高年層の就職問題があり，すべての労働者の能力が十分に生かされておらず，西欧諸国とは雇用事情が異なるので，現段階においては，外国人労働者を特に受入れる必要はないと考えられる[1]」と述べており，このような考え方

は，1973年「第2次雇用対策基本計画」，1976年「第3次雇用対策基本計画」においても変わりはなかった．

このように，日本政府は単純労働に対する外国人労働者の流入の面においては非常に消極的な姿勢を示してきた．

日本で外国人労働者流入が本格的に始まるのは1980年代からである．当時，日本の経済は景気上昇時代を迎えた．その原因として考えられるのが1985年のプラザ合意であり，これを契機に低金利政策が行われ，土地や株などへの投機的な投資が活発に行われていた．この影響により日本は，1986年からはいわゆるバブル時代を迎えることとなる．当時，円高の影響を受けて輸出産業が非常に好調な時期で，より大幅な貿易黒字国となった．しかし，日本は経済成長とともに各産業分野における単純労働の人手不足が新たな問題となり，そのため，日本国内における労働力不足や賃金上昇問題はますます深刻化していった．特に，1985年プラザ合意以降の円高現象により外国人労働者の国内流入の活発化と東南アジア諸国への日本企業の海外進出が相次いだ．また，日本国内における外資系企業の日本進出も活発化した．このような状況の結果，従来外国人労働者の流入に消極的であった日本国内に外国人労働者の自然的な流入が始まった．しかし，その中で，アジア人の不法滞在及び不法就労問題が社会問題化した[3]．

外国人技能実習制度の始まりは，1981年10月27日に「出入国管理令」が「出入国管理及び難民認定法」と改正されたことによってである．特に，在留資格に関する改正内容を見ると，①「観光」に限定されていた短期滞在の在留資格に「保養，スポーツ，親族の訪問」などを加える，②技術研修生の「研修」という在留資格が新設された．

外国人労働者問題が議論されるようになったのは，1988年5月に労働省が外国人労働者問題に関する調査検討のための懇談会を設置したことによる．外国人労働者問題に関する調査検討のための懇談会は，同年9月に「外国人労働者問題について」，12月には「外国人労働者問題への対応のあり方について」を提出した．それに先立って同年6月には「第6次雇用対策基本計画」が策定され，外国人労働者を専門的・技術的労働者と単純労働者に区分し，従来のように熟練労働者は必要に応じて受入れるが，単純労働者の導入は慎重に対応すべきである[4]と示した．

上記のような社会事情により，1989年12月に改正された「出入国管理及び難民認定法」（平成元年法律第79号）が翌年6月1日施行され，「本邦の公私の機関により受入れられて行う技術，技能または知識の習得をする活動」として研修の在留資格が新たに創設された．この研修の在留資格は，従来留学生の一形態として位置付けられていた在留資格を研修に改め，その活動内容を本邦の公私機関により受入れて行う技術，技能又は知識の修得をする活動と，以前の改正法案に比べ在留資格やその活動内容をより具体的に明示した[5]．

この当時，外国人労働者の受入れが始まるようになった理由としては，海外へ進出した日本の企業側の要請により，現地法人や取引関係等のある企業の社員を日本で技能習得させたいという考え方から始まったものであり，そのため当初は長期的な受入れ制度ではなく短期的な受入れ制度として設けた[6]．

また，「出入国管理及び難民認定法」改正第4条には，新たに27種の在留資格が設けられ，専門的・技術的分野の在留資格を拡大し，法律・会計業務，医療，研究，教育，人文知識・国際業務，企業内転勤，文化活動を新設した．

1990年代に入りバブル景気が崩壊し，日本経済は長期的な低成長期となった．しかし，日本経済が悪化したとはいえ，建設や製造，サービス業などは相変わらず人手不足問題を抱えていた．そのため，1991年の第3次臨時行政改革推進審議会第2次答申では，当時すでに実施されていた外国人研修制度の研修期間の長期化とともに，従来の研修制度だけでは補えない技能習得及び一定の適切な収入を確保することのできる実効ある技能の移転という観点から，技能実習制度を創設する必要性があると述べた[7]．

その後，同年の9月には，法務省，外務省，厚生労働省，経済産業省，国土交通省の五省共同管理により，外国人技能実習制度の適切な運営と支援に当たるための公益財団法人国際研修協力機構（JITCO: Japan International Training Cooperation Organization）が公益法人として設立された．その後，経済団体や中小企業からの要望を受けて，制度は拡充されてきた．まず，中小企業の中でも研修生の受入れを希望する声があり，1992年の12月，法務省告示を定め，従来の企業単独型の受入れに加え団体監理型の受入れ，すなわち，海外企業との関係がない中小企業でも，事業協同組合や商工会議所などの中小企業団体を通じた研修生の受入れが可能となった[8]．1993年3月には，外国人労働者問題関係省庁

連絡会議で技能実習制度の基本的枠組みが決定され，開発途上国等の「人づくり」に一層協力するため，技能移転の仕組みとして外国人技能実習制度が導入された．その主な内容としては，中小企業における外国人受入れニーズの拡大に伴い，従来の研修制度1年に加え，1年間の実習期間が認められ，合計2年間の滞在が可能となった．また，外国人技能実習生の在留資格を外国人研修生の「研修」から「特定活動」とした．そのため，1年目は研修という名目で，残り1年間は，研修終了後，企業と雇用関係を締結した上，1年間の研修で修得した技術をスキルアップできるよう技能実習という名目で行った[9]．

　1997年4月の改正では，技能実習期間を1年から2年に延長した．当時の外国人技能実習制度上では，研修から技能実習へ移行するためには技能検定基礎2級もしくは公益財団法人国際研修協力機構（JITCO）の認定した技能評価システムの技能検定基礎2級に相当する試験に合格することが要件の一つとなっていたため，技能検定の基礎級が設定されてなかったり，JITCOの認定した技能評価システムがない職種については技能実習へ移行することができなかった[10]．

　1990年代末からは，バブル経済の崩壊と「失われた20年」ともいわれるほどの経済低迷により，外国人労働者問題も当面社会問題から離れていた．むしろ，この当時は日本経済再生への問題が深刻化していた．

　外国人労働者問題がまた注目を浴びるようになったのは，1999年8月の少子高齢化の進行による人手不足問題による外国人労働者の受入れに関する検討がなされた「第9次雇用対策基本計画」である．「第9次雇用対策基本計画[11]」によると，「経済社会のグローバル化に伴い，……専門的，技術的分野の外国人労働者に対するニーズが一層高まっている．このような状況の中で，我が国の経済社会の活性化や一層の国際化を図る観点から，専門的，技術的分野の外国人労働者の受入れをより積極的に推進する[12]．」と述べていながらも単純労働者に関しては，「いわゆる単純労働者の受入れについては，国内の労働市場にかかわる問題を始めとして日本の経済社会と国民生活に多大な影響を及ぼすとともに，送出し国や外国人労働者本人にとっての影響も極めて大きいと予想されることから，国民のコンセンサスを踏まえつつ，十分慎重に対応することが不可欠である[13]．」と述べている．また，計画の主な課題として，①労働力の需要面における変化，②労働力の供給面における変化を述べ，その中でも特に，②

においては，少子高齢化による労働力供給の変化について示すと同時にグローバル化，産業構造の転換等によって失われる雇用の量や範囲が従来以上に拡大することになるものと考えられ，これを上回る良好な雇用の機会を創り出していかなければならないと述べた[14]．全体的な内容からすると，専門的・技術的分野における外国人労働者は積極的に受入れるものの，単純労働者に関しては相変わらず消極的な姿勢を示している．しかし，従来の雇用対策基本計画では，バブル経済による労働力供給の必要性が外国人労働者を要する理由として大きかったとしたら，今日のような少子高齢化の進行による外国人労働者に焦点を当て始めた時期であったといえる．

　一方で，2002年7月，厚生労働省は外国人雇用問題研究会を設置し，「外国人雇用問題研究会報告書の取りまとめについて」を発表した．この報告書では，外国人を受入れる目的として，経済・社会の活性化を目指した高度な知識や技術をもった人材の獲得と労働力不足への対応という整理の仕方がなされ，後者に関しては，国内労働市場への影響等への対処を前提とした上で，①労働市場テスト，②受入れ上限の設定，③金銭的負担等を課す受入れ，④協定方式等による受入れが提唱される一方，人口減少対策としていわゆる移民の受入れ問題についても検討すると示した[15]．また，2003年3月の「第2次出入国管理基本計画[16]」では，専門的・技術的分野における外国人労働者の導入を積極的に推進し，技能実習制度を拡充すると述べた．

　2006年9月に開催された厚生労働省の第23回労働政策審議会職業安定分科会雇用対策基本問題部会では，「雇用対策法等の見直しに係る検討課題について[17]」という名称で以下のような資料が示された．その中では，単純労働者は受入れしないという基本方針を主張しつつも，外国人技能実習生や日系人等が日本の労働市場において無視できなくなりつつある現状から，外国人労働者の雇用管理のあり方を定めるとともに，上記の閣議決定を踏まえ，外国人雇用状況報告の内容の拡充と義務化を考えると述べた[18]．研修生や技能実習生の受入れ機関の一部には，外国人技能実習制度の本来の目的を十分に理解せず，実質的に低賃金労働者として取り扱うケースや一部の受入れ企業で研修生・技能実習生に係る賃金不払いなどの労働関係法規違反が発生したり，受入れ企業に対する指導監督が不十分な受入れ団体が存在するなどの問題点から，2008年3月に閣議決

定された「規制改革推進のための 3 か年計画（改定）」において実務研修中の研修生に対する労働関係法令の適用，技能実習生に関する在留資格の整備，法令以外の規定に基づく規制等の見直しの各項目について措置することとした．

2009年 7 月に「出入国管理及び難民認定法」を改正し，2010年 7 月から新たな在留資格「技能実習」を創設するとともに，技能実習制度を通して入国する技能実習生の技術修得活動を受入れ側との雇用契約に基づいて行うことなどを義務付けた．

2015年 6 月「第 6 次出入国管理政策懇談会」の「技能実習制度の見直しの方向性に関する検討結果（報告）[19]」では，①技能等の修得・移転を確実に達成する受入れ機関についてのみ受入れを認め，外国人技能実習生の人権保護の強化や監理団体の監理体制の強化及び関係機関による監視体制の構築等を目指し，②優良な受入れ機関に制度を拡充する，③不正行為を確実に取り締まり，相談体制の強化や実習実施機関に問題がある場合の対処などの外国人技能実習生の保護・支援を強化・充実させる方針を示した[20]．

以上のことからして，外国人技能実習制度の歴史的変遷は，大きく 4 期に分類することができる．①1980年代における日本バブル時代から崩壊までの専門的・技術的分野における外国人労働者受入れの積極的な時期，②1990年代後半における少子高齢化の進展による外国人労働者の受入れの必要性が明らかになった時期，③2000年初め頃における外国人技能実習制度の活性化の時期，④2010年代以降における外国人技能実習制度の変革の時期と区分することができる．このように，日本は，外国人労働者の受入れに関し，1980年代以前からも2016年現在においても単純労働者には消極的な姿勢である．言い換えれば，外国人技能実習制度の歴史的変遷を見ていく中でも時代の流れによる社会問題やその変化については認識しつつ，既存の「出入国管理及び難民認定法」の基本的な方針には大きな変化はなかったという点である．その根本的な考え方の裏には，外国人実習制度における単純労働者の受入れを意識しているものの，従来の就労活動による単純労働者とは確実に分離して考えていることである．そのため，しばらくの間は外国人技能実習制度における単純労働者の受入れがあったとしても一時的な措置になる可能性が高いということだろう．

## 第2節　外国人技能実習制度の現状

### 第1項　技能実習制度の目的

　外国人技能実習制度は，「我が国が先進国としての役割を果たしつつ国際社会との調和ある発展を図っていくため，技能，技術又は知識の開発途上国等への移転を図り，開発途上国等の経済発展を担う『人づくり』に協力すること[21]」を目的としている．つまり，諸開発途上国の外国人を日本へ受入れ，農業，工業，建築業などの様々な産業分野における技術を研修・実習させることによって，諸外国への技術の移転，外国人人材育成，国際社会への協力や貢献を図るためのものである．そのため，外国人技能実習制度の主な目的は，「①修得技能と帰国後の能力発揮により，自身の職業生活の向上や産業・企業の発展に貢献，②母国において，修得した能力やノウハウを発揮し，品質管理，労働慣行，コスト意識，事業活動の改善や生産向上に貢献，③日本の技能実習実施機関にとっては，外国企業との関係強化，経営国際化，社内の活性化，生産に貢献する[22]」ことであるといえる．

　そのため，18歳以上の外国人を日本へ技能研修・実習という名目で受入れ，日本での産業上の技術や技能などを習得させ，本国で活用できるようにすることにより，人材育成を通じた発展途上国への国際的貢献を図ることを主な目的としている制度である．

### 第2項　現行の技能実習制度の仕組み

(1)外国人技能実習生の受入れに関する要件

　現行の外国人技能実習制度では，次のように区分している．

　　ア）技能実習生側の要件

　活動内容により，外国人技能実習生の在留資格は「出入国管理及び難民認定法」第3条別表第二において「技能実習1号」，「技能実習2号」と区分している．「技能実習1号」とは，講習による知識修得活動及び雇用契約に基づく技能等修得活動をいい，企業等での技能を修得・研修する身分として位置付けられている．「技能実習2号」とは，技能実習1号の活動に従事し，技能等を修

得した者が当該技能等に習熟するため，雇用契約に基づき修得した技能等を要する業務に従事する活動をいい，技能検定基礎2級等に合格した場合のみ「技能実習1号」から「技能実習2号」へ移行することができる．また，「技能実習1号」が基本的な技能習得をするためのベーシックなものであったとすると，「技能実習2号」は基礎知識を基に習熟するため企業での技能実習を行うものであると認識した方が理解しやすい．そのため，「技能実習1号」を必要な「講習」を受けるものとし，「技能実習2号」を技能等に「習熟」するためのものと定めている．

技能実習生として日本に入国できる要件[23]としては，①修得しようとする技能等が単純作業でないこと，②年齢が18歳以上で，③母国へ帰国後，日本で修得した技能を生かした業務に従事することが予定されていること，④日本で従事する技能実習職種と同職に従事した経験があること，または当該技能実習を受けることを必要とする特別な事情があること，⑤本国の国，地方公共団体，それに準ずる機関の推薦を受けていること，⑥技能実習生及びその配偶者，親族等が送出し機関，監理団体，実習実施機関，斡旋機関等から保証金を徴収されていないこと，⑦外国にある事業所の常勤の職員で，当該事業所から転勤，出向する者（企業単独型による受入れの場合）となっている．

また，「技能実習1号」も「技能実習2号」も受入れ形態により「技能実習1号イ・ロ」，「技能実習2号イ・ロ」と2種類に分類されている．「イ」とは，海外にある合弁企業等事業上の関係を有する企業の社員を受入れて行う活動であり，企業単独型と呼ばれている．「ロ」とは，商工会等の営利を目的としない団体の責任及び管理の下で行う活動であり，団体監理型と呼ばれている．その詳細内容については次の②で見てみることとする．

イ）受入れ機関側の要件

現行の外国人技能実習制度では，技能実習における活動内容を「技能実習1号イ」，「技能実習1号ロ」，「技能実習2号イ」，「技能実習2号ロ」と四つに区分している[24]．その主な内容は次のとおりである．

①「技能実習1号イ」—企業単独型

　日本の公私機関の外国所在事業所の職員である外国人，公私機関と主務省令で定める密接な関係を有する外国の公私機関の外国所在事業所の職員で

ある外国人が，技能等の修得目的で雇用契約に基づき日本の公私機関により受入れられ，必要な講習及び技能等に係る業務に従事すること．

②「技能実習2号イ」—企業単独型

「技能実習1号イ」の実習を終了し，技能等に習熟するため，日本の公私機関との雇用契約に基づき該当機関の事業所において技能等を要する業務に従事すること．

③「技能実習1号ロ」—団体監理型

外国人が技能修得のため，日本の営利を目的としない法人により雇用契約に基づき受入れられ必要な講習を受け，当該法人による日本の事務所において実習管理・当該技能等に係る業務に従事すること．

④「技能実習2号ロ」—団体監理型

「技能実習1号ロ」の実習を終了し，技能等に習熟するため，雇用契約に基づき日本の営利を目的としない法人による実習管理及び当該技能等を要する業務に従事すること．

このように，現行の外国人技能実習制度では，在留資格を大きく4区分としており，これらの在留資格は「技能実習」として定めている．

また，現行法で外国人技能実習生の受入れを認めているのは，次のとおりである[25]．

①企業単独型に該当する機関は，日本の公私機関の外国所在の事業所の支店，子会社または合弁企業など，日本の公私機関と引き続き1年以上の国際取引の実績または過去1年間に10億円以上の国際取引の実績を有する機関，日本の公私機関とのグローバル的な業務内容により連携関係を有する機関で法務大臣が告示をもって定める機関である．

②団体監理型に該当する団体は，商工会議所又は商工会，中小企業団体，職業訓練法人，農業協同組合，漁業協同組合，公益社団法人又は公益財団法人，法務大臣が告示をもって定める監理団体である．ただし，商工会や農・漁業協同組合，中小企業団体の場合には，技能実習の実施機関が必ず団体の会員でなければならない．

(2)外国人技能実習生の受入れから母国への帰国までの流れ

　　ア）外国人技能実習生の受入れ方法

外国人技能実習生を受入れるためには，①現地（母国）における学校（専門学校，短期大学，大学など）からの直接的な紹介を通じて日本側の受入れ団体及び受入れ企業の現地での直接面談・選別をする場合，②斡旋事業者や現地の送出し機関を通じて外国人技能実習生を受入れる場合と二つの方法がある．二つの受入れ方法の中では後者が一般的に行われている方法である．特に①の受入れ方法は，受入れ企業・団体側の準備段階から実施までの相当な時間，労働，費用を要するため一般的には行われていない．しかし，斡旋事業者とのトラブルや送出し機関から入国し不法滞在者になることもあることから，安全で安心して受入れすることを望む受入れ企業・団体は相当な時間，労働，費用などをかけても前者を選択する場合も増えつつある[26]．

　前述のようなことから，現行法では，斡旋事業者や送出し機関と受入れ企業・団体における，失跡防止を名目とした保証金や違約金などによる不当な金品徴収などを禁止することを強化している．このようなことは，外国人技能実習生を研修・実習という名目で受入れているものの，日本人が就職を避けている３Ｋに該当する労働分野への補完として研修・実習を行っているからである．また，送出し側からの高額の斡旋金などの問題もあり，高額の資金を送出し側が外国人技能実習生に支払わせるようなことも実際問題として起きているからである．

　その具体的な内容[27]については，「外国人の技能実習の適正な実施及び技能実習生の保護に関する法律案要綱」第四，技能実習生の保護等の禁止行為等にて次のとおり述べている．

①実習管理者等は，技能実習生の社会生活において，技能実習に係る契約の不履行について違約金を定めたり，損害賠償額を予定する契約をしてはいけない．

②技能実習生等に技能実習に係る契約以外に貯蓄の契約をさせたり，技能実習生の間での貯蓄金を管理する契約をしてはいけない．

③技能実習生の管理・監督を名目に技能実習生のパスポートや在留カードなどを保管してはいけない．

④技能実習生の外出などの私生活を不当に制限してはいけない．

⑤実習実施者もしくは監理団体，これらの関連ある職員等がこれらの規定に

違反する事実がある場合には，技能実習生はその事実を申告することができる．また，技能実習生が申告したことに対して実習実施者等は技能実習の中止やその他不利益になるような取扱いをしてはいけない．

また，前述したことに加え，外国人技能実習生に係る不履行，その他の不利益になるような取扱いを行った実習実施者・管理企業・団体には，一定期間外国人技能実習生の受入れを認められないと厳しく定めている．その具体的な内容は次のとおりである．[28]

①受入れ側の実習実施者・管理企業・団体又はその職員等が「出入国管理及び難民認定法」や労働関係法令により刑に処せられたことがある場合には執行解除日から5年を経過しなければならない．

②受入れ側の実習実施者・管理企業・団体の役員等が過去5年間他の機関で役員等として外国人技能実習生の管理・監督等に係る不正行為を行ったことがある場合には一定期間が経過しないと外国人技能実習生の受入れは認めない．

③送出し側の機関又はその経営者等が過去5年間に外国人へ不正に在留資格認定証明書などの交付を受けさせる目的として偽変造文書等の行使・提供を行っていた場合においても一定期間が経過しないと外国人技能実習生の受入れは認めない．

このような外国人技能実習生の保護に関する規定を厳重に守っている受入れ側の団体・企業においては，次のような手順で外国人技能実習生を受入れる流れになる．

その主な流れとしては，①送出し機関の選別，②事前学習，③日本の受入れ機関による面接，④合格者対象の研修に区分でき，図にまとめたものが図5-1，図5-2である．その内容を見てみると，①の場合には，母国における送出し機関の選別であるため，外国人技能実習候補者の現地での自主的な調査が必要となる．そのため，正確な情報を持って送出し機関を選別するケースもあれば，悪徳な斡旋事業所に出会うケースもある．②の場合には，特に送出し機関が大学，短期大学，専門学校の場合である．このような学校の場合には，次章で述べるように，学校への入学から④の合格者対象の研修までスムーズに流れる場合が多い．事前研修の内容としては，現行法において日本語能力試験の

**送出し機関の選別**
外国人技能実習生候補者は，母国における送出し機関（大学・短期大学・各種専門学校・斡旋事業者）を選別する．

**事前学習**
選別した送出し機関による事前学習（日本語教育，技能実習，日本の各種現地情報など）を最短1カ月〜最長6カ月間受ける．

**日本の受入れ機関による面接**
・間接的な面接：受入れ機関との提携関係にある斡旋事業所や各種学校が主体となり，学生を選別する方法．
・直接的な面接：日本の受入れ機関が主体となり，直接現地訪問し関係者が面接・選別を行う方法．

**合格者対象の研修**
面接に合格した者を対象とする事前研修（日本語教育，日本の慣習及び日本での生活に必要な様々な規定，ビジネスマナーなど）を行う．この段階においては，受入れ側や送出し機関の方針によって異なる．

図5-1　外国人技能実習生の入国に向けての事前準備
（出典）現地調査（ベトナム・ハノイ2015年11月18日〜19日）より筆者作成．

3級以上を持つ必要性があることから，日本語教育や日本の文化・慣習，技能実習制度に該当する技能の学習などを中心に事前研修を受けることとなる．③日本の受入れ機関による面接は，現地の各種学校や斡旋事業所の関係者が直接選別する場合や，日本の受入れ側の団体や企業の関係者が直接現地へ訪問し面接を行う場合がある．ただし，前者の場合には，外国人技能実習候補者が現地の送出し機関からの情報のみを頼りにしないといけないデメリットがあり，送出し機関での情報と日本へ入国後の実態とで相違していることもある．そのため，外国人技能実習候補者は日本の受入れ側に関する正しい情報を取得するためにも①の段階から直接的な面接方法を実施している送出し機関を選別する必要がある．

このように，企業単独型と団体監理型ともに技能実習生を受入れることは可能であるが，受入れ機関がどのような型に該当するかによって受入れ可能な技能実習生の人数が異なる．企業単独型と団体監理型の受入れ可能な人数枠とし

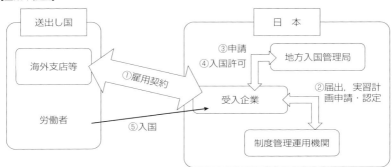

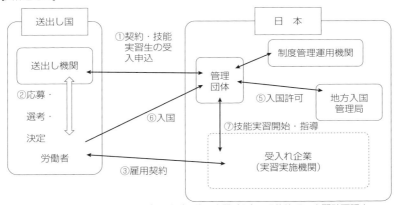

**図5-2 技能実習制度の受入れ機関別のタイプ**
(出典) 法務省入国管理局・厚生労働省職業能力開発局「技能実習制度の見直しに関する法務省・厚生労働省合同有識者懇談会報告書」, 2015, p. 28.

ては,次のとおりである.

　表5-1のように,企業単独型,団体監理型ともに技能実習生の受入れ可能な人数枠が定められている.そのため,団体監理型の零細企業の会員もしくは組合員の場合は,最大2人まで技能実習生を受入れることが可能であり,それ以外の場合においても常勤職員の20分の1までの技能実習生を受入れることができる.

## 表5-1　技能実習生受入れ人数枠

### 【企業単独型】

| 実習実施機関の常勤職員総数 | | 技能実習生の人数 |
|---|---|---|
| | | 常勤職員総数の20分の1 |
| 法務大臣が告示をもって定める場合 | 301人以上 | 常勤職員総数の20分の1 |
| | 201人以上300人以下 | 15人 |
| | 101人以上200人以下 | 10人 |
| | 51人以上100人以下 | 6人 |
| | 50人以下 | 3人 |

### 【団体監理型】

| 監理団体 | | | 実習実施機関 | 実習区分 | 人数枠 | |
|---|---|---|---|---|---|---|
| 職業訓練法人 | 社団 | | 社員である中小企業者 | | 特例人数枠 | |
| | | | 上記以外 | | | |
| | 財団 | | | | 常勤職員の20分の1 | |
| 公益社団・財団法人（含む特例社団法人・特例財団法人） | | | | | 常勤職員の20分の1 | |
| 商工会議所・商工会 | | | 会員 | | 特例人数枠 | |
| 中小企業団体 | | | 組合員又は会員 | | 特例人数枠 | |
| 農業協同組合 | | | 組合員の営農 | | 法人 | 特例人数枠 |
| | | | | | 非法人 | 2人以内 |
| 漁業協同組合 | | | 組合員 | 船上漁業 | 2人以内 | |
| | | | | それ以外 | 法人 | 特例人数枠 |
| | | | | | 非法人 | 2人以内 |
| 法務大臣告示団体 | | | 個人営農・漁業以外個人営農 | | 特例人数枠 | |
| | | | | | 2人以内 | |
| | | | 漁業 | 船上漁業 | 2人以内 | |
| | | | | それ以外 | 法人 | 特例人数枠 |
| | | | | | 非法人 | 2人以内 |

（注）　常勤職員には，技能実習生は含まれない．監理団体が開発途上国に対する農業技術協力を目的とする公益社団・財団法人で，かつ実習実施機関が農業を営む機関である場合は農業協同組合の受入れ人数枠と同様である．

（出典）　建設労務安全研究会編『建設業における外国人技能実習制度と不法就労防止』労働新聞社，2012，p. 26, 28.

つまり，常勤職員総数101人以上200人以下の企業単独型である場合は，外国人技能実習生を最大10人まで受入れすることができ，それ以上の技能実習生を受入れることはできない．このようなことから，一般的に常勤職員総数の多い大規模な企業や団体であれば企業単独型としての技能実習生の受入れ可能な人数が多く，常勤職員総数が少ない中小企業団体や零細企業の場合には団体監理型としての技能実習生の受入れ可能な人数が少なくなる．

　イ）外国人技能実習生の活動内容

　外国人技能実習生の受入れは前述したように，「団体監理型受入れ」と「企業単独型受入れ」と大きく二つに区分することができる．まずは，「団体監理型受入れ」について検討することとする．

　事前準備を終えた外国人技能実習候補者は，日本へ入国後，「技能実習１号ロ」という在留資格を有することとなる．この在留資格を有することにより，技能実習１号は１年間日本の受入れ機関から約２カ月〜３カ月間講習を受ける．ただし，母国において160時間以上の講習などを受けた場合には約１カ月の講習のみで次の段階に進むことができ，母国で行われる講習については，日本の受入れ団体から外国の関連機関に講習を委託することが可能である[29]．講習の主な内容は，①日本語②日本での生活一般に関する知識③技能実習生の法的保護に必要な知識④技能などの修得に関する知識の講習となる．この場合において，見学を含む座学を原則とし，実習実施機関の要件として，講習前に講習内容，時間割合，講師氏名及び講習実施施設先情報などを記入した講習実施予定表を作成しなければならない．加えて，団体監理型の場合には，技能実習計画書を作成し，技能実習１号の期間中１カ月に１回以上の役職員による訪問指導を受けなければならない[30]．

　約１カ月〜３カ月の講習が終了すると，外国人技能実習生と受入れ機関との間での雇用契約を結ばなければならない．しかし，この場合における雇用契約書の内容及び様式についての法律上での定めはないため，各受入れ機関で作成することが多く，その内容も様々である．

　一例として，公益財団法人国際研修協力機構による「技能実習のための雇用契約書」，「雇用条件書」を見てみると次のとおりである[31]．

　①該当するコース名（１号，２号の内選択）の記入．

②実習実施機関名，所在地及び連絡先，実習実施先の代表者の職・氏名．

③雇用契約期間（入国予定日及び契約期間，契約の更新の有無）．

④就業場所，業務内容，労働時間（休憩時間を含む），賃金（基本給，深夜労働に対する割増賃金率の表記，賃金以外の控除項目など）．

⑤年次休暇，所定時間外労働及び休日．

⑥退職に関する事項，社会保険及びその他各種保険の適用の有無，定期的な健康診断の有無．

このように各項目別に区分し，詳細な内容として明記している．この公益財団法人国際研修協力機構で提示している雇用契約書のように，すべての項目を詳細に述べている受入れ機関もあれば，最低限の内容のみを簡略に述べている受入れ機関もある[32]．これらに関しては，特に定めはなく日本人と同等の雇用契約書の様式であれば良いためである．外国人が日本で仕事する上で雇用契約書は必要不可欠なものではあるが，同時に理解し難い内容でもある．特に，賃金に関する項目の内，税金や雇用保険料，社会保険料，所定時間外労働に対する支払い基準などの内容については受入れ機関の十分な説明を要する部分であるといえる．また，賃金のうち，基本賃金についても日本国内における最低賃金はいくらであるのかを明確に伝えることにより，外国人技能実習生が妥当な賃金を受給しているかどうかを外国人技能実習生自身でも判断できるようにすることが大事である．

技能実習1年目が終了すると同時に外国人技能実習生は，技能検定基礎2級以上に合格しなければならない．この技能検定基礎2級に合格すると，2年目からは「技能実習2号ロ」の在留資格を更新することとなる．この段階からは，技能実習1号時の技能実習内容に基づき，更に技能を習熟するための活動を行う．この場合，他事業所での他職種に勤めることは不可能であり，技能実習1号から技能実習2号の終了まで同じ会社で同じ業務に従事する必要がある．また，技能実習2号の在留期間は2年となり，1年毎の在留資格更新手続きを行わなければならない[33]．

在留資格更新時には，技能実習生として日本へ入国したため，技能実習1号，2号の合計3年間は技能実習生としての在留資格のみの更新を認めている．ただし，以下の場合には原則として在留資格更新を認めている[34]．

①技能実習生本人の責任によらない事由により実習実施機関の変更を行わなければならない場合（技能実習2号のみ対象）．

②監理団体もしくは実習実施機関の不正行為が発覚した場合．

③監理団体もしくは実習実施機関が倒産，事業縮小などの事由により技能実習生の受入れが困難となった場合．

④技能実習生本人の結婚などによる新たな身分関係の成立又は出国準備を理由とする場合．

上記以外に在留資格を変更したい場合には，技能実習生としての在留資格変更ではなく，就労活動としての就労ビザへ変更することが可能である．しかし，このような場合においては，技能実習生としての要件とは全く異なるため，日本の専門学校以上の学歴を有する，指定技術分野に優れた技能を有することなどの就労ビザ取得に関する要件を満たさなければならない．このようなことから，技能実習生として日本へ入国した場合には，技能実習期間終了後，一旦母国へ帰国し，新たな就職活動を通して日本の就労ビザを取得することが一般的である．

技能実習2号へ在留資格変更が終了すると，技能実習計画に基づき，技能実習1号で習得した技能を習練しながら対象の職種及び作業に従事するに必要な技能を習得することができる．その主な内容について公益財団法人国際研修協力機構の資料によると，次のとおりである[35]．

①必須作業は，全実習時間に対し概ね半分以上に設定し，技能実習生が技能検定基礎などの評価試験を受ける予定の範囲内の講習を含む必須項目として行わなければならない．

②関連作業は，全実習時間に対し概ね半分以下に設定し，各職種，作業の生産工程に関連性の高い技能作業の内必須作業に含まれない，直接又は間接的に寄与する作業内容を含まなければならない．

③周辺作業は，全実習時間に対し3分の1以下に設定し，通常携わる作業の内必須作業，関連作業に含まれない作業内容を行わなければならない．

④安全衛生作業は，必須作業，関連作業，周辺作業の各内容の内10%程度を含むことが望ましい．

このように，技能実習1号時には，技能検定基礎2級などに合格することを

目指し，講習期間中，専門的な知識（理論）を学び，技能を修得する内容のカリキュラムであったとすれば，技能実習2号では，技能検定基礎1級を目指して技能を習熟，熟練させる内容の実践的カリキュラムが主な内容となる．このカリキュラムのようなものが修得技能実習計画であり，これらは技能実習指導員や生活指導員の下で指導・監理されることとなる．

団体監理型の場合には，技能実習指導員及び生活指導員を1名以上配置しなければならない．技能実習指導員の要件としては，実習実施機関の常勤職員に該当し，技能実習対象職種に5年以上の経験を有する者でなければならない．また，生活指導員の要件は特に定められてはいないが，一般的に技能実習生の生活を支援する役割であるため，技能実習生とのコミュニケーション能力が優れている者もしくは技能実習生と同様の母国人で，日本での生活経験者であることが多い．生活指導員は技能実習生が日本で生活していく上での生活全般を支援・指導するための者であるため，技能習練に関することだけではなく，プライベートなことや日本で生活するに当たっての困難なことなどに関してもアプローチすることが多い．

技能実習期間中は，技能実習生に対し講習場所，実施日時，講習・実習内容，講師氏名などを記入した技能実習日誌を作成し，対象技能実習生の実習終了後の1年間保管しなければならない．

以上のような技能実習の主な流れを概略すると次のとおりである．

(3)外国人技能実習生の労働と賃金

ここまでは，外国人技能実習制度の目的や制度の流れについて検討した．ここでは，技能実習生の様々な処遇について検討を行う．

図5-3を見てみると，企業単独型，団体監理型ともに技能実習生が日本へ入国した時点から講習期間中は，雇用契約を結んでいないため，労働関係法令が適用されない．そのため，受入れ機関は収入のない技能実習生を対象に生活に必要な費用として手当を支給しなければならない．技能実習というビザの名目で日本へ入国している技能実習生であるため，指定以外の職場においての就労は認めてられておらず，講習期間中には講習以外の収入を得る行為を禁じている．このようなことから，受入れ機関は講習期間中の生活に関わる宿舎費用，水道・電気代などの実費として講習手当を支給することとなる．講習手当の額

第5章　日本における外国人技能実習制度　　*85*

**【企業単独型】**

| 入　国 | 技能検定基礎2級等合格 | 帰　国 |
|---|---|---|
| 1年目 | 2年目 | 3年目 |
| 技能実習1号イ | 技能実習2号イ | 技能実習2号イ |
| 企業での技能等習得 | 企業での技能等習熟 ||

労働関係法令適用（雇用契約に基づかない講習を実施する場合は除く）

**【団体監理型】**

| 入　国 | 技能検定基礎2級等合格 | 帰　国 |
|---|---|---|
| 1年目 | 2年目 | 3年目 |
| 技能実習1号イ | 技能実習2号イ | 技能実習2号イ |
| 講習 企業での技能等習得 | 企業での技能等習熟 ||

労働関係法令適用

監理団体の責任及び監理

**図5-3　技能実習の主な流れ**

（出典）　建設労務安全研究会編『建設業における外国人技能実習制度と不法就労防止』労働新聞社，
2012，pp. 26-27.

は，技能実習生として選抜されたとき，日本へ入国する前に受入れ機関側が技能実習生本人に示さなければならない．ただし，その金額については，定められていないため，目安は存在しない．

　また，雇用契約の締結がなされていない時期であるため，受入れ機関による講習時間以外の時間や休日，夜間などについては，技能実習に係わる活動を行う必要がなく，プライベートな時間が技能実習生に与えられる．しかし，この期間内に病気や交通事故などで医療的な措置を要する場合に直面しても労働関係法令は適用されないため，労働災害として取り扱うことができない．受入れ機関によっては，健康保険もしくは国民健康保険への加入となるため，講習時間以外の病気や交通事故などの場合には，技能実習生も一部を負担しなければならない．技能実習生が母国で加入できる私的保険は存在するが，加入する者

はほとんどいないだろう．このような懸念から，公的保険を補完する保険として「外国人技能実習生総合保険」[36]も存在するが，受入れ機関の強制加入ではなく，多くの技能実習生は出稼ぎを目的とするため，これらの私的保険へ任意加入することは難しいと思われる．

　外国人技能実習生総合保険は，技能実習生が安心して日本で生活できるようにするための技能実習生のみを対象とした保険である．この保険の特徴としては[37]，前述した問題点を補完するように，技能実習生が母国出発から帰国するまで死亡時の補償，後遺障害の補償，傷害・病気治療費，死亡・危険時への救援者費用，第三者への損害賠償が含まれている．日本へ入国してから講習期間終了時までは治療費用が100％補償できるため，労働関係法令がまだ発効していない期間においても安心して生活できる．保険料は，滞在期間によって異なり，滞在期間3年，講習期間100％補償のプランであると月々2万4720円〜4万4580円の支払いとなる．

　講習期間が終了すると，技能実習生は受入れ機関と雇用契約関係になる．雇用契約書を結ぶ時期は，技能実習生として選抜された時であり，実際の雇用契約関係が効力を発するのは技能等の習得活動を開始する時点からである．そのため，技能実習生本人は雇用契約の内容をよく把握・確認した上で雇用契約を行うべきである．また，受入れ機関は，技能実習生が一人で判断できるような十分な説明を行う義務がある．

　次に，雇用契約時に留意すべきことについて1）雇用契約の締結，2）賃金の支払い，3）税金関係，4）保険関係と4つのカテゴリーから整理したものについて述べる[38]．

　1）雇用契約の締結[39]

　　①受入れ機関と技能実習生はそれぞれの権利義務を明確にし，雇用契約書を2部作成，双方で保管する．

　　②契約内容は受入れ機関の就業規則に定める規定を下回ることはできない．

　　③雇用条件として，技能実習生に対する技能実習を行う場所及び業務内容，契約更新の有無，契約期間，始業及び終業時刻，所定時間外労働の有無，休憩時間，休日，休暇，有給の有無，変形労働時間制もしく

は交替制などの就業時転換に関する事項.

④基本賃金形態, 所定時間外・休日・夜間労働時間に対する割増賃金率, 賃金の締切日及び支払い日, 支払い方法, 諸手当に関する事項.

⑤退職, 各種社会保険加入の適用, 労働保険の適用に関する事項.

2 ) 賃金の支払い[40]

①賃金支払いの5原則として, 原則, 毎月最低1回決められた日に技能実習生へ直接に通貨での全額支払いとすること. ただし, 技能実習生が雇用契約にて同意をした場合には, 技能実習生が指定する本人名義の口座に振り込むことが可能である.

②賃金額については, 国籍, 女性などによって差別的取り扱いをしてはならない.

③適用される地域別最低賃金又は産業別最低賃金による最低賃金額を下回ることはできず, 報酬は日本人と同等額以上であること.

④時間外労働・休日労働・深夜労働に関してはそれぞれの割増賃金の支払いが必要である.

⑤受入れ機関は, 賃金台帳を作成するとともに, 労働契約に付随して技能実習生に貯蓄の契約をさせるなどをしてはならない.

3 ) 税金関係[41]

①技能実習生は総技能実習期間3年のうち, 講習期間を除く期間中賃金を得るので, 給与所得者扱いとなる. そのため, 所得税, 住民税等を納税しなければならない.

②配偶者控除等に関しては, 技能実習生が母国に配偶者や扶養家族がいて生活費などの仕送りをしないといけない場合には, 事前申告することにより, 配偶者控除・扶養控除を受けることが可能である.

4 ) 保険関係[42]

①健康保険は, 5人以上の労働者を雇用する個人事業所とすべての法人の被雇用者が対象となり, 事業以外の病気やケガなどに対して治療費の一部の給付を受けることができる. 健康保険未適用の受入れ機関では, 国民健康保険に強制加入することとなる.

②厚生年金は, 被雇用者の老齢, 障害, 死亡について保険給付されるも

のである．被保険者の保険料は給与から毎月控除され，厚生年金未加入の受入れ機関では，国民年金に加入することとなる．

③労働者災害補償保険は，技能実習時または通勤途上で災害を被った場合に補償される保険である．

④雇用保険は，技能実習生が失業した場合，一時的に給付を受けたり雇用を安定させたりするために助成することを目的としている．技能実習生の場合，受入れ機関の急な倒産，事業の縮小により失業した者には雇用保険の受給資格決定が可能となる．

前記で整理した内容は，技能実習生が雇用契約に当たって最低限確認しなければならない項目として挙げた内容である．これら以外にも受入れ機関で提供する宿舎以外での宿泊施設での生活を望む場合に知っておくべき留意点など，技能実習生が日本で一人で暮らすに当たって習得しておかなければいけないことは山ほどある．しかし，現状としては母国で雇用契約を結ぶ場合が多いため，日本国内における最低賃金の事情や雇用契約の詳細な内容については技能実習生が事前に把握するには困難な場合もある．そのためにも，送出し機関と受入れ機関との事前情報交換が必要となり，日本で安全で健康に暮らすためには，技能実習生が留意すべき様々なルールについて徹底的に事前教育する必要がある．

### 第3項　外国人技能実習生の帰国後のフォローアップ

現行制度においては，帰国後の技能実習生へのフォローアップは特に定められていないのが現状である．ただ，地方入国管理局より帰国後のフォローアップの一環として，帰国後の状況報告書を提出する場合もある．

法務省入国管理局「技能実習生の入国・在留管理に関する指針[43]」によると，送出し機関の役割として帰国後の技能実習生のフォローアップについて次のように述べている．

技能実習生の送出し機関は，日本で技能等を修得した技能実習生が本国でそれを活用しているかどうかについてのフォローアップを行う必要があり，その理由は，技能実習生が修得した技能等が技能実習生の本国で活用されることが必要とされているためである．

技能実習制度の本来の趣旨が技能等の海外への移転であったことから考えると，技能実習制度を通しての技能等の海外への移転，特に開発途上国への技能移転は進んでいるとされている．

また，技能等の海外への移転について，具体的には，技能実習生が帰国後，本国において一定期間日本で修得した技術を活用する業務に従事しているかどうかを確認することが求められ，監理団体や実習実施機関が事後の申請で地方入国管理局から提出を求められた場合には，提出できるよう確認した状況内容をまとめておく必要があると述べている．これらの内容を2014年10月10日から11月30日までの間に帰国した技能実習生を対象にまとめたものが次の調査である．

技能実習生の帰国後のフォローアップについて，厚生労働省の「帰国技能実習生のフォローアップ調査[44]」を見てみると，全体の内90.1％が監理団体型の対象として技能実習を行い，全体の9.2％が企業単独型として技能実習を行った．その中でも最も多い技能実習生の国は中国であり，その次がフィリピン，インドネシア，ベトナム，タイの順となっている．職種別回答状況では，特にベトナム人は縫製・衣服（縫製）が7人と最も多い．来日目的を見ると，「出稼ぎ」[45]が74.2％で最も多く，「技能修得」が69.2％であった．技能実習の効果面では，「役に立った」が98.4％で一番多く，特にベトナムの回答では「役に立った」が100％の回答率であった．役に立った具体的な内容については，「修得した技能」が69.1％で，「日本での生活経験」や「日本語能力を修得」が各62.2％，[46]60.8％とほぼ同様の回答率であった．技能実習帰国後の状況については，「雇用されて働いている」が36.7％で，「仕事を探している」が23.9％で，約2割の技能実習生は日本で技能等を修得したにもかかわらず仕事を探している状況であった．また，帰国後，「雇用されて働いている」場合の36.7％の内，「技能実習で行った仕事と同じ仕事に勤めている」場合は，56.5％のみであり，上記の「仕事を探している」の23.9％を含めると，約7割の技能実習生が日本で修得した技能等を本国で活かしていないこととなる．また，帰国後の賃金水準については，「来日前より上がった」が72％で最も多い．

しかし，特にベトナムにおいては，「来日前より上がった」が50％の反面，「来日前より下がった」が30％もあり，その原因について考えるべきではない

かと思われる．

　このように，日本で技能等を修得した技能実習生は，日本での技能実習生としての生活は満足したが，日本で修得した技能等を実際本国で活かしながら働く場所はないということが明らかとなった．帰国後の状況についての質問で，「仕事を探している」，「仕事を探したが，技能実習で行った仕事と同様の仕事に勤めていない」の場合が約7割であることからもわかるように，技能実習生の帰国後のフォローアップは重要であり，日本で技能等を修得することのみならず，帰国後の技能実習生の現状調査やフォローアップなどがより積極的になされなければならない．

## 第3節　外国人技能実習制度の問題点

　以上，第1節から第2節まで外国人技能実習制度の歴史的変遷や現行法の仕組みなどについて見てきた．これらの内容からいえることは次のとおりである．

⑴保証金問題

　今回の「出入国管理及び難民認定法」改正による制度改革の一つに保証金の禁止があった．これは送出し機関が日本に技能等の修得の目的で来る技能実習生から保証金を取っていたことがマスコミなどで近年問題視されていたからである．特に，外国人技能実習生の逃亡などの問題が発生していたため，ベトナムでは外国人技能実習生の送出しを行う際には失跡防止のための保証金を課す規定があるという実態がある[47]．そのため，ベトナムからの外国人技能実習生の場合は，日本語の研修費用や渡航費用を合わせて通常6000〜1万2000米ドルを送出し機関へ支払わなければならなく，場合によっては銀行に家か土地の不動産所有権を担保提供しなければならない[48]．

　このような状況から考えると，外国人技能実習生は不適切な労働条件であっても文句を言えず，働かざるを得ないという状況につながっているだろう．そのため，日本国内においては外国人技能実習生に対し保証金をとることや，ベトナムにおける家や土地の担保を取るなどの行為は悪い＝悪質事業者という考え方が生まれ，「出入国管理及び難民認定法」の改正附帯決議においても保証金の廃止ははっきりと求められている．そして，保証金の廃止自体は，「出入

国管理及び難民認定法」の改正ではなく，法務省令である上陸審査基準省令の中で保証金の徴収の禁止という項目が設けられるようになった．しかし，日本国内における外国人技能実習生への保証金徴収の禁止が明確に記されているにもかかわらず，保証金をとる実態は未だにある．

　従来，保証金に関する事項が記載されていたのは，送出し機関と日本への技能実習生との間で交わされる契約書の中に保証金に関する項目がよく登場していた．このような保証金に関する事項は，日本国内における技能実習生の逃亡防止の一環として技能実習生に書かせる場合もあり，これは，一時的に預かっているという建前であるから，無事に帰国したら本人に返すという規定が入っている場合もある．しかし，送出し機関に対しての保証金問題はあってはいけないことであるということを日本政府は強く示しており，この問題については，不当に金銭その他の財産の移転を予定する契約は不正行為として取り扱いするべきであると述べている[49]．つまり，日本では絶対的な禁止条項として，保証金を取ることは不正行為であるとしている．保証金をかけるという契約が現地で公序良俗に反して無効とする規範があるかどうかにかかわらず，日本では保証金を取ってはいけないルールになっているので，そのことを日本に来た技能実習生に周知し，送出し機関にも伝われば契約の段階から保証金を拒否することができるようになるだろう．しかし，送出し機関や受入れ機関は何をもって今後技能実習生の逃亡を防止するべきであるのか．この問題については，そもそも最初の高額な保証金が原因であるという主張もあるが[50]，保証金は逃亡防止のためであり，外国へ送出す際に保証金を徴収する実態がある[51]．そのため，日本弁護士連合会では，保証金徴収の禁止の実効性を確保するための措置を主張した[52]．このように，保証金徴収は強く禁止されていることは間違いないが，保証金徴収を禁止するにしても送出し機関や受入れ機関としての安全な技能実習生の確保に対する措置としての工夫は必要であり，保証金徴収以外の方法を考えるべきである．

　(2)実習先の変更

　外国人技能実習生が技能実習を始めてから思っていたイメージと現実との差があった場合，別の技能実習先への変更は可能であるのかについての問題である．その中でも最も多いのは，技能実習先の倒産，事業不振で技能実習先が倒

れかけ，受入れ機関自体の継続ができないといったような場合である．このような場合，技能実習生が継続的に日本で実習を続けたいという希望を持っていれば，別のところへ斡旋することが可能である．監理団体の傘下の企業で，同じ業種，同じ職種の別の企業があれば，受入れ可能性を打診し，人数枠も勘案しながら，他の企業へ移すことも可能である．基本的には，倒産の場合が該当するが，それ以外に受入れ機関と技能実習生との間で何らかのトラブルがあり，技能実習の継続ができない場合には，技能実習生に非がなく，技能実習生も続けて実習したいという場合であれば同様に対応する．しかし，本人の好き嫌いといった理由により変えたいというケースになると難しい．特別な理由の場合，受入れ機関が認めて変更することを検討する可能性はあるが，通常では変更にはならない．技能実習先を変更する場合，公益財団法人国際研修協力機構では，研修の場所を斡旋し，監理団体と企業の間を取り持つという考え方である．また，職業紹介事業の許可を受けている場合には，同機構も直接に斡旋できないわけではない．しかし，第一義的な責任は受入れ機関にあると考えている．したがって，受入れ機関が他の移籍先を検討する場合もある．公益財団法人国際研修協力機構は，情報提供などでサポートを行う[53]．監理団体が受入れ機関に直接的に申し出をし，受入れ枠の有無を確認した後，移籍するのが通常のパターンである．監理団体にも受入れの条件がない場合には，公益財団法人国際研修協力機構が直接出ていくという場面が全くないわけではないが，そのような事例はあまり見当たらない．

(3)人権擁護

　外国人技能実習生に対する人権侵害が起こる理由としては，人権尊重に関する認識度の低さである．

　このことは介護分野においても起こりうると考えられる．その理由は，近年においても外国人技能実習生に対する人権侵害は未だ問題視されているからである．特に，外国人技能実習生が時給300円程度という最低賃金をはるかに下回る賃金しか支給されず働いていた事例や，会社がプレス機の安全装置の故障を知っていながら修理せず使用させたため，外国人技能実習生がプレス機に挟まれ死亡した事例，外国人技能実習生の女性が受入れ企業の社長からのセクハラ被害を受けたにもかかわらず，本国へ強制帰国させられることを恐れて抵抗

できない事例など，多くの問題事例が報告されているからである[54]．その要因は，日本国内における外国人に対する人権尊重意識が低いことである．そのことは定住する外国人に対する人権侵害が今も払拭されていないことからも明白である．

　この人権侵害を防ぐには，日本人に対する人権教育や人権意識を高める啓発活動を今まで以上にすることが肝要である．

　以上の問題点をいかにして解決するかが大きな課題である．


**注**

1 ）　村下博『外国人労働者問題の政策と法』，大阪経済法科大学出版部，1999，p. 123.

2 ）　吉田良生「国際人口移動の新時代」『人口学ライブラリー』4，原書房，2006，p. 191.

3 ）　同上．

4 ）　渡邊博顕「外国人労働者の雇用の現状と雇用管理上の課題」『ビジネス・レーバー・トレンド』2008年 5 月号，独立行政法人労働政策研究・研修機構，2008年 4 月，p. 3.

5 ）　出入国管理及び難民認定法の一部を改正する法律（平成元年法律第79号）．

6 ）　出入国管理政策懇談会外国人受入れ制度検討分科会『技能実習制度の現状と課題等について』，法務省入国管理局，2013年11月，p. 1.

7 ）　佐野哲「外国人研修・技能実習制度の構造と機能」，一橋大学機関リポジトリ，2002，pp. 6-7.

8 ）　厚生労働省ホームページによる資料で，2006年10月18日第 1 回研修・技能実習制度研究会議事次第で使用されたものである．厚生労働省「（資料 1 ）研修・技能実習制度関係資料」，http://www.mhlw.go.jp/shingi/2006/10/dl/s1018-8a.pdf，2016年 5 月 7 日閲覧．

9 ）　同上．

10）　同上．

11）　内閣府「第 9 次雇用対策基本計画」，内閣府，1999年 8 月，http://www.jil.go.jp/jil/kisya/syokuan/990813_01_sy/990813_01_sy_bessi.html，2016年 5 月10日閲覧．

12）　同上．

13）　同上．

14）　同上．

15）　厚生労働省「外国人雇用問題研究会報告書の取りまとめについて」，厚生労働省職業安定局外国人雇用対策課，2002年 7 月，http://www.jil.go.jp/jil/kisya/syokuan/20020705_01_sy/20020705_01_sy.html，2016年 5 月10日閲覧．

16）　法務省「第 2 次出入国管理基本計画」，2003年 3 月，http://www.moj.go.jp/nyuu kokukanri/kouhou/press_000300-2_000300-2-2.html，2016年 5 月10日閲覧.

17）　厚生労働省「雇用対策法等の見直しに係る検討課題について」，職業安定局総務課，2006年11月，www.mhlw.go.jp/shingi/2006/10/dl/s1006-4c.pdf，2016年 5 月10日閲覧.

18）　同上，p. 2.

19）　厚生労働省「今後の出入国管理行政の在り方」，第 6 次出入国管理政策懇談会，2015年12月，p. 16，http://www.moj.go.jp/nyuukokukanri/kouhou/nyuukokukanri06_00056.html，2016年 5 月14日閲覧.

20）　同上.

21）　厚生労働省の施策概要，http://www.mhlw.go.jp/stf/seisakunitsuite/bunya/koyou _roudou/shokugyounouryoku/global_cooperation/gaikoku/index.html，2016 年 5 月16日閲覧.

22）　大重史朗「外国人技能実習制度の現状と法的課題」『中央学院大学法学論叢』第29号，2016年 3 月，p. 284.

23）　公益財団法人国際研修協力機構『外国人技能実習制度概説』，国際研修協力機構，2010，p. 7，p. 35.

24）　同上，pp. 2-3. 厚生労働省・法務省と共同提出「外国人の技能実習生の適正な実施及び技能実習生の保護に関する法律案要綱」，厚生労働省，2015年 3 月，http://www.mhlw.go.jp/topics/bukyoku/soumu/houritu/189.html，2016年 1 月20日閲覧.

25）　前掲23），公益財団法人国際研修協力機構，pp. 2-3.

26）　同上，p. 14.

27）　前掲24），厚生労働省・法務省と共同提出による法律案要綱.

28）　同上.

29）　前掲23），公益財団法人国際研修協力機構，p. 18.

30）　同上.

31）　公益財団法人国際研修協力機構掲載の3-1，3-2による．http://www.jitco.or.jp/download/download.html，2016年 6 月21日閲覧.

32）　同上.

33）　佐野誠，宮川真史ほか 2 名『すぐに使える！事例でわかる！外国人雇用実践ガイド』，レクシスネクシス・ジャパン，2015，p. 163.

34）　同上，p. 164.

35）　公益財団法人国際研修協力機構『外国人技能実習制度概説』，国際研修協力機構，2010，p. 15.

36）　公益財団法人国際研修協力機構「外国人技能実習生総合保険」，http://www.jitco.or.jp/introduction/hogo_hoken.html，2016年 6 月21日閲覧.

37）　同上.

第 5 章　日本における外国人技能実習制度　　*95*

38)　建設労務安全研究会編『建設業における外国人技能実習制度と不法就労防止』，労働
　　新聞社，2012，pp. 47-53.

39)　同上，p. 47.

40)　同上，p. 48.

41)　同上.

42)　同上，p. 50.

43)　法務省入国管理局「技能実習生の入国・在留管理に関する指針」，p. 33, http://
　　www.moj.go.jp/content/000102863.pdf，2016年 6 月 2 日閲覧.

44)　労働政策研究・研修機構「帰国技能実習生のフォローアップ調査」（平成26年度），
　　厚生労働省，2015年 5 月22日，p. 9, pp. 17-19.

45)　同上.

46)　同上.

47)　グエン・ティ・ホアン・サー「日本の外国人研修制度・技能実習制度とベトナム人
　　研修生」，佛教大学大学院紀要第41号，2013，p. 23.

48)　同上.

49)　法務省入国管理局「技能実習生の入国・在留管理に関する方針」（平成25年12月改
　　訂），法務省入国管理局，p. 39, http://www.moj.go.jp/content/000102863.pdf，2016
　　年 3 月12日閲覧.

50)　前掲47），グエン，p. 22.

51)　同上，p. 23.

52)　日本弁護士連合会「外国人建設就労者受入事業に関する告示案に係わる意見書」，日
　　本弁護士連合会，2014年 7 月，p. 3.

53)　公益財団法人国際研修協力機構では，母国語相談ホットライン，外国人技能実習生
　　に対する技能実習生手帳の配布などの支援を行っている．http://www.jitco.or.jp/in
　　troduction/hogo_sodan.html，2016年 9 月29日閲覧.

54)　日本弁護士連合会「外国人技能実習制度の早急な廃止を求める意見書」，http://
　　www.nichibenren.or.jp/activity/document/opinion/year/2013/130620_4.html，pp. 2
　　-3，2013年 6 月20日閲覧.

# 第6章 ベトナムにおける介護分野の技能実習生確保への取り組み

　日本では介護人材不足が深刻化しており，介護分野における外国人技能実習生の受入れに関する議論が活発化している．特に，深刻な介護人材不足問題に対する解消方策の一環として外国人の「技能実習制度」が注目されており，現行制度では，農業や漁業，建設など7分野の68職種に加え，日本政府は介護分野を追加する方針を模索している．

　しかし，これを進行するに当たっては，送出し側（外国）と，受入れ側（日本の介護現場）が互いに有益な関係であることが必要条件となり，外国人技能実習生の受入れ側における研修環境の整備や日本で生活する上での必要な環境整備，人権などの保障が大前提であり，そうでなければ単なる人材不足を補うための日本側の現状を十分に認識しないままの主張にしか過ぎない結果となってしまう．このような結果を避けるためにも送出し側と受入れ側の実態を明らかにすることは必要不可欠である．

　この章では，送出し側の実態を明らかにしていくため，ベトナムへ現地訪問を行い，今後日本の介護分野における技能実習生を希望する学生たちはどのような経緯・事前教育の下で日本へ送出しされるのかを明らかにすることを目的にしている．そのため，第1節では，ベトナムと日本の交流が始まった時期からの経済的支援や日本語教育支援などに焦点を当てて検討した．第2節では，ベトナムの訪問調査による技能実習生の現状を調査し，第3節では，ベトナムにおける技能実習制度の今後の課題について検討した．ベトナムにおける送出し側の現状を明らかにするとともに，今後ベトナムから日本へ介護分野における技能実習生を送出しする場合の送出し側の最小限の必要不可欠な事前教育とは何かを明らかにする．

　なお，ベトナムの現地調査結果の基本的属性（事業概要や沿革等）はパンフレット等によるものであり，その他は直接聴き取りをした内容である．

## 第1節　ベトナムと日本の交流

### 第1項　ベトナムにおける日本からの支援

　ベトナムと日本の交流が始まったのは，ベトナム戦争後の1973年北ベトナムと日本間の国交樹立による．これらが本格化したのは1986年の市場経済システムの導入と対外開放化を柱としたベトナムのドイモイ政策である．1973年以来約43年間に渡ってベトナムにおける日本からの支援は，政治，経済，外交，文化，日本語教育などの多様な分野へ継続的に行われている．最近は，国民レベルでの交流も活発化しており，特に日越外交関係樹立40周年を迎えた2013年には，ベトナムにおける日越友好音楽祭や日本におけるベトナムフェスティバルなど多くの記念行事が両国で行われた[1]．

　ベトナムから日本へ来訪する人数も年々増加している．日本学生支援機構（JASSO: Japan Student Services Organization）が発表した2015年度外国人留学生在籍状況調査[2]によると，2015年5月1日時点での日本におけるベトナム人留学生数は3万8882人で，前年度（2万6439人）に比べ約1万2000人が増加しており，ベトナム人留学生は，全留学生の18.7%（前年度14.4%）を占め，中国（9万4111人，構成比45.2%）に次ぐ2番目となっている．また，公益財団法人国際研修協力機構（JITCO）が発表した統計資料[3]によると，2015年12月時点での日本におけるJITCO入国支援技能実習生（1号）のうちベトナム人技能実習生は，1万6932人であり，前年に比べ52.6%増加しており，中国（2万1379人）に次ぐ2番目である．

　1992年に再開されたベトナムと日本間の経済協力関係を見ると，2013年の日本の対ベトナム直接投資額は57.5億ドルであり，政府開発援助（ODA: Official Development Assistance）による年間の援助供与額は2000億ドルにも達している[4]．そのため，日本による政府開発援助（ODA）はベトナムの不安定な経済社会を安定させるため大きく貢献しており，日本はベトナムにとって最大の支援国であるともいえる．

　近年においては，ドイモイ政策によって外国からの経済支援と投資を積極的に求めているため，政府開発援助（ODA）のみならず日系企業による支援も活

発化している．実際，私がベトナム・ハノイへ現地訪問調査のため訪れた時に
おいてもハノイ市内には大勢の日本人観光客がおり，日本語で書かれた多くの
看板や日系企業を目にすることができた[5]．これだけではなく，日本はノイバイ
国際空港の建設や空港から街中に向かう道路として新たな高速道路を建設・整
備し，ホン河を渡る橋であるニャッタン橋（通称日越友好橋）の建設や地下鉄の
建設などベトナムにおける交通インフラ整備のすべてを日本側が支援している[6]．
また，日本の石油会社による南シナ海油田における石油開発や大型ショッピン
グセンターであるイオンのベトナム参入（現在ベトナムに3店舗展開している）な
ど日系企業による投資・支援も継続的に行われている．

このように，ベトナムと日本両国間の親密関係が継続的に維持でき，ベトナ
ム人にとって親日国になっている理由は，1960年代から1970年代にかけて勃発
したベトナム戦争時において，日本はアメリカ側に立った同盟国として参加し
ていた国ではあったが，できるだけ早い戦争の終結を促した国でもある．また，
ベトナム戦争終戦後の1990年代から本格的に始まったベトナム計画経済に向け
ての日本政府によるベトナムへの持続的で膨大な政府開発援助（ODA）の供与
や，様々な日系企業による投資などの支援により親日国としてのイメージが構
築されたと考えられる．

### 第2項　ベトナムにおける日本語教育

日本語教育がベトナムに導入されたのは，1940年代からである．当時日本軍
は仏印進駐のため1940年ベトナム北部インドシナ，1941年南部インドシナに進
駐し，軍事基地の建設を始めた．そのため，日系企業による貿易の必要性や貿
易，軍事のために日本語を通訳する人材の現地での養成が必要となり，日本語
教育を始めたことがきっかけとなった[7]．また，1943年頃にはハノイの一部エリ
ートやフランス人，華僑を対象に小規模な日本語教育が開始され，1944年には
日本語学習者は約2500名であった[8]．この当時の日本語教育は小規模・短期間で
行われることがほとんどであり，上記のように一部の人を対象とする教育であ
った．

より専門的な日本語教育が実施されるようになったのは，1960年代に入って
からである．最初は，ベトナム・ハノイの貿易大学にて初めて日本語講座が開

設された．しかし，日本語講座は一般人向けの教育であり，近年のようなより専門的な教育ではなく，大学生のための専攻学科はなかったため，日本語学科（通訳コース）が1973年開設された．宮原によると，1960年代の日本語教育は北朝鮮，中国，旧ソ連などで行われ，留学後ベトナムの各機関で日本語を使える幹部としての役割を果たしていたと述べている[9]．日本語教育はハノイだけではなくベトナム南部でも行われ，1972年にはサイゴン日本大使館の文化・広告センターにおいても日本語講座が開設されるようになった．1973年には，現在のハノイ大学において北朝鮮で日本語を習得した留学生を中心とした日本語学科が開設された．1970年代後半からベトナムによるカンボジア侵犯により日本との経済・貿易が後退した時期があり，このような事情からベトナムにおける日本語教育は一時期停滞した[10]．

　民間による日本語学校が開設されたのは，1980年代後半からである．1986年のドイモイ政策により1992年にベトナムと日本間の経済協力関係が再開された．これをきっかけにベトナムにおける日本語教育も再開され，活発化した．1973年日本語学科を開設したハノイ貿易大学も日本語教育を再開し，現在のハノイ国家大学外国語大学，ホーチミン国家大学人文社会科学大学，ハノイ国家大学人文社会科学大学を始め民間による Sakura 日本語学校，Dongdu 日本語学校など国立大学のみならず，民間の日本語学校が開設された[11]．また，ホーチミンにも初めての民間のトリ・ユン・ビジネススクールが開設され，社会人はキャリアアップとして，学生は日本語を学ぶ塾としての役割を果たすようになった[12]．

　前述のように，1980年代後半から1990年代にかけてベトナムにおける日本語教育は活発化してきた．このような影響により，2000年代に入ってからも日本語教育に対するベトナム人のニーズは低下することなく国立大学を始め，私立大学，民間による日本語学校が続々と増加した．ベトナムにおける日本語学習者は，1998年約1万人と推計され，そのうちホーチミンが70％で最も多く，次にハノイが30％であり，2008年における日本語学習者は約3万人と10年間で約2万人の日本語学習者が増加した[13]．そして，年々増加傾向にある．

　また，2011年からはベトナムにおける一般小学校でも3年生の児童を対象に日本語学習が実施され，今後もベトナムにおける日本語教育に対する学習熱は高まる一方だろう．

このようにベトナムにおける日本語教育の学習熱は，ただの言葉の修得だけではなく，日本の文化への関心度が高いことにもつながっていく．

1940年代から1970年代にかけての日本語教育は，軍事や貿易，日本語教師の養成など仕事をする上での必要性により求められてきたが，国立・私立大学や民間による日本語学校が1990年代から増えていることは，日本語の修得による専門性を持つ仕事に携わることを希望する若者が増えていることだけではなく，語学修得を趣味，つまり教養科目として考える人が増えてきているからであるともいえる．

## 第2節　ベトナムにおける技能実習制度

### 第1項　訪問調査目的及び方法

(1)訪問調査の目的

日本において実施される介護分野の技能実習生の確保・定着に向けての事前調査の一環として，ベトナムから日本への送出し側としての介護分野の技能実習生の現状や制度化される前段階としての取り組みについてヒアリング調査を行った．ベトナムに調査対象地域を特定している理由は，経済連携協定（EPA）及び技能実習制度と関連して日本への外国人労働者の最大の送出し側ともいえる中国については多数の研究がなされているが，それ以外の国つまりインドネシア，フィリピン，ベトナムなどについては中国ほどの研究が進められていないためである．その中でも今回は主にベトナムの技能実習生について調査することとした．ベトナム・ハノイ市に位置する4カ所を対象に，今後日本の介護福祉現場で働くことへの可能性や事業側の取り組み，ベトナム国内における技能実習生の現状について視察した．

(2)調査時期

2015年11月17日〜21日

(3)調査方法

現地訪問学校等のヒアリング調査，資料収集

(4)調査内容

取り組みの主体，取り組み内容，課題の解決策，コスト，工夫点，期待でき

る効果などを中心に調査を行った．その調査内容の概要は次のとおりである．

①実施日時，実施対象，所在地

②介護養成学校の基本情報

③事業概要（法人種類，概要，教師数），沿革，カリキュラムの構成・内容，授業目的及び内容，総授業時間，日本の文化や言語に関する授業の具体的な内容，日本語コミュニケーションレベル，学校側が求める卒業時最終レベルなど．

④年間授業料の内訳

⑤学生募集方法

⑥学生の属性（性別，平均年齢，最終学歴・職歴，家庭の経済状況など）

⑦学生が介護を学ぶ動機を各学校側はどう捉えているか．出稼ぎのためか，学習のためか，現地での就職のためか．

⑧日本以外の送出し国はあるのか，あればどのような取り組みで実施しているのか．

⑨ベトナムにおける介護の現状

⑩その他

　介護分野における技能実習生の送出し側としての工夫点・日本への送出しにより期待できる効果（養成学校側としてのメリット・デメリット，実施に当たっての取り組み内容など），学校関係者が持つ日本に対するイメージはどうか，日本で就職するとどのぐらい滞在するつもりか，長男・長女が日本へ就職目的で来る場合は多いのかなど．

### 第2項　訪問調査からみたベトナム国内の技能実習生の現状

　ベトナム現地における4カ所の事業所を訪問調査した．言葉の壁や文化の違い，時間の制限などの問題点を抱えながらヒアリング調査方法で実施した．そのため，視察もしくは見学という意味合いでの調査といっても過言ではない．また，現地で収集できる資料の制限もあったため，本来の調査内容の項目をすべて聴き取れたわけではないケースもあった．特にカリキュラムに関しては，最初の訪問調査までの目的としては，日本の介護養成学校で実施されているカリキュラムとベトナムの事業所の介護養成に関するカリキュラムの比較であっ

たが，今回の現地調査対象事業所4カ所においては，まだ具体的なカリキュラ
ムなどは作成されていなかった．4カ所とも日本への介護分野における外国人
技能実習生の送出しを希望しているものの，その事業展開に対する準備に関し
ては具体化されたことはなく，日本側の受入れ事業所を模索している段階であ
る．ただ，4カ所とも今まで日本への技能実習生や経済連携協定（EPA）関連
の送出しに関する実績があり，そのノウハウをベースに事業を展開する予定で
あるという事業関係者の言葉を聞くことができた．実際，今回訪問した4カ所
の事業所とも海外への労働者派遣分野において10年以上の実績があり，主な送
出し国としては東南アジア，中東，東欧，アメリカなど様々であった．主な海
外への労働者派遣職種としては建設，工業関係事業への送出しが一番多かった
が，その中でも特に韓国，アメリカにおいては技能実習生ではないが家政婦と
しての派遣ケースもあり，今後日本でも外国人家政婦の積極的な受入れ政策が
行われるようになれば，ベトナムからの受入れも期待できるのではないかとい
う可能性を確認することができた．

　今回のベトナムにおける訪問調査結果の主な内容は次のとおりである．

　(1)観光株式会社 HATTOCO

　①ヒアリング概要

| 実施日時 | 2015年11月19日　10時〜13時 |
|---|---|
| 調査対象 | 観光株式会社 HATTOCO |
| 所在地 | Xa La Urban Areas Ha Dong |

　②観光株式会社 HATTOCO の基本情報[14]

| 事業概要 | ・ベトナムにおいて海外への技能実習生派遣のサポート事業を実施しており，労働者派遣分野における良い実績をもとに企業に対する人材派遣や人材訓練を展開するため教育訓練センターを運営している．<br>・2000年より約14,000名の労働者及び技術専門家，実習生などを主に台湾，韓国，マレーシア，中東，カタールへ派遣している．<br>・現在は，日本における技能実習生に参加を希望する学生を対象に日本語教育や労働者派遣事業を主に行っている． |
|---|---|
| 沿　革 | ・1975年9月20日：ハテイ省人民委員会の認可により，観光株式会社 HATTOCO を設立．<br>・1994年11月：ハテイ省人民委員会は観光株式会社 HATTOCO をハテイ観光局内に属する会社とする．<br>・2006年5月：株式会社として事業を開始，ベトナム傷病兵社会福祉省より，技能実習生派遣業務についての許可書発行． |

| | ・2007年：台湾，韓国，日本などへ外国人派遣労働者の訓練専門学校と連携を図り派遣事業を展開. |
| --- | --- |
| | ・2014年：日本の技能実習生派遣分野に事業拡大. |
| 従業員数 | 約10名. |

（出典）　観光株式会社 HATTOCO のパンフレット[15]より筆者作成.

### ③観光株式会社 HATTOCO における授業内容

#### ㋐日本語教育内容及び日本語レベル

日本語教育は必須科目として取り組んでおり，特に日本への最低派遣条件としてＮ３[16]以上のレベルを取得しなければならない．そのため，『みんなの日本語』というテキストを使用して日本語教育を行っている．また，ベトナムでは治安，犯罪に対する考え方が甘いため，これらに関する教育を書籍，DVD など利用して行っている．

日本の文化については特に指導はしていない．ただし，礼儀正しさとマナーの良さを教育に対する姿勢としている．

日本語教師はベトナム人であり，日本人教師は特に配置していない．ベトナム人教師の場合，日本への留学経験のある人も若干あり，ほとんどの人がベトナムの大学などで日本語を専攻した人である．

#### ㋑教育内容

観光株式会社 HATTOCO は，日本語教育を中心として行う会社である．そのため，主な教育内容としては，Ｎ４～Ｎ３レベルに達するための教育を実施している．日本語教育期間は，３カ月コースと６カ月コースがある．

日本語教育は日常的な会話を行うための日本語教育（３カ月または５カ月）と仕事上での日本語教育（１カ月）で区分している．仕事上での日本語教育約１カ月の課程の中で日本の文化や日本系企業における仕事の姿勢，仕事の規程，規則などの教育も含んでいる．

主な教育内容は次のとおりである．

・日本語教育

——中級レベル（Ｎ４，Ｎ３）を達成するために理解，会話，読解，作文及び生活によく使用される会話を毎日教育している．

——仕事の日本語教育

「chop・chep」方法：日本語において，「chop・chep」は「pechape-

cha」または「pechakucha」と発音する．意味としては連続的に言葉を
話し，何回も繰り返しながら話すことにより言葉に慣れていく，自然に
日本語が飛び出すまで話すという方法である．この日本語教育方法は，
観光株式会社 HATTOCO で独自に作られた教育方法であり，日本のア
ナウンサー式話し方の練習法でもある滑舌の練習方法のうち，早口言葉
を真似た方法である．この方法を用いて高い成果をあげるために「自然
な聴解，会話の反射」＋「自分のため勉強を主導」＋「効果的に勉強の
時間を利用」を実践している．

──質問回答方法

──画像を使って会話を練習する．

──日本の文化

　治安，犯罪に関する法律など．

─日本系企業における仕事の姿勢

　日常での挨拶の仕方，会社での挨拶の仕方，上司に対する言葉の使い方
など．

──日本企業における仕事の規程，規則

　時間厳守，ホウレンソウ，記録の書き方，グループでの仕事方法など．

──専門訓練・技能訓練

　この教育センターの場合，専門訓練は他の技術専門学校と連携・委託し
ている．

──面接参加技能

──オリエンテーション教育

㈢学生の属性及び授業料

　この教育センターに通う学生の約8割以上が募集の段階から日本への技能実
習生を希望している学生であり，毎年4月，10月2学期に分け募集を行ってい
る．残り約2割の学生は日本への進学のための日本語教育を希望する学生や日
本語に興味があり学ぶ学生である．

　学生の約7割以上は18歳～25歳までの年代層であり，高校卒業後この学校で
教育を受けるケースが最も多い．学生が高年齢の場合は，他の仕事から出稼ぎ
のため技能実習生を希望，入学するケース又は4年制大学を卒業後日本への技

能実習生希望のため入学するケースである.

　学生の家庭における経済的状況は，経済的に余裕のある学生もいるがその場合は留学を目的とするケースが多い．日本での技能実習生を希望する学生の中には経済的な余裕のある学生もいるが，ほとんどの学生は出稼ぎを目的とする技能実習であるため，余裕のない学生が大半である．このような場合には，学生・学校・日本側の受入れ先が，分けて費用を分担する場合がほとんどである.

　学生がこの教育センターで日本語を学ぶ動機としては，主に出稼ぎしたいためである．過去の学生から見ると，約3年間の出稼ぎ後，本国へ戻ってくるケースが多い．その学生の中では，長男・長女の場合もある．特に長男・長女の場合は，家族の生活を守るために出稼ぎする場合がほとんどである.

　授業料は，1カ月当たり180万ドン，調査当時のレートで約9440円（教科書，制服，参考書類などを含む）であり，寮の費用としては，1カ月当たり50万ドン，調査当時のレートで約2622円（電気，水道，空調機器を含む）である.

　(エ)日本以外の送り国について

　日本以外には台湾，韓国，マレーシア，中東，カタールへの派遣実績がある.日本においては主に工業関連企業が多い.

　(オ)ベトナムにおける介護の状況

　ベトナムでは介護に関する制度的な措置は設けていない．そのため，金持ちの家庭のみ，病棟や家庭で家政婦としてケアする場合が多い．この場合においても制度は実施されていないため，自費での家政婦雇いとなる.

　介護関連施設においては，ほとんどは病院の病棟でのケアが多く，リゾート型の施設もある．しかし，勤務先としては数が限定されているため，多くの女性はドイツ，台湾などの海外で看護，介護の仕事に携わる場合が多い．この場合，紹介料として本人から約3500ドル～5000ドル（調査当時のレートで約41万円～約59万円）をもらう斡旋事業者もいる.

　(カ)今後の介護分野における技能実習生の送り側としての意見

　現在でも技能実習生として工業や農業などで活躍するベトナム人は多い.

　しかし，劣悪な仕事の環境や月給があまりにも少なく，低賃金による生活困難，残業手当もない場合が多い．実際この教育センターを通して海外へ派遣されたが，賃金をもらえないまま働かされる場合があったため，その会社と取引

を中止したケースもある．日本で約３年〜５年間働くとベトナムでは家を１〜２軒買うことができるといわれているため，学生たちは日本で働きながら必死で貯蓄している．今後日本においても介護分野における技能実習制度が始まるといわれているが，今のような劣悪な仕事の環境を改善してほしい．

(2) SIMCO Song Da 技術・工業・経済職業短期大学

① ヒアリング概要

| 実施日時 | 2015年11月18日　13時〜14時 |
|---|---|
| 調査対象 | SIMCO Song Da 技術・工業・経済職業短期大学 |
| 所在地 | Van Phuc, Ha Dong, Ha Noi |

② 業・経済職業短期大学の基本情報[17]

| 事業概要 | ・不動産開発，工業，オフィス，レジデンスなどの建設工事・鉱山開発や鉱物加工・人材教育及び派遣，子会社または提携会社への投資などの事業活動を行っている．現在は東アジアを中心に人材派遣事業を行っており，今後日本への介護人材派遣事業を模索している．<br>・2014年までに２万９千人以上の専門家，労働者，実習生を台湾，韓国，マレーシア，日本，中東の各国，東欧，アメリカなどへ派遣している．<br>・今回の訪問先である SIMCO Song Da 技術・工業・経済職業短期大学は1997年１月１日事業を開始，2006年12月ハノイ証券取引所に上場した会社である． |
|---|---|
| 沿　革 | ・1997年１月１日：SIMCO Song Da 海外労働協力センターは，SIMCO Song Da グループの新しいメンバーとして誕生．<br>・2000年５月６日：事業拡大に伴い「B 貿易と国際人材会社」に改名．<br>・2006年12月：ハノイ証券取引所に上場．<br>・2007年４月：業態拡大に伴い社名を「SIMCO Song Da 株式会社」に改名．<br>・2009年：「SIMCO Song Da 技術・工業・経済職業短期大学」に改名． |
| 従業員数 | 1000名以上（B グループ全体） |

（出典）SIMCO Song Da 株式会社のパンフレット[18]より筆者作成．

③ SIMCO Song Da 技術・工業・経済職業短期大学における授業内容

㋐日本語教育内容及び日本語レベル

　日本語教育は，最短１カ月から３カ月を目安に指導を行っている．SIMCO Song Da 技術・工業・経済職業短期大学では日本への送出しにおいて経済連携協定（EPA）や外国人技能実習制度を中心に事業を展開している．また，今までの主な取引先としては建設，工業関係が多いため，日本語の教育は最小限にしていると関係者は述べている．基本的には日本語レベルを初級，中級，上級の三つのクラスに分類し，学生はそれぞれの日本語レベルに合った授業を受

講することとなる．実際技能実習生として選ばれるケースは上級の学生が多く，建設や工業などの単純労働分野では仕事の特性上日本語のレベルより技術のレベルをより問われることが多いため，Ｎ４レベル程度の日本語レベルであれば取引先との技能実習生としての受入れのための面接参加は可能であると判断しているからである．

　日本語教育はヘッドホンを利用したリスニング授業やレジュメを利用しての授業があり，日本語を担当する教師はほとんどが国内において日本語を専攻したベトナム人もしくは日本企業での勤務経験があるベトナム人である．日本人教師は３名勤務している．

　日本の文化に関する授業は特には設けていないが，日本人教師や日本語担当教師の内日本での勤務及び技能実習生の経験のある教師がいるため，授業の中で経験に基づく法律，慣習，日本の事情などの最低限の基礎知識が習得できるように取り組んでいる．場合によっては，少人数による集中講義を実施することもあり，こういった場合のほとんどは受入れ企業側からの要請によるケースである．

　(イ)教育内容

　SIMCO Song Da 技術・工業・経済職業短期大学の場合，教室の数は全部で16教室設けており，１日８時間の授業を行っている．教育している職種は，溶接工，鉄の加工，型枠工，鳶職，工業電気工，鉄筋工，建設技術士，電気技師，情報処理技術者，会計士であり，技能実習制度に該当する技能実習第２号対象職72職種の内69職種127作業を対象としている．それ以外にも人材派遣事業の職種として，エンジニア，管理者，通訳者，機械・建設関連の熟練労働者，オペレーター，家事ヘルパーの送出しも実施している．日本への外国人技能実習生の場合には，その中でも特に，建設，工業関係への技能実習を希望する学生が多いため職業訓練を主に実施している．SIMCO Song Da 技術・工業・経済職業短期大学の中では職業訓練が指導できる職業訓練場は屋外を含め計６カ所設けており，配管，木工，アークの溶接，鉄の加工，内装ボード施工作業，電気溶接といった建設業，工業などに関する技術を各種の訓練設備が整った実習授業で習得できるようにしている．そのため，SIMCO Song Da 技術・工業・経済職業短期大学を卒業すると溶接工，建設技術士，工業電気工などの一人前

の技術者として現場で活躍できるようにベトナムの職種関連資格を取得することも可能であり，日本での職業訓練専門学校に近い教育環境を設けている．SIMCO Song Da 技術・工業・経済職業短期大学の場合，母体会社は SIMCO Song Da 技術・工業・経済職業短期大学であるが，SIMCO Song Da 技術・工業・経済職業短期大学が独自に運営している職種短期大学として位置付けられているため，技術面においては海外の受入れ企業としては安心して受入れできるメリットもある．また，職業訓練場の中には別途のブースが設けられているため，選別された学生が受入れ企業から事前教育を受けることも可能である．また，職業訓練教育においては一定期間日本人の技術者，職員による実技指導も行っている．

㈡学生の属性及び授業料

SIMCO Song Da 技術・工業・経済職業短期大学の学生数は，約500人である．その内7割以上の学生は日本への技能実習生を希望しており，残りは台湾，韓国などの他国の技能実習生を希望する学生である．学生の多数は SIMCO Song Da 技術・工業・経済職業短期大学の敷地内にある寮で共同生活をしている．多くの学生が高校卒業後，この SIMCO Song Da 技術・工業・経済職業短期大学に入学し，技術及び日本語を習得後経済連携協定（EPA）や技能実習生，もしくは日系企業に就職する目的をもつ．訪問当時に見たほとんどの学生が男性であり，女性の学生は日本語授業を行っている教室で会うことができた．それは，SIMCO Song Da 技術・工業・経済職業短期大学が建設業，工業といったおそらく男性に特化した職業訓練を実施していたことからだろう．

SIMCO Song Da 技術・工業・経済職業短期大学の授業料についての資料は入手することができなかったため，記すことができない．

㈢日本以外の送り国について

日本以外は，台湾，韓国，マレーシア，中東の各国，東欧，アメリカなどへ送出しており，最近ではフィリピン中部にも送出しの準備をしている．SIMCO Song Da 技術・工業・経済職業短期大学がこのように活発な活動が可能な理由としては，技能実習生だけではなく，経済連携協定（EPA）や人材派遣事業といった多様な送出しシステムを確保しているからであると考えられる．

㊥今後の介護分野における技能実習生の送出し側としての意見

　介護分野における技能実習生の送出しが始まることについて訪問当時の関係者はすでに認知していたため，それに向けての準備を進めていると述べていた．SIMCO Song Da 技術・工業・経済職業短期大学の場合，特に経済連携協定（EPA）に関連してのノウハウや海外への人材派遣，日本への技能実習生の送出しの実績があることを強調していた．特に意見を聞くことは時間上の問題により困難であったが，今までの実績を強調して話したことから考えると，介護分野における技能実習生の送出しについて関心度が高いことには違いない．

(3) Hanoi 医療専門学校

① ヒアリング概要

| 実施日時 | 2015年11月19日　16時〜17時30分 |
| 調査対象 | Hanoi 医療専門学校 |
| 所在地 | Trung Vǎn, Q. Nam Từ Liêm, Ha Noi |

② Hanoi 医療専門学校の基本情報[19]

| 事業概要 | ・実践技能が優秀であり，道徳性が良く患者に対し真剣に向かい合って看護できる専門性の高い看護医療幹部を育成することを目標に主に看護師，薬剤師，助産師などの養成教育を行っている.<br>・現在は専門的技術をもつ看護師などの医療関連従事者をヨーロッパ，アメリカなどへ送出している.<br>・国内においては Ha Dong 中央病院，Nhan Ai 看護施設及び他医療機関へ卒業生を就職させている. |
| 沿　革 | ・2008年7月3日：ハノイ市人民委員会の決定により設立 |
| 従業員数 | 18名 |

（出典）Hanoi 医療専門学校のパンフレット[20]より筆者作成.

③ Hanoi 医療専門学校における授業内容

㋐日本語教育内容及び日本語レベル

　Hanoi 医療専門学校の場合，学校内での日本語教育は共通科目の一環として行われている．しかし，より専門的な日本語教育が必要な場合には，外部の日本語教育学校を利用しており，主に医療関連の授業のみを実施していた．訪問当時の関係者の話によると，主な送り国としてはヨーロッパ，アメリカであったとのことから，医療関係従事者の場合，英語が話せるのであれば業務上の支障はなく，今まで日本語教育の必要性がなかったかも知れない.

㈡教育内容

Hanoi 医療専門学校の教育期間は，メディカルケア学部の職業専門学校，短期大学及び大学を卒業した学生の場合12カ月の教育を受けることとなる．また，高校のみ卒業している場合には24カ月の教育を受けることとなり，修了後は日本での准看護師に当たる資格を取得することができる．

授業内容としては，大きく共通科目，教養科目，専門科目，選択科目，基本実習，卒業実習と分類されており，①共通科目では，防衛教育，政治（マルクスレーニン理論とホーチミン思想など），体育，外国語，法律学，情報学などを教育している．②教養科目では，微生物（寄生虫）に関する授業，解剖，薬理，健康・環境・衛生（健康改善及び人間行動），栄養管理，看護と職業倫理，基礎療養Ⅰ・Ⅱ，心理，伝統医学などを教育している．③専門科目では，感染管理，応急患者治療及び集中治療，内科患者のための医療ケアⅠ・Ⅱ，外科患者医療，小児科患者医療，女性と産婦人科患者医療などを教育している．④選択科目では，地域看護，衛生や病気の予防のどちらかを選択する．⑤基本実習では，内科患者医療実習Ⅰ・Ⅱ，外科患者医療実習，小児科患者医療実習，女性と産婦人科患者医療実習，地域看護を教育している．⑥卒業実習では，卒業（修了）に向けての総合的な最終実習を教育している．主な実習先としては，中央老人医療センター，Ha Dong 総合病院，Nhan Ai 看護研究所及び他医療機関がある．

管理幹部及び教師は医療関連大学，短期大学，専門学校での教員経験がある者であり，教授，副教授，博士，医者も含む．

以上のように Hanoi 医療専門学校では，主に医療，看護関連授業が行われており，「優秀な看護師が優しく道徳のあるお母さんになる」という学校の指針に従って教育を実施している．

㈢学生の属性及び授業料

上記で述べたように学生は二つに分けられており，一つは専門学校，短期大学，大学卒業後の学生もいれば，二つには高校卒業後入学する学生もいる．関係者の話によると，6割以上の学生が高校卒業後入学するケースに当たると述べている．医療専門学校，特に看護師，助産師の養成という特性から女性が多いという．

学生数は，年間約800人から1200人であり，修了後はヨーロッパやアメリカなどへ派遣人材として送出すケースが多く，それ以外の学生は国内での就職となる．

授業料は，1カ月当たり180万ドン〜240万ドン（調査当時のレートで約9780円〜約1万3040円）であり，寮を利用した場合には，1カ月当たり40万ドン〜60万ドン（調査当時のレートで約2173円〜約3260円）で水道，電気代などを含む費用となる．

㈐日本以外の送り国について

経済連携協定（EPA）と関連して看護師を日本へ送出した実績があったHanoi医療専門学校では，主にヨーロッパ，アメリカなどへの派遣事業を行っている．

㈑今後の介護分野における技能実習生の送出し側としての意見

Hanoi医療専門学校では，経済連携協定（EPA）と関連して日本への送出しを経験していたが，ベトナムでは未だ日本でいわれている介護の概念が定着していないことから今後の介護分野における技能実習生の送出しについて悩んでいた．この学校の場合もSIMCO Song Da技術・工業・経済職業短期大学のように日本の介護分野における技能実習生の送出しについてはすでに認知しており，ベトナム内で技能実習生としての基本的な教育を行わなければいけない場合，介護をどのように教育していけばいいのかという疑問があり，ベトナムでの介護の概念はメディカル的なケアに近いと訪問当時の学校関係者は述べていた．また，ベトナムでは医療的なケアも政策的に整備されていないため，一般庶民は自費で受けるしかなく，日本でいう老人福祉施設の数も少ない．このような事情から実際卒業生の中でも海外から学んできた技術を自国では活かせず海外企業に就職する学生も多い．

⑷Dainan大学

①ヒアリング概要

| 実施日時 | 2015年11月18日　14時〜16時 |
|---|---|
| 調査対象 | Dainan大学 |
| 所在地 | Trung Văn, Q. Nam Từ Liêm, Ha Noi |

② Dainan 大学の基本情報[21]

| 事業概要 | ・社会に専門性の高い人材を送出すため「品質・信頼・改善・奉仕」を基本方針としている. |
| | ・技術, テクノロジー, 医療, 看護, 外国語などの分野で質の良い人材を育成することを目標に国際参入を背景とする国内の産業化, 近代化へ奉仕できることを期待している. |
| | ・2014年から2015年までに情報処理技術, 建設・工業技術, 英語, 日本語, 薬剤, 看護などの専攻教育でおよそ6000名の学生を卒業させた. また, 学生のキャリア向上のための日本語クラブ, キャリアセンターなどを設けている. |
| | ・「実践で学ぶ」,「促進させ良好な結果を出すこと」を学校のモットーに近年のような工業時代に見合うような外国語及び専門技術を習得させることで学生へより良い仕事のチャンスを持つことができるようトレーニングしている. |
| | ・日本語能力試験（JLPT）の開催指定学校である. |
| 沿 革 | ・2007年11月私立大学として設立 |
| 従業員数 | 人数不明 |

（出典）　Dainan 大学のパンフレット[22]より筆者作成.

③ Dainan 大学における授業内容

㈠日本語教育内容及び日本語レベル

Dainan 大学は, 日本政府で経済連携協定（EPA）や留学生の日本語レベルテストとして認めている日本語能力試験（JLPT）の開催指定学校として認定されている. また, 大学の中に英語学科, 日本語学科が設けられており, 日本語に関する専門的な知識を習得できることはもちろん日本語クラブにおいて日本の文化についても接することができる機会を設けている. 日本語学科以外の他学科での日本語教育は, 2年生（3学期）で行われるカリキュラムの中で日本語を習得することができる. 卒業時にはN3以上のレベルの資格が取得できるように教育している.

㈡教育内容

Dainan 大学の場合, 大きく4年制と3年制に分類される. その中で今回見学したのは4年制であり, 医療や薬剤に関する専攻の場合, 主に4年制卒業の学生を経済連携協定（EPA）や技能実習生の対象としていると述べている. 4年制, 3年制ともに社会福祉もしくは介護に関する専攻はまだ設けていない. 今後の介護分野における技能実習生の日本への送出しを考慮し設けていく計画であると関係者は述べていた.

Dainan 大学で行われている学科は, 上記の事業概要で述べたように, 情報

処理技術，建設・工業技術，英語，日本語，薬剤，看護であり，実際技能実習生の送出しをしている分野は，看護，情報処理技術，建設・工業技術関連専攻学科である．

4年制の場合，全部で8学期に構成され，基礎教育2年と専攻教育2年で区分される．その詳細な内容については次のとおりである．

・基礎教育：4学期，2年コースで行われ，①1学期では，体育教育，国防教育，マルクス・レーニン理論及びホーチミン思想教育を受ける．②2学期では，社会科学，人文科学に関する教育が行われる．③3学期では，外国語の教育が行われ，英語及び日本語の選択科目がある．④4学期では，数学，IT情報，自然科学に関する教育が行われる．

・専攻教育：基礎教育と同じく4学期，2年コースで行われる．①5学期では，専攻に関連する基礎知識教育が行われ，②6学期では，専攻知識教育，③7学期では，専攻支援知識教育が行われる．④8学期では，実習と卒業論文の作成となる．実習の場合は，外国語専攻を除いた医療，看護，情報処理技術，建設・工業技術関連専攻学科を対象とする．

訪問当時は，建設・工業技術関連専攻学科を見学することとなったが，大学の中で実習できる職業訓練場を設けており，専攻に関連する基礎知識を学んだ上での実習となっていた．

㈼学生の属性及び授業料

Dainan大学の場合は，日本と同じく高校卒業後の学生がほとんどである．しかし，建設・工業技術や看護，IT技術専攻の学生は入学の時点から海外への就職を希望するケースが多く，特に建設・工業技術関連を専攻する学生は日本への就職を希望していると関係者は述べていた．その理由としては，やはり出稼ぎのためであり，また，日本でのキャリアを持つことによって，母国に帰国後も日系企業で働く可能性が高くなるからである．

授業料は，1年間10カ月の授業料と計算しており，医療，薬剤関係の専攻は，1カ月当たり240万ドン〜300万ドン（調査当時のレートで約1万3000円〜約1万6230円）であり，年間2400万ドン〜3000万ドン（調査当時のレートで約13万円〜約16万2300円）である．他学科の場合には，1カ月当たり120万ドン〜180万ドン（調査当時のレートで約6500円〜約9737円）であり，年間1200万ドン〜1800万ドン（調査当

時のレートで約 6 万5000円～約 9 万7370円）である.

　㈋日本以外の送り国について

　Dainan 大学の場合，海外への送出しのみではなく，国内における就職もしているため，学生の就職先は様々であった．海外への送出しは，前述したように建設・工業技術関連は日本が多く，韓国，台湾などにも送出している．看護の場合は，国内での就職とアメリカ，ヨーロッパ，経済連携協定（EPA）関連で日本への送出しをしている．Dainan 大学の場合，大学であるため，技能実習生のみではなく一般的な海外への就職も行っている.

　㈻今後の介護分野における技能実習生の送出し側としての意見

　この学校の場合も他の訪問先と同じく介護分野における技能実習生の日本への送出しについて関心度が高く，今後介護関連の学科を設けることを検討していた．しかし，現在は他学校との協力関係に基づく日本語教育に関する指導やより専門的な技術習得のための指導などの技能実習生としての教育ではなく，就職を主な目的とした教育を行っているため，今後日本での介護分野における技能実習生の送出しが可能となると実際日本語教育以外の技能実習関連の教育から送出しにつながるかどうかは未知数である.

## 第3項　ベトナムにおける訪問調査の結果

以上のように，今回の現地訪問調査の結果は以下の七つの点に整理できる.

①日本語教育内容及び日本語レベルについては，4 カ所とも日本語教育は必須科目もしくは専攻課程として取り組んでいるということである．今回現地訪問調査先の中で，Dainan 大学の場合は，日本語学科を設けており，学科教育の一環として実施していたが，技能実習生の送出しを専門としている他 3 カ所の場合は，日本語教育を必須科目にして取り組んでいた．技能実習生の受入れを専門的にしていた 3 カ所の場合，日本語教育期間は様々であり，最低 1 カ月から最大 6 カ月までのコースとして設けていた.

　しかし，1 カ月～6 カ月というこの日本語教育期間は今までの技能実習生の職種の内，建設・工業関連の場合がほとんどであり，建設・工業関連は言葉のレベルよりは技術的なレベルをより重要視するという点，現場で行われる作業としては単純作業が多いため仕事に関連する基本的な用語，

危険時に必要な日本語のレベルであれば仕事は可能という点からであると考えられる．そのため，訪問時に出会った学生たちの日本語レベルも簡単な挨拶や会話ができる程度のレベルであった．4カ所の学校とも日本語教育以外にも日本の文化や法律，慣習について教育しており，特に DVD を用いた教育や日本での就職歴をもつ先生からの直接的なアドバイス教育方法で行われていた．また，4カ所の内2カ所（観光株式会社 HATTOCO，SIMCO Song Da 技術・工業・経済職業短期大学）では，受入れ先が決まった学生を対象に基本的なビジネスマナー教育も実施していたため，今後日本で生活していく中での基本的な情報をベトナムで学んだ上で入国する学生が過半数であった．

②教育実施方法としては，様々であった．小規模の観光株式会社 HATTO-CO の場合，日本語教育のみを自社で実施し，専門的な技術教育については，連携・委託方式で行われていた．中規模以上の SIMCO Song Da 技術・工業・経済職業短期大学，Hanoi 医療専門学校，Dainan 大学の場合は，自社の中に職業訓練場が設けられており，専門的な技術教育を自社で実施していた．

③学生の属性については，4カ所とも高校卒業後の学生が一番多く，男女比率では日本語や医療・看護教育を専門とする観光株式会社 HATTOCO，Hanoi 医療専門学校の場合，男子学生より女子学生が多く，建設・工業関連の技能実習生の教育を専門とする SIMCO Song Da 技術・工業・経済職業短期大学の場合，男子学生の比率が多かった．技能実習生の内長男・長女の関係なく海外への研修を希望しており，主な目的は出稼ぎであった．

④日本への技能実習生を希望する学生は多く，その理由としては，建設・工業関連の技能実習生の場合，給料面でも良く福利厚生の面でも良いという回答が多かった．ただし，日本企業の場合，規律正しさや規則厳守などを徹底化しているというイメージが学校側に強いため，ビジネスマナーや日本の文化に関する授業の中で取り組んでいると4カ所とも強調していた．

⑤授業料は，1カ月当たり180万ドン（調査当時のレートで約9737円）であり，医療関連学校の授業料は一般技能実習生の授業料の約1.33倍高く1カ月当たり240万ドン（調査当時のレートで約1万3000円）であった．特に Dainan 大

学の場合医療・薬剤関係の専攻は1カ月当たり240万ドン（調査当時のレートで約1万3000円）で，一般専攻は1カ月当たり120万ドン（調査当時のレートで約6500円）で約2倍であった．しかし，日本貿易振興機構（JETRO）の2014年末調査[23]を見ると，ベトナム・ハノイ市の一般工職の平均月給は，367万ドン（調査当時のレートで約1万9853円）であり，これに比べると4カ所の授業料は決して安くはない．

⑥日本以外の送り国については，建設・工業関連の技能実習生の場合は台湾，韓国が一番多く，看護関連の技能実習生の場合は，日本（経済連携協定（EPA）関連），ドイツ，アメリカが多かった．ベトナムの場合，ベトナム戦争後経済政策の一環としての労働力輸出を続けており，主な送り国としては，旧ソ連・東欧から韓国，台湾，日本のようなアジア諸国であった．また，外国で働いているベトナム人労働者が送金した外貨は2011年上半期で10億米ドル[24]であることから考えると，労働力輸出はベトナム人にとって大きな外貨収入源の一つであるといえる．

⑦4カ所とも今後日本への介護分野における技能実習生の送出しを希望していた．その中でも2カ所については，実際日本企業との契約を完了している，もしくは協議中であると回答した．厚生労働省資料[25]によると，技能実習生の日本への受入れ人数は中国が最も多く，その次がベトナム，インドネシアの順となっている．このようなことからすると，今後介護分野における技能実習生の受入れも中国に続きベトナムに大きく期待できると考えられる．


## 第3節　ベトナムにおける技能実習制度の今後の課題

　前節では，ベトナムにおける現地訪問調査による4カ所の技能実習生の教育機関を概観するとともにその内容について七つの点に整理した．最近のマスコミなどによると，日本政府は，オリンピック・パラリンピック関連，東北の復興事業などで不足する建設業の人手を補うためとして，すでに日本にいる外国人がより長く働ける措置をとることを決め，日本で3年間の「技能実習」を終えた人に，継続して滞在する場合には2年間，いったん帰国した人の場合にも

再入国を認め，帰国して1年以上が経過している人には3年間の滞在も認める方針の見込みである．このようなことから，今回実施したベトナムでの訪問調査結果を基にベトナムにおける介護分野の技能実習生の受入れに関する今後の課題について検討することとする．

実際，今回の訪問調査で感じた問題点及び今後の課題は下記のように四つの点に整理できる．

①日本語の教育に関する点である．今回の訪問時の一番の関心はベトナムで行われている日本語教育や介護に関するカリキュラムの整備の有無であった．今後介護分野で技能実習生として働くに当たって社会保障審議会の中でも一番熱く議論されたのが言葉の問題であった．すでに看護，介護分野において受入れをしている経済連携協定（EPA）の制度化に向けての議論の中でもこの言葉の問題が懸念され，経済連携協定（EPA）を通じて日本へ来た外国人の場合多くが社内での同僚とのコミュニケーションが問題だと認識していた．このようなことから考えると，介護分野における技能実習制度においてもコミュニケーション問題は無視できない．実際，外国の留学生が日本の大学への入学や日本国内で就職するため求められる日本語レベルは，一般的にN1〜N2であることを考えると，技能実習制度の目的が技術を習得・研修するためだとはいえN3〜N4[26]を求める日本語レベルでは仕事を学ぶ上で十分だとは言い難い．

特に，看護・介護分野のように人の身体的・精神的状態を理解した上で行わなければならない職種においての技能実習又は研修の場合には，N3〜N2を求めるべきではないかと考えられる．介護の場面において排泄介助を行うにしてもその時の尿・便の状態や皮膚の状態，排泄介助時の利用者とのコミュニケーションのやり取りなどで利用者のあらゆる状態を把握し，スーパーバイザーへその時の状況を報告，記録していかないといけないためである．このようなことから考えると，十分な日本語能力を有しない学生の場合には，技能実習の目的をもって入国したとしても掃除，洗濯といった単純作業に回される場合が多くなるため，技能実習生のスキルレベルは伸びず，技能実習制度の本来の目的から外れる可能性がある．

②ベトナム人の介護に関する認識度が低い点である．今回の訪問調査で明ら

かになったのは,「介護」という言葉の概念がベトナムではまだ定着していないことである.今回の訪問調査先であった Hanoi 医療専門学校の関係者の話によると,ベトナムではまだ医療的な部分の一環として介護を考えていると述べていた.総務省統計局の資料によると,ベトナムの従属人口65歳以上の割合は2010年で6.4%であり,日本は2010年の従属人口65歳以上の割合は23%でベトナムの約3.6倍である.また,WHO 世界保健機関の統計資料[28]によると,2013年ベトナムの平均寿命は76歳で,日本は84歳と日本の方が1.1倍高い.実際,日本での介護保険制度が施行されたのは2000年であり,その時の平均寿命が81歳である.また,2012年の健康寿命もベトナムは66歳であり,日本は75歳である[29]ことから考えると,まだ介護保険制度の必要性も問われる時期ではなく,介護に関する認識度が低いことも理解できる.ベトナム側からすれば,今後の平均寿命の伸びに備えての意味合いでの先進国での技術の習得と考えた方が良いだろう.

　前述したように観光株式会社 HATTOCO,Hanoi 医療専門学校の訪問調査時の関係者の話でも,ベトナムの介護は日本の介護より医療的な看病に近いことや,まだ介護を必要とする高齢者の数は少なく介護を必要としても政策的サービスがないため主に裕福な者を対象とする自費サービスでの看病もしくは総合病院で行われる看病がすべてであるという話にもつながっていくだろう.

　このようなベトナムの事情から考えると,今後日本で行われる介護分野の技能実習生に対する教育はまず何をすべきかがわかってくる.日本は昔から家父長的な家族構成から家族内介護をしている場合が多く,介護現場で働いている介護職員の多くは家族内介護を経験しているケースが多いと思われる.そのため,何らかの形での介護経験があり介護とは何かについての基本的な認識は構築できている状態であった.しかし,ベトナムの場合,まだ介護＝看病の認識が強い,家族内介護の経験が少ないことから,今後介護分野の技能実習生に対しては介護の概念教育が必須科目として不可欠となってくるだろう.いくら3年～5年間の技術研修とはいえ,介護が何かすら解らないまま技術だけを習得することは,介護を専門職と見ず単純労働としてしか見ていないこととなるからである.

③外国人技能実習生の人権問題である．2013年，日本弁護士連合会による外国人技能実習制度の早急な廃止を求める意見書[30]を見ると，労働者の保護という観点からの制度設計がなされていないと指摘し，技能実習生は，技能実習という在留資格が与えられるが，職場移転の自由がないことを述べていた．また，2016年現在の技能実習制度は，技能実習生と送出し機関との間で途中帰国への違約金などを定める契約が締結されているケースもあり，事業主によるパスポートの取り上げなどの人権侵害や研修時間外に労働を行っても残業手当の支給がなかったり，最低賃金以下の賃金しかもらえないなどのことはすでに日本国内でも問題視されている部分である．その結果，日本で技能実習生が職場から逃亡し，不法滞在労働者となって罪を犯す事件などが発生している．これだけではなく，今回の訪問調査時の関係者の話によれば，受入れ先の紹介料として調査当時のレートで約3500ドル〜5000ドル（約41万円〜約59万円）を受け取る幹旋事業者もいる．観光株式会社HATTOCOでの訪問調査の内容のように，ベトナムから日本への技能実習を希望する学生の多くは，出稼ぎを目的としており，経済的に余裕のない学生が大半である．

　このような事情を考慮した上で，日本の受入れ側は技能実習生に対し，日本の「労働基準法」や社会保障制度に関する知識を十分教育する必要があり，外国人専用の人権相談所のようなネットワークに関する情報の掲示[31]を義務化する必要性がある．かつ，人道的な受入れシステムを構築するための日本政府側の管理・監督が必要とされる．また，技能実習生側は自分の身は自分で守るという考えから，日本での労働や生活に関する十分な事前調査が必要となるだろう．この場合，外国人である技能実習生が日本での情報を得ることは限界があるため，送出し機関による受入れ国及び受入れ先に関する正確な情報の提供が義務付けられることが前提となる．

④日本で習得した技術を母国で活用できるかの点である．②でも述べたように技能実習生が帰国後ベトナムで同じ介護分野に従事する比率は低い．その理由は，ベトナムでは日本のような高齢者福祉施設がほとんどなく，介護に関する社会化も不十分であるため，活用できる実質的な場所が少ないからである．実際，今回の訪問調査先のHanoi医療専門学校の関係者も，

母国での就職先が少ないため経済連携協定（EPA）を通じて日本での技術を学んだ医療関係の学生は，病院もしくは日系一般企業に就職すると述べていた[32]．

　現在のベトナムのこのような事情から考えると，介護ニーズが発生していないため技能実習生の実質的な就職につながる可能性は薄いが，今後の高齢化社会に備えるためには，需要と供給の面から考えても日本側での技能実習制度による技術の習得と同時にベトナム側での就職先を増やし，日本で学んだ技術をベトナム国内で持続的に継承，発展させるための国家レベルでの政策が必要だろう．

　そのための提言を本論文においてすべきではあるが，2016年9月現在，ベトナムにおいては介護分野における外国人技能実習制度の具体的実態がほとんどないことや，日本側における介護職の在留資格問題が確定しておらず，これらの点についての分析ができないため，提言にまでは至らなかった．

## 注

1）　坂場三男『大使が見た世界一親日な国・ベトナムの素顔』，宝島社，2015，p. 177.

2）　独立行政法人日本学生支援機構「平成27年度外国人留学生在籍状況調査結果」，独立行政法人日本学生支援機構，2016年3月，p. 4.

3）　公益財団法人国際研修協力機構「技能実習生・研修生統計　2015年12月末分」，公益財団法人国際研修協力機構，2016年3月，http://www.jitco.or.jp/about/data/statistics/statistics-result.pdf，2016年4月25日閲覧.

4）　外務省「最近のベトナム情勢と日ベトナム関係」，http://www.mofa.go.jp/mofaj/area/vietnam/kankei.html，2016年4月25日閲覧.

5）　前掲1），坂場，pp. 177-179.

6）　同上，p. 177.

7）　宮原彬「ベトナムの日本語教育事情」『長崎大学留学生センター紀要』第7巻，留学生センター，1999，p. 139.

8）　グエン・タイン・タムほか2人「ベトナムにおける日本語教育と日本研究の動き」，国際日本文化研究センター，p. 250，http://publications.nichibun.ac.jp/region/d/NSH/series/symp/2015-03-31-1/s001/s031/pdf/article.pdf，2016年4月25日閲覧.

9）　前掲7），宮原，p. 140.

10）　同上.

第6章　ベトナムにおける介護分野の技能実習生確保への取り組み　*121*

11）　前掲8），グエン，p. 250.

12）　宮川俊二『アオザイの国へ』，同友館，2002，p. 102.

13）　グエン・ティエン・ルック「ベトナムにおける近年の日本研究の状況とその特徴」『立命館言語文化研究』第21巻3号，立命館大学国際言語文化研究所，2010，p. 54.

14）　観光株式会社 HATTOCO からの日本語版パンフレットによる.

15）　「観光株式会社 HATTOCO」全日本語版，ベトナム語版があり，ベトナム語版については，ロック氏に通訳してもらった.

16）　日本語能力試験認定の目安

　　　Ｎ１：幅広い場面で使われる日本語を理解することができる.

　　　Ｎ２：日常的な場面で使われる日本語の理解に加え，より幅広い場面で使われる日本語をある程度理解することができる.

　　　Ｎ３：日常的な場面で使われる日本語をある程度理解することができる.

　　　Ｎ４：基本的な日本語を理解することができる.

　　　Ｎ５：基本的な日本語をある程度理解することができる.

　　　https://www.jlpt.jp/about/levelsummary.html，2016年2月8日閲覧.

17）　SIMCO Song Da 株式会社からの日本語版，ベトナム語版パンフレットによる.

18）　「SIMCO Song Da 株式会社」全日本語版，ベトナム語版があり，ベトナム語版については，ロック氏に通訳してもらった.

19）　Hanoi 医療専門学校からの日本語版，ベトナム語版パンフレットによる.

20）　「Hanoi 医療専門学校」全日本語版，ベトナム語版があり，ベトナム語版については，ロック氏に通訳してもらった.

21）　Dainan 大学からの日本語版，ベトナム語版パンフレットによる.

22）　「Dainan 大学」全日本語版，ベトナム語版があり，ベトナム語版については，ロック氏に通訳してもらった.

23）　ジェトロ・ハノイ「2015年ベトナム一般概況」，JETRO，2015年8月，p. 47.

24）　グェン・ティ・ホアン・サー「日本の外国人研修制度・技能実習制度とベトナム人研修生」社会学研究科篇『佛教大学大学院紀要』第41号，2013年3月，p. 21.

25）　厚生労働省，職業能力開発局「技能実習制度の現状」，http://www.mhlw.go.jp/bunya/nouryoku/gaikoku/dl/ginou_data.pdf#search='%E6%8A%80%E8%83%BD%E5%AE%9F%E7%BF%92%E5%88%B6%E5%BA%A6%E3%81%AE%E7%8F%BE%E7%8A%B6'，2016年2月8日閲覧.

26）　前掲16），日本語能力試験認定の目安参照.

27）　総務省統計局『世界の統計2015』，総務省統計局，2015年3月，p. 19.

28）　世界保健機関『World Health Statistics 2015』，世界保健機関，2015年5月，p. 143.

29）　前掲27），総務省統計局，p. 52.

30）　日本弁護士連合会「外国人技能実習制度の早急な廃止を求める意見書」，http://

www.nichibenren.or.jp/activity/document/opinion/year/2013/130620_4.html, p. 3, 2013年 6 月20日閲覧.

31) 国内における外国人用人権相談センターは，法務省による外国人のための人権相談所 http://www.moj.go.jp/JINKEN/jinken21.html，日本弁護士連合会による外国人の人権電話相談 http://www.nichibenren.or.jp/contact/consultation/legal_consultation/osaka/12.html，大阪法務局による外国人のための人権相談 http://www.moj.go.jp/jinkennet/osaka/osaka_sdn18.html などがある．

32) 前掲19)，2015年11月19日の調査による．

# 第7章　日本における介護分野の技能実習生確保への今後の課題

　第1章から第6章まで述べてきたように，日本における家族形態の変化や家族の価値体系の多様化は，同世帯での老親を扶養することを困難とし，高齢者の介護や生活維持を社会全体で支えていかなければならない状況に陥ってきた．また，少子高齢化による老年人口の増加や生産年齢人口の減少は介護労働力の不足問題を起こしている．そのため，多くの高齢者の介護を支援している社会福祉施設や訪問系介護支援事業所などにおいても入所を希望する高齢者は増える一方，介護サービスを提供する労働力の人材不足はますます深刻化していく状況である．

　このような状況から，日本においては，介護分野における開発途上国への技術移転を目的に経済連携協定（EPA）による看護師・介護福祉士の研修制度を実施している．経済連携協定（EPA）の場合，第4章においても述べたように，経済連携協定（EPA）による外国人労働者の受入れであるため，看護・介護労働力不足の対策ではないことを明確に示している．そのため，経済連携協定（EPA）の受入れ人数は限定され，決められた期間内での資格取得及び研修となる．これとは別に2016年現在日本においては，外国人技能実習制度を実施しており，今までの受入れ範囲を介護分野にまで拡大するとの日本政府の方針が示され，法案も作成されているが，まだ実施できず，様々な議論のみがなされている状況である．

　このような状況は，韓国においても同じく発生する可能性の高い問題として韓国社会においても認識している．韓国においても，外国人勤労者雇用許可制度を2016年現在実施しているが，この制度も今後の少子高齢化による介護分野における人材不足問題についての対応策としては捉えられていないのが現状である．

　このようなことを踏まえて，本章の構成は次のとおりである．第1節では，

日本の介護分野における人材不足問題を検討し，ますます深刻化していく労働力不足の現状を明らかにすることとする．第2節では，日本における介護職員の概念及び介護職員養成カリキュラムについて述べることとする．第3節では，2016年現在日本が抱えている介護人材不足問題についてベトナム・ハノイでの現地調査の結果からの問題点や本章の第1節，第2節での問題点を踏まえて検討する．

## 第1節　日本の介護分野における人材不足問題

　日本において，少子高齢化による介護労働力不足問題は年々深刻化していく傾向である．第1章でも述べたように，老年人口1人を支える生産年齢人口数は，1970年には1人の高齢者を9.8人で支えていたのに対し，2015年には1人の高齢者を2.7人で支え，2030年には1人の高齢者を2.2人で支えなければならない状況となる見込みである．そのため，老年人口1人を支える生産年齢人口の負担率は，1970年から2030年までに4倍以上となることが予想できる．また，日本の少子高齢化の特徴としてよく挙げられるのは，後期高齢者の急激な増加である．後期高齢者の場合，認知症や寝たきりといった要介護状態になる可能性が高く，このような要介護状態の高齢者を介護していくためには，介護サービスを提供する労働力が必要とされるのである．

　社会保障審議会の「介護人材の確保について[1]」によると，団塊世代が75歳以上となる2025年に向けて介護サービスを充実させていくためには，237万人から249万人の介護人材が必要であると予想されており，そのためには毎年6.8万人から7.7万人の介護人材を確保する必要があると強調している．

　また，介護労働安定センターの「介護労働実態調査[2]」によると，介護事業所における従業員の過不足感については，61.3％が「大いに不足，不足，やや不足」と回答しており，「適当」は38.2％であった．これは介護労働安定センターの2015年度介護労働実態調査に比べると，「大いに不足，不足，やや不足」と感じている事業所は2％増加しており，「適当」と感じている事業所は逆に2％減少している[3]．加えて，従業員が不足している理由については，「採用が困難である」が70.8％で，「事業を拡大したいが人材が確保できない」が20.3

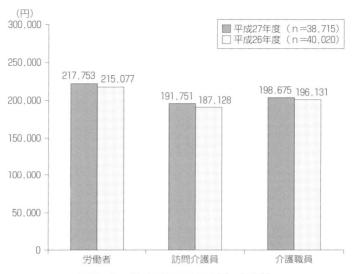

**図7-1 労働者の所定内賃金（月給）**

（出典）介護労働安定センター業務部雇用管理課「平成27年度『介護労働実態調査』の結果」，公益財団法人介護労働安定センター，2016年，p. 2.
※労働者とは，訪問介護員，サービス提供責任者，介護職員，看護職員，介護支援専門員，生活相談員，PT・OT・ST等，管理栄養士・栄養士をいう．ただし，事業所管理者（施設長）を除く．

%，「離職率が高い」が15.8％となっている[4]．採用が困難である理由については，「賃金が低い」が57.4％で，「仕事がきつい」が48.3％を示しており，いわゆる3Kの仕事といわれている介護の仕事は，仕事内容のきつさに比べ，賃金が低いため人材が確保し難いことが予想できる．図7-1をみるとわかるように，介護事業所に従事する従業員すなわち労働者の平均賃金は，21万7753円／月であり，社会福祉施設で働く介護職員より介護支援事業所に属するいわゆる訪問介護員の月給が約6924円低く，介護事業所に従事する従業員の平均賃金においても約2万6002円低いことがわかる．

表7-1は，2000年から2014年までの年度別就業形態及び性別入職・離職率を示した表である．表7-1を見てみると，2000年の入職者の割合は14.7％で，その中でも一般労働者（11.8％）よりパートタイム労働者（28.1％）が約16.3％多いことがわかる．また，2005年の入職者の割合は17.4％であり，一般労働者（13.4％）よりパートタイム労働者（31.0％）が約17.6％多い．2010年の入職者の

## 表 7-1　年別就業形態性別入職・離職率

| 区分／年 | | | 2000 | 2001 | 2002 | 2003 | 2004 | 2005 | 2006 | 2007 | 2008 | 2009 | 2010 | 2011 | 2012 | 2013 | 2014 |
|---|---|---|---|---|---|---|---|---|---|---|---|---|---|---|---|---|---|
| 入職率 | 計 | 計 | 14.7 | 15.1 | 14.5 | 14.7 | 15.7 | 17.4 | 16.0 | 15.9 | 14.2 | 15.5 | 14.3 | 14.2 | 14.8 | 16.3 | 17.3 |
| | | 男 | 12.1 | 12.3 | 11.7 | 11.7 | 13.6 | 14.2 | 13.5 | 13.6 | 11.7 | 12.7 | 12.0 | 11.9 | 12.4 | 13.7 | 14.0 |
| | | 女 | 18.7 | 19.5 | 18.7 | 19.4 | 18.6 | 21.8 | 19.5 | 19.0 | 17.8 | 19.1 | 17.1 | 17.1 | 18.1 | 19.7 | 21.6 |
| | 一般労働者 | 計 | 11.8 | 11.7 | 11.5 | 11.5 | 12.6 | 13.4 | 12.6 | 12.5 | 11.0 | 11.5 | 10.9 | 11.0 | 11.3 | 12.6 | 13.0 |
| | | 男 | 10.4 | 10.4 | 9.9 | 9.9 | 11.4 | 11.4 | 11.3 | 11.2 | 9.4 | 9.6 | 9.3 | 9.7 | 9.8 | 10.8 | 10.9 |
| | | 女 | 15.0 | 14.7 | 15.2 | 15.4 | 15.1 | 17.7 | 15.4 | 15.3 | 14.6 | 15.5 | 13.9 | 13.8 | 14.3 | 16.2 | 17.2 |
| | パートタイム労働者 | 計 | 28.1 | 30.6 | 26.9 | 27.6 | 27.1 | 31.0 | 27.7 | 26.7 | 25.2 | 27.2 | 24.2 | 24.1 | 26.0 | 26.8 | 29.9 |
| | | 男 | 38.8 | 41.2 | 35.2 | 34.3 | 37.7 | 41.2 | 35.5 | 35.1 | 35.3 | 38.2 | 33.2 | 30.6 | 34.5 | 34.7 | 37.4 |
| | | 女 | 25.3 | 27.7 | 24.5 | 25.7 | 24.0 | 27.8 | 25.2 | 24.0 | 22.2 | 23.7 | 21.3 | 21.9 | 23.3 | 24.0 | 27.3 |
| 離職率 | 計 | 計 | 16.0 | 16.9 | 16.6 | 16.1 | 16.0 | 17.5 | 16.2 | 15.4 | 14.6 | 16.4 | 14.5 | 14.4 | 14.8 | 15.6 | 15.5 |
| | | 男 | 13.2 | 13.9 | 13.7 | 13.1 | 13.4 | 14.6 | 13.3 | 13.0 | 12.2 | 14.4 | 12.1 | 12.3 | 12.6 | 13.2 | 13.2 |
| | | 女 | 20.2 | 21.6 | 20.9 | 20.8 | 19.4 | 21.7 | 20.0 | 18.8 | 18.0 | 19.0 | 17.6 | 17.2 | 17.6 | 18.7 | 18.5 |
| | 一般労働者 | 計 | 13.5 | 14.2 | 14.2 | 13.3 | 13.1 | 13.8 | 13.1 | 12.2 | 11.7 | 12.9 | 11.3 | 11.7 | 11.5 | 12.4 | 12.2 |
| | | 男 | 11.6 | 12.3 | 12.3 | 11.4 | 11.2 | 11.7 | 11.3 | 10.7 | 10.0 | 11.6 | 9.7 | 10.3 | 10.2 | 10.7 | 10.8 |
| | | 女 | 17.6 | 18.7 | 18.5 | 17.5 | 17.0 | 18.3 | 17.0 | 15.3 | 15.3 | 15.7 | 14.3 | 14.6 | 14.2 | 15.8 | 15.1 |
| | パートタイム労働者 | 計 | 27.6 | 29.1 | 26.4 | 27.8 | 26.7 | 30.3 | 26.3 | 25.9 | 24.8 | 26.7 | 24.1 | 23.1 | 25.1 | 24.7 | 25.1 |
| | | 男 | 37.9 | 38.1 | 32.1 | 34.1 | 37.6 | 42.5 | 33.0 | 33.5 | 35.1 | 37.1 | 30.6 | 29.6 | 33.4 | 31.1 | 31.9 |
| | | 女 | 25.0 | 26.7 | 24.8 | 26.0 | 23.5 | 26.4 | 24.3 | 23.5 | 21.7 | 23.3 | 22.0 | 20.9 | 22.3 | 22.4 | 22.8 |

（出典）　厚生労働省「雇用動向調査[5]」各年より筆者作成.

割合は14.3％で，2010年においても一般労働者（10.9％）よりパートタイム労働者（24.2％）が約13.3％多い．2014年の入職者の割合は17.3％であり，過去の数値と同様に一般労働者（13.0％）よりパートタイム労働者（29.9％）が約16.9％多い．

　2000年から2014年までの年度別就業形態及び性別離職率を見てみると，2000年の離職者の割合は約16.0％であり，一般労働者（13.5％）よりパートタイム労働者（27.6％）が約14.1％多い．2005年の離職者の割合は17.5％であり，一般労働者（13.8％）よりパートタイム労働者（30.3％）が約16.5％多く，2010年の離職者の割合は14.5％であり，2005年と同様に一般労働者（11.3％）よりパートタイム労働者（24.1％）が約12.8％多い．2014年の就業形態及び離職者の割合は15.5％であり，2014年においても一般労働者（12.2％）よりパートタイム労働者（25.1％）が約12.9％多い．

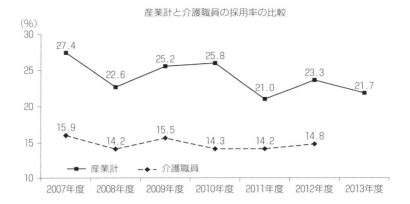

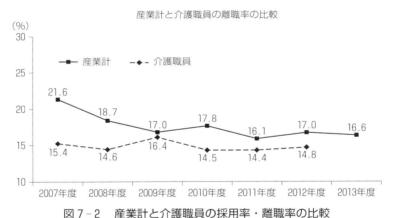

**図7-2 産業計と介護職員の採用率・離職率の比較**
(出典) 社会保障審議会福祉部会福祉人材確保専門委員会「介護人材の確保について」，第1回社会保障審議会福祉部会資料2，2014年10月27日，p. 13.

つまり，2000年から2014年にかけて全体的に就業形態及び入職・離職者の割合は一般労働者に比しパートタイム労働者の入職・離職者の割合が大きい傾向ではあるが，合計から考えると，入職・離職者の割合の幅には大きな変化は見られないのが事実である．

第4章第1節において，介護職員の離職率を簡略に述べたが，もう一度介護職員の採用率・離職率について見てみることにする．

このように，鉱業，採石業，砂利採取業からサービス業までの合計を表す産

業計と介護職員の採用率の比較では，産業計の採用率は2007年の15.9％から年々低下傾向にあり，介護職員の採用率も2007年の27.4％から同じく低下している．この状況は近年においても変わりはなく，2012年の産業計の採用率は14.8％で，介護職員の採用率は23.3％となっていることが分かる．また，2007年の産業計の採用率と介護職員の採用率の差は11.5％であったのに対し，2012年の産業計の採用率と介護職員の採用率の差は8.5％であることから，介護職員の採用は産業計の採用に比べ積極的であることがわかる．

産業計と介護職員の離職率を見てみると，産業計の離職率は，2007年の15.4％から一時期を除き年々低下しており，介護職員の離職率も2007年の21.6％から同じく低下していることがわかる．2007年の産業計の離職率と介護職員の離職率との差は6.2％であった．2012年の産業計の離職率は14.8％で，介護職員の離職率は17.0％となっており，介護職員の離職率が産業計の離職率に比べ2.2％高く，介護職員の職場移動が激しかった2007年に比べ2012年は比較的安定していることがわかる．

このように，パートタイム労働者の多い介護の現場の介護職員に対する採用意欲は高いけれども，パートタイム労働者の入職・離職者の割合が大きいことから，今後いかに安定的に介護人材を確保し，質の高いサービスの提供へとつなげていくかが課題となる．

## 第2節　日本における介護職員の概念及び介護職員養成カリキュラム

### 第1項　介護職員の概念及び実態

日本における介護職員は，介護福祉士，ホームヘルパーと大きく二つに分類することができる．ここでも，介護分野における外国人技能実習制度の観点から介護職員として，介護福祉士，ホームヘルパーを対象にする．

介護福祉士とは，1987年3月23日に中央社会福祉審議会等福祉関係三審議会の合同企画分科会から提出された「福祉関係者の資格制度の法制化について」に基づき同年5月26日に制定された「社会福祉士及び介護福祉士法」（昭和62年法律第30号）に基づく資格である．介護福祉士は，「社会福祉士及び介護福祉士法」第2条第2項において，専門的知識及び技術をもって身体・精神上の障害

があることにより日常生活を営むのに困難な者に対し，心身の状況に応じた介護を行うことやその介護者に対して介護に関する指導等を行うことを業とする者と定義している．また，日本介護福祉士会によると，介護福祉士とは，制度創設から現在に至りその役割に大きな変化があると述べ，身の回りの世話をするだけの介護から高齢者や障害者等の生活全般に関わることで利用者の暮らしの大半を支え，要介護者のみならず，要支援者に対する自立に向けた支援やその家族への支援をともに実施すること[6]を介護福祉士の定義として示している．また，2007年12月5日の「社会福祉士及び介護福祉士法」改正においては，介護福祉士の役割や介護を取り巻く様々な社会環境の変化に適応するため，相談援助や介護等に関する知識及びスキルの向上に努めなければならないこととし[7]，介護福祉士の質の向上をより一層目指すことを示した．

　また，介護職員の専門性について，①利用者の自立に向けた介護過程を展開し，理論的根拠に基づいた質の高い介護を実践する，②自ら介護等に関する知識及び技能の向上に努めるだけではなく，自立に向けた介護技術等，具体的な指導・助言を行う，③利用者の心身の状況に応じて適切なサービスが提供されるように提供サービス関連事業者との連携を定期的に図らなければならないと示している[8]．

　このように，従来の看病人や家庭内における派遣メイドのような単純サービスの提供のみならず，介護等に関する知識や技能の向上を図ると共に介護を必要とする者へ専門的な技術を持つ労働者としての質の高い介護人材を提供するための努力を持続的に行ってきた．そのため，いわゆる特別養護老人ホームや有料老人ホーム，訪問介護事業所などでの介護サービスの質は各現場で介護を提供する介護福祉士やホームヘルパーの質に比例するといっても過言ではない．また，各現場で働く多数の人材が介護福祉士やホームヘルパーであることを考えると，これらの専門性に関する議論を行うことは重要であるに違いない．

　このような視点からすると，介護保険制度での介護サービスを提供するに当たって介護福祉士やホームヘルパーの役割は非常に重要だといえる．

　表7-2を見てみると，介護職員の資格の取得が近年においても増加傾向であることがわかる．このように，介護保険制度が施行された2000年の介護福祉士登録者数は，21万732人であり，特に，2000年の21万732人と2010年の89万

表7-2　介護福祉士登録者数の推移

（単位：人）

| 区　分（年） | 2000 | 2005 | 2010 | 2011 | 2012 | 2013 | 2014 |
|---|---|---|---|---|---|---|---|
| 国家試験 | 120,315 | 281,998 | 632,566 | 706,975 | 794,419 | 881,078 | 979,380 |
| 養成施設 | 90,417 | 185,703 | 265,863 | 277,491 | 291,575 | 302,901 | 314,106 |
| 総　数 | 210,732 | 467,701 | 898,429 | 984,466 | 1,085,994 | 1,183,979 | 1,293,486 |

（出典）　厚生労働省「介護福祉士登録者数の推移」，p. 6．公益社団法人日本介護福祉士養成施設協会「介護人材に関する意見書」，公益社団法人日本介護福祉士養成施設協会，p. 5．

8429人の差は大きく，介護保険制度施行後約10年間で68万7697人が増加しており，2010年から2014年にかけても持続的な増加傾向にあることがわかる．年々高齢化が進み介護需要が高まることから介護職員は増えているにもかかわらず，介護の各現場における人材不足問題は解消できていない．

### 第2項　介護職員の資格取得のための教育課程

⑴介護福祉士の資格取得方法及び教育内容の基本的な考え方

　介護福祉士の資格を取得するには，図7-3のように①介護の現場にて実務経験3年以上従事し，実務者研修を経た者が国家試験に合格した場合，②2年以上の介護福祉士養成施設を卒業した場合，③指定された福祉系大学，社会福祉士養成施設，保育士養成施設等を卒業後，1年以上の介護福祉士養成施設を卒業した場合，④福祉系高等学校で指定カリキュラムを終え卒業し，国家試験に合格した場合，⑤経済連携協定（EPA）による実務経験3年以上，介護技能講習又は実務者研修を受け，国家試験に合格した場合である．

　介護福祉士の資格取得方法の主な内容は次のとおりである[9]．

　①介護の現場にて実務経験3年以上従事し，実務者研修を経た場合には，受験資格となる実務経験は実務経験の対象となる介護の現場及び職種での在職期間をいい，従業期間3年（1095日）以上が必要となる．加えて従事日数は，従業期間内において実際に介護サービスの業務に従事した日数をいい，従事日数540日以上が必要となる．これらに加え実務者研修を受ける必要があり，実務者研修を修了した場合には実技試験が免除される．②高等学校等を卒業し，2年以上の介護福祉士養成施設での経験がある場合には，国家試験なしで介護福祉士の資格を取得することができ，③指定された福祉系大学，社会福祉士養成

第7章　日本における介護分野の技能実習生確保への今後の課題　*131*

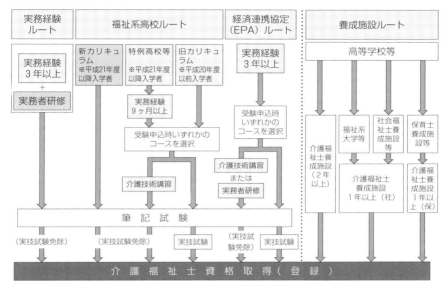

**図7-3　介護福祉士の資格取得方法**
(出典)　公益社団法人日本介護福祉士会のホームページによる．http://www.jaccw.or.jp/fukushishi/shutoku.php，2016年8月12日閲覧．

施設，保育士養成施設等を卒業後，1年以上の介護福祉士養成施設での経験がある場合にも国家試験なしで介護福祉士の資格取得ができる．④福祉系高等学校で指定カリキュラムを終え卒業した場合には，介護技術講習を受ける必要はないが，特例高校等を卒業した場合は9カ月（273日）以上かつ従事日数135日以上の実務経験が必要となり，2008年以前の入学者に関しては介護技術講習を受けての筆記試験のみで資格取得，もしくは筆記試験及び実技試験を受ける必要がある．⑤経済連携協定（EPA）による場合には，①と同様の実務経験3年（1095日）以上，従事日数540日以上が必要となり，介護技術講習又は実務者研修を受けての筆記試験のみで資格取得，もしくは筆記試験及び実技試験を受ける必要がある．

しかし，介護福祉士の受験内容として2016年時点では，筆記試験及び実技試験を受けるか，筆記試験及び介護技術講習を受けるかによって実施しているが，2017年1月より実技試験が廃止され実務者研修が義務化される．そのため，介護福祉士の受験資格を得るためには，必ず実務者研修を受けなければならなく，

実技試験を免除したい場合には，介護技術講習を修了しなければならない．

　介護福祉士の養成課程に関する教育内容の基本的な考え方は，厚生労働省の「これからの介護を支える人材について」にて示されている．その内容を見てみると，介護福祉士の国家資格に求める水準として，介護を必要とする多様な利用者への基本的な介護が提供できる能力を図るため，養成課程における教育内容を幅広く持続的な教育が実践できるようにすることを教育内容の基本的な考え方としている．

　このように，介護福祉士養成におけるカリキュラムの考え方としては，他者へのコミュニケーション能力も有し，あらゆる介護場面に対応できる基礎的な介護知識・技術を学習することはもちろん，利用者本位のサービスを提供するための介護関連職種との連携を通じたチームワークの理解，的確な記録の方法，人権擁護や職業倫理への理解などを目標に実施されている．そのため，介護技術のみならず，介護に関する理論的知識を基礎から的確に学習することにより介護福祉士の資格取得後，各現場での業務遂行が容易に実施できるのである．

　この考え方に基づいて今後外国人技能実習生に適用する場合には，大きく次の三つに留意していかなければならない．

①利用者を人生の先輩として，尊厳の気持ちを持ち接することである．「人間と社会」では，人間の理解，社会の理解について学ぶことができる．人間の理解では，利用者の尊厳，自立や権利擁護，アドボカシーなどについて修得し，利用者に接する上での基本的な考え方である利用者本位の支援を実施するため必要不可欠な教育内容である．利用者を一人の人間として理解を深めることによって介護の実践に必要なコミュニケーション技術に関する基礎知識を修得することができる．

　社会の理解では，日本における家族の概念や核家族化による介護に対する意識の多様化や地域社会の理解などを始め，日本の介護を支えている社会保障制度の歴史的変遷や仕組み，介護保険制度の仕組みや介護保険における組織・団体の役割，介護関連専門職の役割などについて修得することができる．また，「個人情報保護法」や「高齢者虐待防止法」，難病や感染病などに関する予防対策などについて修得することもできる．

　これらは，日本の文化や日本人の生活習慣，日本語の理解などの面につ

第 7 章　日本における介護分野の技能実習生確保への今後の課題　　*133*

## 表 7 - 3　介護福祉士養成カリキュラムの考え方（ 2 年課程の場合）

| 区 | 分 | 教育内容 | 教育目標 | 教育に含むべき事項 |
|---|---|---|---|---|
| 人間と社会 | 人間の理解 | 人間の尊厳と自立（必須） | 人間としての尊厳の保持と自立・自律した生活を支える必要性について理解し，介護場面における倫理的課題について対応できるための学習を行う． | 人間の尊厳と自立，介護における権利擁護，アドボカシーなど． |
| | | 人間関係とコミュニケーション（必須） | 介護実践のために必要な人間の理解や情報伝達に必要なコミュニケーション技術に関する基礎知識の学習を行う． | 人間関係の形成に必要な自己覚知，他者への理解や対人関係とコミュニケーションの意義，技法，道具を用いた言語的コミュニケーションなど． |
| | 社会の理解 | 社会の理解 | ①個人が自立した生活を営むということを理解するため，個人，家族，近隣，地域，社会の単位で人間を捉える視点を養い，人間の生活と社会の関わりや自助から公助に至る過程について理解するための学習を行う．<br>②日本の社会保障の基本的な考え方，歴史と変遷，仕組みについて理解する学習を行う．<br>③介護に関する近年の社会保障制度の大きな変化である介護保険制度と障害者自立支援制度について，介護実践に必要な観点から基礎的知識を習得する学習を行う．<br><br>④介護実践に必要とされる観点から，個人情報保護や成年後見制度などの基礎的知識を習得する学習を行う． | ①生活と福祉の観点から家族の概念や変容，構造，家族観の多様化，地域やコミュニティの概念，社会，組織の概念，機能及び役割，エンパワーメントなど．<br>②社会保障の基本的な考え方，日本の社会保障制度の発展や仕組み，福祉六法など．<br>③―1介護保険制度創設背景及び目的，介護保険制度の仕組みや動向，介護保険制度における組織・団体の役割，介護関連専門職種の役割など．<br>③―2障害者自立支援制度の創設背景及び目的，障害者自立支援制度の仕組みや動向など．<br>④―1個人の権利を守る制度の概要として個人情報保護に関する制度，成年後見制度，高齢者虐待防止法など．<br>④―2保健医療福祉に関する概要として高齢者保健医療制度，生活習慣病予防や健康づくり施策，難病や感染病等に関する予防対策など． |
| | 選択 | | ①生物や人間等の「生命」の基本的仕組みの学習（例）生物，生命科学，②数学と人間の関わりや社会生活における数学の活用の理解と数学的・論理的思考の学習（例）統計，数学（基礎），経理，③家族・福祉，衣食住，消費生活等に関する基本的な知識と技術の学習（例）家庭，生活技術，生活文化，④組織体のあり方，対人関係のあり方（リーダーとなった場合の）人材育成のあり方についての学習（例）経営，教育，⑤現代社会の基礎的問題を理解し，社会を見つめる感性や現代を生きる人間としての生き方について考える力を養う学習（例）社会，現代社会，憲法論，政治・経済，⑥その他の社会保障関連制度についての学習． | |

| 区　　分 | 教育内容 | 教育目標 | 教育に含むべき事項 |
|---|---|---|---|
| 介護 | 介護の基本 | 尊厳の保持，自立支援という介護の考え方を理解するとともに，「介護を必要とする人」を生活の観点から捉えるため学習する．また，介護における安全やチームケア等について理解するための学習とする． | 介護の歴史を始め，介護福祉士を取り巻く状況，介護福祉士の役割と機能を支える様々な仕組み，QOL，ノーマライゼーションの考え方から尊厳を支える介護について理解する．また，自立に向けた介護を実践するために利用者本体の考え方，自立支援，個別ケア，リハビリテーション，介護を必要とする人への理解，介護サービスの概要や介護サービス提供の特徴，介護実践における多職種連携，地域連携，介護従事者の倫理，介護における安全の確保とリスクマネジメント，介護従事者の心身の健康管理など． |
| | コミュニケーション技術 | 介護を必要とする者の理解や援助的関係，援助的コミュニケーションについて理解するとともに，利用者や利用者家族，あるいは多職種協働におけるコミュニケーション能力を身につけるための学習とする． | 介護におけるコミュニケーションの基本，介護場面における利用者・家族とのコミュニケーション，記録による情報の共有コミュニケーションなど． |
| | 生活支援技術 | 尊厳の保持の観点から，どのような状態であっても，その人の自立・自律を尊重し，潜在能力を引き出したり，見守ることも含めた適切な介護技術を用いて，安全に援助できる技術や知識について習得する学習とする． | 生活支援の理解，自立に向けた居住環境の整備，自立に向けた身じたくの介護，多職種の役割と協働や安全で的確な移動・移乗介助，利用者の状態・状況に応じた移動の介助の留意点，食事介助，入浴・清潔保持のための介助，排泄介助，家事援助など． |
| | 介護課程 | 他の科目で学習した知識や技術を統合して，介護課程を展開し，介護計画を立案し，適切な介護サービスの提供ができる能力を養う学習とする． | 介護課程の意義及びアセスメント方法，自立に向けた介護課程の実践的な展開，介護課程とチームアプローチなど． |
| | 介護総合演習 | 実習の教育効果を上げるため，介護実習前の介護技術の確認や施設等のオリエンテーション，実習後の事例報告会または実習期間中に学生が養成施設等において学習する日を計画的に設けるなど，実習に必要な知識や技術，介護課程の展開の能力等について，個別の学習到達状況に応じた総合的な学習とする． |
| | 介護実習 | ①個々の生活リズムや個性を理解するという観点から様々な生活の場において個別ケアを理解し，利用者・家族とのコミュニケーションの実践，介護技術の確認，多職種協働や関係機関との連携を通じてチームの一員としての介護福祉士の役割について理解する学習とする． |

| 区　分 | 教育内容 | 教育目標 | 教育に含むべき事項 |
|---|---|---|---|
| | | ②個別ケアを行うために個々の生活リズムや個性を理解し，利用者の課題を明確にするための利用者ごとの介護計画の作成，実施後の評価やこれを踏まえた計画の修正といった介護過程を展開し，他科目で学習した知識や技術を総合して，具体的な介護サービスの提供の基本となる実践力を習得する学習とする． | |

（出典）　厚生労働省社会・援護局福祉基盤課「介護福祉士養成課程における教育内容等の見直しについて（案）」，厚生労働省，2008年7月，p. 11．厚生労働省社会・援護局福祉基盤課「新しい介護福祉士養成カリキュラムの基準と想定される教育内容の例（案）」，厚生労働省，2008年7月，pp. 1-8.

いて十分な知識を修得していない外国人が日本の介護現場で利用者や日本人職員との信頼関係を形成していく上で大事なことである．そして，介護を実施する上でのその根拠法となる「介護保険法」や「個人情報保護法」に関する知識などを習得することは，介護職員とはどのような仕事を主に行い，どのような対象者に介護を実施し，利用者の尊厳の保持・自立支援の観点からどのような注意をしなければならないのかなどについて修得することにつながる．

②「介護」においては，介護とは何かについて知識を修得することができ，前章でも述べたように，ベトナムのように介護に対する概念が確立されていない国の外国人は必ず知識を修得しなければならない項目でもある．介護を必要とする人はどのような人であり，どのような生活の観点から支えていくべきであるのかについて知識を修得することによって介護場面における利用者・その家族とのコミュニケーション技術やその人らしく生きることを重要視する日本の介護において様々な利用者への適切な支援の仕方へつなぐことができるだろう．

　このような生活支援への理解を深めた上で介護技術に関する知識を修得することにより，利用者への安全で安心できる介護サービスの提供が可能となる．

③介護技術は正しい理論と多様な経験で習得できるものである．介護の仕事は専門職であるため，正しい理論を修得し経験を積むためには一定以上の実習を要する．そのため，適切な介護総合演習や介護実習が行われることによって個別ケアを理解し，利用者・家族とのコミュニケーションをとることにより利用者個々の生活リズムに合った介護サービスの提供が可能と

なる．この考え方からすると介護技術を修得することも重要ではあるが，
それ以上に介護現場での直接のふれあいが重要である．

　以上のように，介護福祉士養成におけるカリキュラムは，本来日本人の介護
職員を対象に作成されたものであるが，今後介護分野における外国人技能実習
生の教育のためにも欠かせないものである．そのためには，外国人技能実習生
のためのカリキュラムを作成する必要がある．

　(2)介護技術講習と実務者研修

　2005年の改正前の介護福祉士試験は，第22条にて筆記試験と実技試験の方法
により実施されることになった．実技試験は，筆記試験に合格した者のみが受
けることができ，筆記試験は，社会福祉，家政及び保健衛生の基礎的知識，介
護等に関する専門的知識を主な問題内容として実施していた．2005年の改正に
より「社会福祉士及び介護福祉士法施行規則」第23条第２項にて規定されるよ
うになった介護技術講習は，前述したように，実技試験を免除したい場合受け
るものである．しかし，この介護技術講習は，2017年度の介護福祉士試験から
廃止となる代わりに実務者研修が今後介護福祉士取得に必須条件となる．

　次の表7‐4は，介護技術講習の項目及び時間数を示した内容である．

　介護福祉士の国家試験を受けるに当たっての要件の一つとなる介護技術講習
とは，介護福祉士学校又は介護福祉士養成施設が実施するものであり，規定さ
れたカリキュラムによって実施される．介護技術講習を行う趣旨としては，介
護福祉士試験を取り巻く現状から実技試験の受験者が年々増大しており，受験
する実務経験者等の質の向上も重要な課題となっている．それは，介護福祉士
指定養成施設等において行う介護等に関する専門的技術についての講習を修了
した者に対して実技試験を免除する制度を導入することにより，介護福祉士試
験受験者の介護技術の向上や実技試験における負担軽減等を通じた実技試験の
適正な実施を図るためである[11]．

　このように，介護技術講習の場合には，七つの介護技術に関する項目から講
習を受けることとなり，合計32時間の時間数を４日間にわたって行うのが一般
的である．

　2017年１月から義務化される実務者研修とは，2016年３月「社会福祉士及び
介護福祉士法」改正法（平成28年法律第21号）施行によって設けられた[12]．「社会福

## 表7-4　介護技術講習の項目及び時間数

| 項　目 | 内　容 | 時間数 |
|---|---|---|
| 介護過程の展開 | ①介護における目標等の講義，②事例に基づく介護過程に関する講義及び演習. | 6 時間 |
| コミュニケーション技術 | コミュニケーション技法に関する講義及び演習. | 2.5時間 |
| 移動介助 | ①社会生活維持拡大への技法に関する講義及び演習，②安楽と安寧の技法に関する講義及び演習. | 6 時間 |
| 排泄介助 | 排泄の介助に関する講義及び演習. | 4 時間 |
| 衣服の着脱介助 | 衣服の着脱の介助に関する講義及び演習. | 3 時間 |
| 食事介助 | 食事の介助に関する講義及び演習. | 3 時間 |
| 入浴介助 | ①入浴の介助に関する講義及び演習，②身体の清潔の介助に関する講義及び演習. | 4 時間 |
| 総合評価 | 7 項目の講習内容の修得に関わる評価. | 3.5時間 |

（出典）　厚生労働省社会・援護局福祉基盤課「介護福祉士養成課程における教育内容等の見直しについて（案）」，厚生労働省，2008年 7 月，p. 72.

祉法等の一部を改正する法律の施行について（通知）」（平成28年 3 月31日社援発0331第41号社会・援護局長通知）の主な内容としては，2016年改正法により， 3 年以上の介護実務経験者が介護福祉士試験を受験する場合，実務者研修の受講が義務づけられ，2016年に実施される介護福祉士試験から適用されることとなった[13]．また，過去に実務者研修を受講した者については，免除されることとなり，実務者研修の受講期間が 1 ヵ月以上あって修了した場合には，受験資格を得られるものとした[14]．

　「社会福祉法等の一部を改正する法律の施行について（通知）」（平成28年 3 月31日社援発0331第41号社会・援護局長通知）の主な趣旨としては，教育内容の根本的な見直しをすることにより，介護の実践の基盤となる教養や倫理的態度を涵養する，尊厳の保持や自立支援の考え方を踏まえ，生活を支えるために必要な専門的知識・技術を学ぶ，多職種協働や適切な介護の提供に必要な専門的知識を学ぶとの観点から設けられた[15]．

　公益財団法人介護労働安定センターの説明によると[16]，2015年からの介護福祉士試験を受験しようとする実務者に対して実務者研修の受講が義務づけられたものであり，幅広い利用者に対する基本的な介護提供能力の修得に加え，医療的ケアに関する知識及び技能の修得を目的としており，2014年から実施された

ものである.

表7-5は，実務者研修の項目及び時間数を示したものである．この表を見
てみると，実務者研修における合計受講時間は450時間である．これはあくま
でも未経験・無資格の人が受講する場合のカリキュラムであり，介護職員基礎
研修修了者は医療的ケアの50時間講習を受けることとなる．訪問介護員1級修
了者は，介護過程Ⅲの45時間講習と医療的ケアの50時間講習を受けることとな
る．訪問介護員2級修了者，介護職員初任者研修修了者は，社会の理解Ⅱ，コ
ミュニケーション技術，介護過程Ⅱ・Ⅲ，発達と老化の理解Ⅰ・Ⅱ，認知症の
理解Ⅰ・Ⅱ，障害の理解Ⅰ・Ⅱ，こころとからだのしくみⅡ，医療的ケアの講
習を受けることとなり，合計受講時間は320時間である．

　最も受講時間の少ない介護職員基礎研修修了者及び訪問介護員1級修了者は，
基礎レベルは習得しているものとして見なすため，1ないし2科目の講習を受
けるのみでその講習時間数も少ない．しかし，訪問介護員2級修了者，介護職
員初任者研修修了者は，介護の基礎レベルであると見なすため12ないし17科目
の講習を受けることとなる．

　また，2016年までの実施である介護技術講習の七つの介護技術に関する項目
から考えると，実務者研修の講習項目はより充実しているといえる．講習時間
も介護技術講習の32時間から450時間と大幅に増加しており，実務者研修の場
合は約6カ月間にわたる講習となるのが一般的である．

　これらの実務者研修の項目を今後外国人技能実習生に適用する場合には，大
きく次の三つに留意していかなければならない．

①現在の実務者研修のカリキュラムはあくまでも日本人向けの教育であるた
　め，介護福祉士の義務や尊厳保持及び尊厳を支えるための支援方法，利用
　者の状態に合った介護のあり方などについて学習する介護の基本Ⅰ・介護
　の基本Ⅱ，コミュニケーション技術，利用者の自立に向けた支援のあり方
　などを学習する生活支援技術Ⅰ・生活支援技術Ⅱ，事例に基づく介護のア
　セスメント技術を学習する介護過程Ⅰ・介護過程Ⅱ・介護過程Ⅲなどと主
　に介護実践に必要な知識を中心としたカリキュラムに時間数の割合が集中
　している．そのため，介護の基礎レベルにあたる人間の尊厳と自立や社会
　の理解Ⅰは各5時間の時間数を要している．実務者研修の場合，日本では

第7章 日本における介護分野の技能実習生確保への今後の課題 *139*

## 表7-5 実務者研修の項目及び時間数

| 項　目 | 内　容 | 時間数 |
|---|---|---|
| 人間の尊厳と自立 | 尊厳の保持，自立・自律の支援，ノーマライゼーション，利用者のプライバシーの保護，権利擁護等，介護の基本的理念が理解できるよう学習を行う. | 5時間 |
| 社会の理解 I | 介護保険制度の体系，目的，サービスの種類と内容，利用までの流れ，利用者負担，専門職の役割等を理解し，利用者等に助言できるよう学習を行う. | 5時間 |
| 社会の理解 II |  | 30時間 |
| 介護の基本 I | 介護福祉士の義務，資格取得方法，尊厳の保持と自立に向けた介護を提供するための尊厳を支えるケア，リハビリテーション，多職種との連携，移動・移乗介助，利用者の状態・状況に応じた移動の介助の留意点，食事介助，入浴・清潔保持のための介助，排泄介助，家事援助などの学習を行う. | 10時間 |
| 介護の基本 II |  | 20時間 |
| コミュニケーション技術 | 介護を必要とする者の理解や援助的関係，援助的コミュニケーションについて理解するとともに，利用者や利用者家族，あるいは多職種協働におけるコミュニケーション能力を身につける. | 20時間 |
| 生活支援技術 I | 生活支援の理解，自立に向けた居住環境の整備，自立に向けた身じたくの介護，ICF の概念などについて学習を行う. | 20時間 |
| 生活支援技術 II |  | 30時間 |
| 介護過程 I | 介護過程の目的及び意義，介護における目標等の講義，事例に基づく介護過程について学習を行う. | 20時間 |
| 介護過程 II |  | 25時間 |
| 介護過程 III |  | 45時間 |
| 発達と老化の理解 I | 発達の定義，発達段階，発達課題，老年期の発達課題，老化，障害，喪失，経済的不安，うつ等による支援の留意点について理解，高齢者に多い症状や疾病等への支援の留意点について理解する. | 10時間 |
| 発達と老化の理解 II |  | 20時間 |
| 認知症の理解 I | ①認知症ケアの取り組みの過程を踏まえ，認知症ケアの理念を理解する. | 10時間 |
| 認知症の理解 II | ②認知症による生活上の障害，心理・行動の特徴や認知症の人やその家族に対する関わり方の基本を理解する. | 20時間 |
| 障害の理解 I | ①障害の概念の変遷や障害者福祉の歴史を踏まえ，今日的な障害者福祉の理念を理解する. | 10時間 |
| 障害の理解 II | ②障害（身体・知的・精神・発達障害・難病等）による生活上の障害，心理・行動の特徴を理解する.<br>③障害児者やその家族に対する関わり・支援の基本を理解する. | 20時間 |
| こころとからだのしくみ I | 人体の構造と身体各部の名称・役割を理解し，終末期における心身のケアについて学び，介護を実践する. | 20時間 |
| こころとからだのしくみ II |  | 60時間 |
| 医療的ケア | 医療的ケアを安全・適切に実施するために必要な知識・技術の学習を行う. | 50時間 |

（出典）　厚生労働省社会・援護局福祉基盤課「実務者研修における「他研修等の修了認定」の留意点について」（平成23年11月4日社援基発1104第1号），厚生労働省，2011，p. 3, pp. 6-7.

訪問介護員2級修了者，介護職員初任者研修修了者がレベルアップや指定
訪問介護事業所内でのサービス提供責任者の資格条件のため受講する場合
が多いため，介護の基礎知識は有していることを前提としている．しかし，
2017年1月から実務者研修は今後日本で介護福祉士の資格を取得するため
必須となるものの，外国人介護労働者が介護福祉士を取得するためのカリ
キュラムとしては，介護の基礎知識にあたる人間の尊厳と自立，社会の理
解，介護の基本Ⅰ・介護の基本Ⅱ，コミュニケーション技術をより充実す
る必要がある．それは，今回ベトナムの訪問調査でも明らかになった介護
の概念が確立されていないことと深く関連する．

②実務者研修における合計受講時間は450時間である．日本人向けのカリキ
ュラムとしては，介護技術講習に比べると実務者研修の時間数はより充実
しており，一般的に約6カ月間にわたり受講することとなるが，主に出稼
ぎを目的として来日する外国人介護労働者にとっては約6カ月間の受講は
長すぎるに違いない．技能実習生の場合，約1カ月間の日本での研修を受
けるのが一般的であり，技術に関しては日本へ入国する前に送出し機関で
基本的なスキルを修得したケースがもっとも多いのが現状である．経済連
携協定（EPA）の場合は，実務経験3年以上を有することを前提として日
本の介護福祉士の受験資格が得られる．また，外国人を対象に1日7時間
の学習を毎日行うとしても約2.5カ月はかかることから考えると，日本国
内のみでの介護分野における技能実習生の教育は現実的に困難であるとい
える．

③上記の450時間の受講を行う場合の経済的な問題が指摘できる．上記のカ
リキュラムを習得するためには短時間でも約2.5カ月を必要とするため，
日本内で技能実習生がカリキュラムを消化する間の収入源は無いことを留
意しなければならない．2016年現在の法律上技能実習生として入国した者
は指定事業所以外での実習は禁止されているため，時間外労働つまり，ア
ルバイトをすることもできない．そうすると，介護の仕事は無資格では利
用者に直接触れることができない特性から介護に関する資格を取得もしく
は修了するまでには指定事業所内で介護以外の仕事に携わらなければなら
ない．介護現場において介護外の仕事としては，介護職員の補助的な役割

を担う者としての仕事や掃除，洗濯のような生活支援に該当する仕事がある．しかし，掃除，洗濯のような生活支援の場合，指定訪問介護事業所における訪問介護の介護報酬対象となるため，無資格の者に遂行させるには現実的に無理がある．

以上のように三つの点を指摘したが，介護の仕事は，専門的な知識と経験を必要とするため，日本へ入国する前の送出し機関での基礎的知識や技術の修得が重要であるだろう．送出し機関による事前教育が十分にできている場合であれば，日本国内での教育も時間・費用が節約でき，介護現場での仕事へスムーズに移管できるに違いない．そのためには，送出し機関と日本の受入れ機関とのより密接な連携が必要となる．

(3)介護職員初任者研修の養成

いわゆる訪問介護員もしくはホームヘルパーといわれている資格は，2013年3月で廃止された．介護の各現場で活躍する介護関連職業の中から大半を占めるのが介護職員初任者研修（旧ホームヘルパー）である．

この制度は2013年4月から旧ホームヘルパー2級の廃止とともに新たに設けられた制度である．従来のホームヘルパー制度を廃止した理由としては，2007年「社会福祉士及び介護福祉士法」改正のなかで，介護福祉士の資格取得方法の一元化を図るためである[17]．つまり，介護福祉士の資質の向上に向けて介護福祉士資格取得方法として一定の教育プロセスと国家試験を課すことにしている[18]．しかし，この見直しについては，介護人材不足問題などの厳しい状況から過去2回施行の延長が行われた経緯を持つ[19]．そのため，従来のホームヘルパー2級の資格から介護職員初任者研修の資格へと移行することにより，介護職の養成体系を一元化することができるようになったといえる．

厚生労働省「今後の介護人材養成の在り方について」では，高齢化率の増加や世帯構造の変化による高齢者単独世帯や高齢者夫婦世帯の増加，安定的に質の高い介護サービス提供のための介護人材の確保及び質の向上を図るためであると介護職員初任者研修への移行背景を述べている[20]．

その主な内容は図7-4のとおりである．

このように，介護人材養成におけるキャリアパスの方向性が介護職員初任者研修→実務者研修→介護福祉士→認定介護福祉士と変更され，明確にわかりや

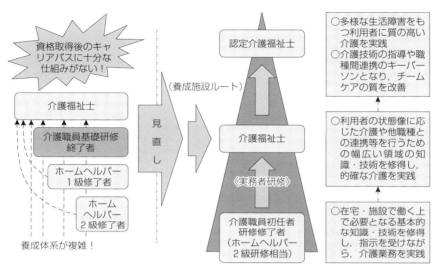

**図7-4　今後の介護人材キャリアパス**
(出典)　今後の介護人材養成の在り方に関する検討会「今後の介護人材養成の在り方について(概要)」，厚生労働省，2013，p. 3.

すい資格取得ルートに一本化され，介護職員に占める介護福祉士の割合を増やすことを図っている．

　介護職員初任者研修の養成における内容を見てみると，次のとおりである．

　従来のホームヘルパー2級と介護職員初任者研修の違いは，ホームヘルパー2級は訪問介護において身体介護・家事援助をするために必要な資格であった．要介護認定を受けた高齢者や障害者の在宅を訪問し，入浴，排泄などの身体介護や，生活援助などの生活全般の介護サービスを提供するための資格であったのに対し，介護職員初任者研修は，在宅・施設を問わず，介護職として働く上で基本となる知識・技術を修得する研修であると位置づけている．しかし，その内容から見てみると，介護職における基礎的知識や技術を修得する意味においてはホームヘルパー2級との違いはほとんどない．

　また，ホームヘルパー2級と介護職員初任者研修の研修時間は130時間で同様であるが，130時間に対する内訳が変更となったのみである．ホームヘルパー2級の場合には，講義時間58時間，介護援助技術時間42時間，施設での実習30時間となっていたが，介護職員初任者研修の場合には，講義時間40時間，介

第7章　日本における介護分野の技能実習生確保への今後の課題　　*143*

## 表7‑6　介護職員初任者研修の項目及び時間数

| 項　　目 | 内　　　容 | 時間数 |
|---|---|---|
| 職務の理解 | 在宅におけるケア等の実践について，介護職がどのような環境でどのような形でどのような仕事を行うのか，具体的なイメージを持って実感し，研修に実践的に取り組めるようになる．介護保険サービス（居宅，施設），介護保険外サービス等に関する多様な介護サービスの理解，視聴覚教材の活用，現場職員の体験談，サービス事業所における受講者の選択による実習・見学等を活用した介護職の仕事内容や働く現場の理解などの学習を行う． | 6時間 |
| 介護における尊厳の保持・自立支援 | 利用者の尊厳のある暮らしを支える専門職であることを自覚し，自立支援，介護予防という介護・福祉サービスを提供することを目的とする．アドボカシー，エンパワーメント，利用者のプライバシー保護，介護分野におけるQOL，ICF，ノーマライゼーション，虐待防止，身体拘束禁止，利用者の自立や介護予防の理解などの学習を行う． | 9時間 |
| 介護の基本 | 介護職に求められる専門性と職業倫理の必要性に気づき，職務におけるリスクとその対応策のうち重要なものを理解する．介護を必要としている人の個別性を理解し，その人の生活を支えるという視点からの支援を理解する．介護職の役割や専門性，他職種との連携，介護職の職業倫理，リスクマネジメント，介護職の心身の健康管理などの学習を行う． | 6時間 |
| 介護・福祉サービスの理解と医療との連携 | 介護保険制度の理解，医療職種との連携，リハビリテーション，障害者自立支援制度，個人情報保護法，成年後見制度等の理解などの学習を行う． | 9時間 |
| 介護におけるコミュニケーション技術 | 高齢者や障害者のコミュニケーション能力は一人ひとり異なることと，その違いを認識してコミュニケーションを取ることが専門職に求められていることを認識する．介護におけるコミュニケーション技術や記録・報告等におけるコミュニケーション技術などの学習を行う． | 6時間 |
| 老化の理解 | 加齢・老化に伴う心身の変化や疾病について，生理的な側面から理解する．老化に伴うこころとからだの変化と日常生活への影響，高齢者の疾病と生活上の留意点などの学習を行う． | 6時間 |
| 認知症の理解 | 介護において認知症を理解することの必要性に気づき，認知症の利用者を介護する時の判断の基準となる原則を理解する．認知症ケアの理念，医学的側面から見た認知症の基礎と健康管理，認知症に伴うこころとからだの変化と日常生活，家族への支援技術などの学習を行う． | 6時間 |
| 障害の理解 | 障害の概念とICF，障害者福祉の基本的な考え方について理解し，介護における基本的な考え方について理解する．障害の概念とICF，ノーマライゼーションの概念，障害の医学的側面，生活障害，心理・行動の特徴，かかわり支援等の基礎的知識，障害の理解・障害の受容支援等の家族への支援技術などの学習を行う． | 3時間 |

| 項　目 | 内　容 | 時間数 |
|---|---|---|
| こころとからだの しくみと生活支援 技術 | 介護技術の根拠となる人体の構造や機能に関する知識を習得し，安全な介護サービスの提供方法等を理解し，基礎的な一部または全介助等の介護が実施できる．<br>①基本知識の学習……10〜30時間程度：介護の基本的な考え方，介護に関するこころのしくみの基礎的理解，介護に関するからだのしくみの基礎的理解などの学習を行う．<br>②生活支援技術の学習……50〜55時間程度：生活と家事，快適な居住環境整備と介護，整容に関連したこころとからだのしくみと自立に向けた介護，移動・移乗に関連したこころとからだのしくみと自立に向けた介護，食事に関連したこころとからだのしくみと自立に向けた介護，入浴，清潔保持に関連したこころとからだのしくみと自立に向けた介護，排泄に関連したこころとからだのしくみと自立に向けた介護，睡眠に関したこころとからだのしくみと自立に向けた介護，死にゆく人に関したこころとからだのしくみと終末期介護などの学習を行う．<br>③生活支援技術演習……10〜12時間程度：介護過程の基礎的理解，総合生活支援技術演習などの学習を行う． | 75時間 |
| 振り返り | 研修全体を振り返り，本研修を通じて学んだことについて再確認を行うとともに，就学後も継続して学習・研鑽する姿勢の形成，学習課題の認識を図る．就業への備えと研修終了後における継続的な研修などの学習を行う． | 4時間 |

（出典）　雇用均等・児童家庭局総務課「他制度の認定研修のカリキュラム等について」，厚生労働省，2011，pp. 8-12.

護援助技術時間90時間となっている．主な違いとしては，現場での実習がなくなり，必要に応じて施設の見学等を実施することができる．

　介護職員初任者研修の研修時間は合計130時間である．10項目に分類されており，職務の理解 6 時間，介護における尊厳の保持・自立支援が 9 時間，介護の基本が 6 時間，介護・福祉サービスの理解と医療との連携が 9 時間，介護におけるコミュニケーション技術，老化の理解，認知症の理解が各 6 時間，障害の理解が 3 時間，こころとからだのしくみと生活支援技術が75時間，振り返り学習が 4 時間となっている．これらの研修終了時には，筆記試験による修了評価を 1 時間程度受けなければならない．

　**表 7 - 6** の内容を見てみると，職務の理解は介護職員初任者研修の業務に関する基本的な原則と専門性を持つ職種としての介護サービスの理解などを主な内容としており，講義と演習を中心に必要に応じて施設の見学等を実施するようにしている．介護における尊厳の保持・自立支援，介護・福祉サービスの理

解と医療との連携，介護におけるコミュニケーション技術，老化の理解，認知症の理解，障害の理解では，主に講義と演習を中心に行われ，利用者の自立に向けた支援，介護予防に関する理解，利用者との接し方，その家族へのコミュニケーション技術，職場における記録の仕方や他職種との連携におけるコミュニケーション技術等から記録と報告の業務に対する目的及び重要性を学び，加齢に伴う老化による様々な老人性疾病の医学的観点からの理解，介護保険制度や障害者自立支援制度等の様々な制度の理解などの講習を行っている．介護の基本では，介護職員の自己管理や安全管理を主な内容としており，健康管理，ストレスの管理，自己啓発などの研修を講義と演習で学習することになる．こころとからだのしくみと生活支援技術では，基本知識の学習，生活支援技術の学習・演習に分類し，排泄介助，入浴介助，衛生に関する予防事項，移乗・移動介助，感染予防に関する事項，ターミナルケアなどの介護サービス提供時に必要な基礎的知識を学習する．これのみならず，家事及び日常生活の支援に関わる研修も行っており，いわゆる，食事の準備や洗濯，掃除，外出の手伝い，必要に応じての薬服用の見守りといった生活支援に関わる基礎的知識の研修も行う．こころとからだのしくみと生活支援技術は75時間の講義と演習で構成されており，介護職員初任者研修の合計研修時間の半分以上の時間割となっている．介護職員初任者研修を受けるほとんどの受講生は，訪問介護や施設介護の業務に従事しようとする場合が多いため，こころとからだのしくみと生活支援技術で実施しているすべての介護援助技術に関わり，利用者への安全にも影響を及ぼすため，こころとからだのしくみと生活支援技術の講義と演習は介護職員初任者研修の項目の中では非常に重要である．振り返りの研修では，それまでに行った介護に関する基礎的知識の復習を行い，必要に応じて施設の見学等を実施することができる．

　これらの内容による介護職員初任者研修の研修受講期間は，各養成機関で定めたコースによって様々であるが，早期終了の場合には約1カ月間の研修で修了することができる．

　介護職員初任者研修の項目及び時間数を今後外国人技能実習生に適用する場合には，大きく次の三つに留意していかなければならない．

　①介護職員初任者研修は，在宅や施設を問わず介護職員として働く上で基本

的な資格となる．そのため，カリキュラム内容も介護に関する基本的な知識・技術を修得することを目的としている．しかし，介護とは何かを考えるための項目はなく，職務の理解，介護の基本などのような介護職とは何かから始まるカリキュラム内容となっている．そのため，家庭内での介護経験がない若者や介護の概念が確立されていない外国人に対しては，介護の本質や介護福祉論のような介護の理念，目的，歴史などを含むカリキュラム内容が必要である．[21] 介護職員初任者研修のカリキュラムにおいても介護における尊厳の保持・自立支援の項目は存在するが，9時間の研修であるため介護の概念のない外国人に理解させるには時間的に限界がある．

　介護職員初任者研修カリキュラムは利用者が高齢者だと前提している．そもそも介護職員初任者研修を修了した者は，高齢者を対象とする福祉施設や医療機関，在宅介護を実施する指定訪問介護事業所などへ就職する場合が多いため，その内容も老化の理解，認知症の理解などと高齢者の介護に向けての基礎知識を修得する．外国人の場合においても今後高齢者の介護を主に行う受入れ機関が多いことを考えると，老化の理解，認知症の理解のような知識の修得は必要不可欠である．つまり，受入れ機関の種類によって介護の理論的知識や介護技術などのカリキュラム内容の差をつける工夫が必要である．例えば，介護老人福祉施設（特別養護老人ホーム）と障害者施設では利用者の状態が違うので，それらの施設におけるサービスを念頭においたカリキュラムが必要であると考えている．介護老人福祉施設利用者は老化や認知症などが中心であり，障害者施設利用者は自立や社会参加の促進のためのサービスが中心になる．また，介護職員初任者研修のカリキュラムでは，こころとからだのしくみと生活支援技術の項目で演習を実施しているが，これはあくまでも演習を中心とした項目であるため，実習の義務がない．そのため，日本人の受講者でも介護の現場を体験する機会がなく，修了後初めての経験となる．外国人の場合，介護が初めてである場合もあり，カリキュラム内容として介護技術の修得のみならず，介護現場の見学や実習などを行うべきである．

②介護職員初任者研修の合計研修時間は130時間である．これは実務者研修の合計研修時間450時間に比べると３分の１以下の時間数であり，今まで

介護を経験したことのない外国人に対しての教育時間としては短すぎる.

また，理論的な基礎知識を修得する時間は51時間（職務の理解，介護における尊厳の保持・自立支援，介護の基本，介護・福祉サービスの理解と医療との連携，介護におけるコミュニケーション技術，老化の理解，認知症の理解，障害の理解）であるため上記で述べたような介護の概念，目的，歴史などを修得するには困難である．したがって，研修時間の大幅な増加が必要である.

また，こころとからだのしくみと生活支援技術の場合，研修75時間のうち，生活支援技術演習は10～12時間であり，生活支援技術の学習（50～55時間）で修得した技術を実践するには短時間である.

③日本人向けの場合，受講終了時には筆記試験（1時間）による修了評価が行われる．しかし，筆記試験は介護職員初任者研修実施機関によって実施するため，試験問題に関する規定はなく，試験問題内容も様々である．そのため，外国人を対象に試験問題を提出する場合にも合格させようと思えば誰でも合格できるシステムとなっている．つまり，日本の受入れ機関が受入れることだけを目的に試験を実施した場合には，介護現場での介護職員の質の問題や利用者への介護事件につながる可能性がある．介護は利用者が安心して安全に暮らせるよう支援していくために行われることであるため，外国人を対象に実施する場合には，行政側からの筆記試験問題の規定もしくは筆記試験問題の届出などを設ける必要がある.

また，外国人を対象に行う試験であるため，日本語での試験を実施する場合にはひらがな表記を行うことや母国語での試験が可能となることや試験実施時間などの配慮が必要である.

以上のように，日本における介護福祉士養成のカリキュラムの考え方や実務者研修のカリキュラム，介護職員初任者研修のカリキュラムの内容及び時間数を見てきた．今後外国人介護労働者を受入れるためにはカリキュラムの改善も必要であることが明らかになった．日本語や日本の文化に関する教育は最優先課題として必要であり，介護における基礎的知識として介護の概念，介護職の役割，高齢者介護・医療への理解，コミュニケーション技術，介護技術・演習のほか，日本の介護現場の理解なども必要である．また，このようなカリキュラムを修得するためには相当な時間を要することとなり，そのためには外国人

技能実習生の送出し機関と受入れ機関との密接な関わりによる事前教育も必要である．

　今後どのような形で介護分野における外国人技能実習生の受入れが決まるか未知数であるが，介護の現場は利用者の命や生活全般を支援する専門性を持つ仕事であることを認識しなければならない．そのためには，介護福祉士養成カリキュラムの考え方を参考に，すでに日本国内で実施している実務者研修のカリキュラム内容や介護職員初任者研修のカリキュラム内容を綿密に検討し，介護分野における質の良い外国人技能実習生を養成するためのカリキュラムを考えていかなければならない．また，経済連携協定（EPA）が人手不足問題を解決するための目的ではないとしても，経済連携協定（EPA）における厳しすぎる規制の影響により人材の受入れ人数を間接的に制限してしまうことの裏返しとして，外国人技能実習生の受入れが何らの規制もないまま介護職として機能するのであれば日本の介護現場は人手不足以外の新たな問題に直面することとなる．[22]

## 第3節　日本における介護分野の人材確保問題

　第1節から第2節まで見てきたように，日本における団塊の世代の高齢化に伴い，介護サービスの需要は年々増加していく反面，介護サービスを提供する介護人材は重労働や低賃金のイメージも強く，慢性的な人手不足に悩んでいる．日本は，働きながら資格を取る人の賃金や受講料を公費で負担する介護雇用プログラムやハローワークでの求職者と介護事業所とのマッチング機能を強化するなど，介護分野における人材を呼び込むための対策や介護福祉士の退職届出を義務化することで復帰しやすい体制を整えること，今後の外国人労働者の活用など様々な対策を考えてきた．[23] このような日本政府の対策にもかかわらず，介護現場における人材不足は未だに続いている大きな課題として残されており，人材不足問題はこれからますます深刻になっていくと予想できる．このような問題意識から，本論文では，介護分野における人材不足問題対策の一つとして外国人労働者の確保の観点から，日本における経済連携協定（EPA）や外国人技能実習制度の導入背景やその仕組みなどについて検討してきた．

特に，第2章においては，日本における外国人介護労働者の受入れに関する議論について述べた通り，今後介護分野における外国人介護労働者の受入れは必要不可欠であるが，介護の仕事は，利用者の日常生活全般を支え，必要に応じて専門性の高い技術による介助を行わなければならない．そのため，介護における専門的な技術や知識を持っていない外国人介護労働者の受入れに関する賛否が激しいことから様々な指摘や懸念に対応する必要がある．そのためには，今後日本の介護分野における外国人技能実習生の受入れは，どのような観点から考えていくべきであるのか．

第6章ベトナムにおける介護分野の技能実習生確保への取り組みによるベトナム・ハノイでの現地調査を行った結果から考えると，次のように整理できる．

第一に，日本語教育の不十分さが指摘できる．実際，重要な介護技術の一つとして修得しなければならないのがコミュニケーション技術である．特に，看護・介護分野のように人の身体的・精神的状態を理解した上で行わなければならない職種においての技能実習又は研修の場合には，Ｎ3〜Ｎ2を求めるべきではないかと考えられる．介護の場面において排泄介護を行うにしてもその時の尿・便の状態や皮膚の状態，排泄介護時の利用者とのコミュニケーションのやり取りなどで利用者のあらゆる状態を把握し，スーパーバイザーへその時の状況を報告，記録していかないといけないためである．また，第7章第2節の介護職員養成カリキュラムを見てみると，2年課程の介護福祉士養成カリキュラムでは，人間としての尊厳の保持と自立した生活を支えるため，介護場面における権利擁護やアドボカシーなどの人間の尊厳と自立に関する教育を設けている．加えて，介護実践のために必要なコミュニケーション技術を様々な角度から学習している．介護職員初任者研修養成カリキュラムにおいても，介護における尊厳の保持・自立支援，介護におけるコミュニケーション技術の学習を行っている．2年課程の介護福祉士に比べると介護職員初任者研修での学習は合計18時間と短い時間ではある．これはあくまでも日本語を母語として使用している場合であり，介護分野の外国人技能実習生の場合は，より膨大な時間割合をこの介護における尊厳の保持・自立支援，介護におけるコミュニケーション技術の学習に当てなければならない．

第二に，ベトナム人の介護に関する認識度が低い点である．第6章で述べた

訪問調査で明らかになったのは，「介護」という言葉の概念がベトナムではまだ定着していないことである．このことから考えると，2年課程の介護福祉士養成カリキュラムでは，介護の歴史を始め，介護福祉士を取り巻く状況，介護福祉士の役割と機能を支える様々な仕組み，QOL，ノーマライゼーションの考え方から利用者の尊厳を支える介護について十分な学習を行う必要がある．また，介護過程の項目からは，介護過程の意義及びアセスメントの方法，実践的な展開に関する事例学習を行う必要がある．介護職員初任者研修養成カリキュラムにおいても，在宅におけるケア等の実践について，介護職がどのような環境で行われているのかを視聴覚材料や現場職員の対談，介護現場の見学の実施などの学習により職務の理解をさせなければならない．加えて，介護・福祉サービスの理解と医療との連携，他関連職種との連携についても学習する必要がある．

　このようなことから介護分野における外国人技能実習生の確保やそのカリキュラムの検討に当たって考えられるのが「まんじゅう型」から「富士山型」への介護人材の構造転換である．この介護人材の構造転換に関する考え方は，厚生労働省第4回社会保障審議会福祉部会において，今後の介護人材の確保のための具体的な方策の一環として提示されたものである[24)]．

　その主な内容をみてみると，下記のように介護人材の構造転換として五つの目指すべき姿を示している[25)]．

　　①すそ野を拡げる：人材のすそ野の拡大を進め，多様な人材の参入促進を図る．
　　②道を作る：意欲や能力や役割分担に応じたキャリアパスを構築する．
　　③長く歩み続ける：一旦介護の仕事についた者の定着促進を図る．
　　④山を高くする：専門性の明確化・高度化を図り，継続的な質の向上を促す．
　　⑤標高を定める：限られた人材を有効活用するため，機能分化を進める．

　このように，今後介護分野における外国人技能実習生を受入れるに当たっても，各介護現場において外国人技能実習生が果たすべき役割について明確に検討を行う必要がある．つまり，介護分野における外国人技能実習生にどのレベルまでの介護業務をしてもらうかによりカリキュラム内容も異なり，その果たすべき役割の内容に沿ったカリキュラムの作成及び実施を行うべきであると考

えている．また，介護技術に関するカリキュラム内容においても前述したように，専門性の明確化や高度化を図るためには，視聴覚材料や現場職員の対談，介護現場の見学，介護技術の練習など受入れ機関での学習がより重要である．

　第三に，日本文化に対する理解が不十分な点である．これは，第一の日本語によるコミュニケーション技術にも深く関連しており，ベトナム・ハノイでの現地調査時にも4カ所の教育機関のうち計画的な日本文化の教育を実施しているのは1カ所のみであった．一般的に言語と文化は表裏一体であるといわれている．それらは話し相手のアイデンティティを表すものであり，特に，介護業務は利用者の私生活に密接な関わりを持つため，礼節と作法や話法は日本の文化と一体となり，日本的介護精神を創造している．そのため，日本的介護を身につけるためには，日本文化に対する理解は欠かせない．

　第四に，外国人技能実習生の人権擁護に関する学習の必要性である．ベトナム・ハノイでの現地調査時にも教育機関から聴いたように，事業主によるパスポートの取り上げなどの人権侵害や研修時間外に労働を行っても残業手当の支給がなかったり，最低賃金以下の賃金しかもらえないなどのことはすでに日本国内でも問題視されている部分である．その結果，日本で技能実習生が職場から逃亡し，不法滞在労働者となって罪を犯す事件などが発生している．そのため，介護職員の心身の健康管理や日本人と同様に適切な処遇を確保されるための関連法の学習やネットワーク情報の提供なども必要となる．

　以上のような4点が，今後日本の介護分野における外国人技能実習生の受入れに対する養成カリキュラム作成時に盛り込まれるべきである．これら以外にも，加齢・老化に伴う心身の変化や病気からの体の変化と日常生活への援助，認知症の理解，障害の理解，福祉六法をはじめ，介護に関連する様々な関連法の理解をさせる必要がある．

　日本の介護分野における外国人労働者の受入れは，2016年9月現在，経済連携協定（EPA）に基づく受入れのみであり，日本から積極的な受入れ姿勢を示しているものではない．しかし，少子高齢化に伴う介護ニーズの増大と労働力不足は必然的に生じるに違いない．介護分野については，専門的・技術的労働者と，家事補助者やベビーシッター等の単純労働者の中間に位置付けられるなど，国内労働市場において職種概念があいまいな面があり，受入れに当たって，

外国人労働者に求められる介護サービスの内容について日本国内の合意の形成に難しい面が残されている．介護分野における外国人技能実習制度の実施に当たっては，ベトナムなどの送出し国側のメリット及びデメリットに留意するとともに入念な対応が今後必要である．

　日本のこのような状況から考えると，日本以上に速いスピードで少子高齢化が進んでいる韓国においても，介護人材不足問題は必然的に生じる問題である．その場合の対策の一環として，韓国の外国人勤労者雇用許可制度が一つの鍵になる．日本で問題視されている介護分野における外国人技能実習生の受入れにおける課題や問題を明らかにすることは韓国に大きな示唆を与える．

## 注

1）　社会保障審議会介護保険部会「介護人材の確保について」，厚生労働省，p. 1, http://www.mhlw.go.jp/file/05-Shingikai-12601000-Seisakutoukatsukan-Sanjikanshitsu_Shakaihoshoutantou/0000021718.pdf，2016年 7 月17日閲覧．

2）　介護労働安定センター業務部雇用管理課「平成27年度『介護労働実態調査』の結果」，公益財団法人介護労働安定センター，2016，p. 1, http://www.kaigo-center.or.jp/report/pdf/h27_chousa_kekka.pdf，2016年 8 月 5 日閲覧．

3）　同上，p. 2.

4）　同上．

5）　厚生労働省「雇用動向調査」各年による．https://www.mhlw.go.jp/toukei/list/9-23-1c.html，2016年 8 月 6 日閲覧．

6）　公益社団法人日本介護福祉士会のホームページより．http://www.jaccw.or.jp/fukushishi/，2016年 8 月12日閲覧．

7）　同上．

8）　同上．

9）　「社会福祉士及び介護福祉士法」（平成28年 3 月31日法律第21号）第39条，第40条．

10）　介護福祉士のあり方及びその養成プロセスの見直し等に関する検討会「これからの介護を支える人材について―新しい介護福祉士の養成と生涯を通じた能力開発に向けて―」，厚生労働省，2006，p. 14.

11）　厚生労働省社会・援護局福祉基盤課，「介護福祉士養成課程における教育内容等の見直しについて（案）」，p. 71.

12）　「社会福祉士及び介護福祉士法」改正法（平成28年法律第21号），「社会福祉法等の一部を改正する法律の施行について（通知）」（平成28年 3 月31日社援発0331第41号社会・援護局長通知）．

13）　前掲12），厚生労働省，p. 14.

14）　同上.

15）　今後の介護人材養成の在り方に関する検討会「今後の介護人材養成の在り方について」，厚生労働省，2011，pp. 1-2.

16）　公益財団法人介護労働安定センター「実務者研修について」，公益財団法人介護労働安定センター，p. 1，http://www.kaigo-center.or.jp/jigyo/jitsumu_naiyou.pdf，2016年 8 月13日閲覧.

17）　厚生労働省・社会保障審議会福祉部会，福祉人材確保専門委員会「2025年に向けた介護人材の確保〜量と質の好循環の確立に向けて〜（案）」，社会保障審議会福祉部会，福祉人材確保専門委員会2015年 2 月23日，p. 10.

18）　同上.

19）　同上.

20）　今後の介護人材養成の在り方に関する検討会「今後の介護人材養成の在り方について（概要）」，厚生労働省，2013，p. 3，http://www.mhlw.go.jp/stf/houdou/2r98520000011uv3-att/2r98520000011uwt.pdf，2016年 8 月 9 日閲覧.

21）　四天王寺短期大学生活ナビゲーション学科ライフケア専攻のカリキュラムをみると，1 年次にライフケア演習Ⅰ・Ⅱ，ケアの本質，介護福祉論，介護福祉各論Ⅰなどがあり，介護演習や実習を行う前に基本的知識として実施している.

　　ただし，短期大学の場合は介護福祉士養成機関となる．四天王寺大学短期大学部平成28年度履修要覧及びシラバス参照.

22）　石田路子「日本におけるフィリピン人介護職の受け入れに関する現状」，『城西国際大学紀要』第19巻第 3 号，2011，p. 59.

23）　前掲19），厚生労働省・社会保障審議福祉部会，福祉人材確保専門委員会，p. 3-5.

24）　同上，p. 1.

25）　同上，p. 2.

# 結　び

　本書第 1 章では，日本と韓国における統計資料からみた高齢者の状況について検討することにより，老年人口の増加や生産年齢人口の減少によって，世代間扶養の下で成り立っている社会保障費の負担や要支援・要介護状態の高齢者の介護問題は生産年齢人口にとって過重になっていることが明らかになった．そしてそれは，ますます大きくなると予測されている．

　第 2 章では，日本における外国人労働者の受入れ状況や外国人技能実習生の受入れ状況を検討した．日本における外国人労働者数は現在に至るまで年々増加傾向であり，近年では東南アジア諸国の中でも特にベトナムからの外国人労働者数及び外国人技能実習生数が年々増加傾向であることが明らかになった．

　第 3 章では，韓国で一時的な労働者として受入れた外国人産業研修制度の変遷について検討し，その中で韓国の外国人産業研修制度が失敗となった背景について明らかにした．また，外国人産業研修制度から新たな制度として制定された外国人勤労者雇用許可制度についても検討し，外国人産業研修生への差別的な接遇や人権侵害などの問題を解消するため，研修生から外国人勤労者としての在留資格へ変更した経緯が明らかになった．

　第 4 章では，日本の経済連携協定（EPA）について検討を行い，日本で起こっている外国人労働者の問題点や，外国人介護労働者の受入れに関する各団体の議論や今後の日本における単純労働者としての外国人介護労働者の受入れ方針について課題や問題点を明らかにした．

　第 5 章では，日本における外国人技能実習制度についての検討を行い，外国人技能実習制度の歴史的過程や外国人技能実習制度の目的及び仕組み，帰国後の外国人技能実習生に対するフォローアップについて検討し，外国人技能実習制度が最初は短期的な受入れを目的として設けられ，今はもはや長期的な受入れを目的とする制度として変容していかざるを得ないことについて明らかにし

た．

　第6章では，今後日本の介護分野の外国人技能実習生の受入れに関する事前調査として，ベトナムに限定し，現地調査を行った結果，管見の限りでは多くの教育機関が今後日本に送出す介護分野における技能実習生を教育する予定であることが明らかになった．しかし，その中では，経済連携協定（EPA）の実績により介護に関する教育が確立できている教育機関もあれば，未経験の教育機関も存在しており，未だ介護の概念が定着していないベトナムからの介護分野における外国人技能実習生の日本への受入れには外国人向けの介護教育のカリキュラムの確立が必要であることが判った．

　第7章では，日本における介護職員養成カリキュラムを検討することにより，今後日本における介護労働力不足問題を解決するためには介護分野における外国人技能実習生の受入れが必要不可欠であることを明らかにした．しかし，介護福祉士，介護職員初任者研修などのカリキュラムの検討から考えると，介護の概念が確立できていない外国人技能実習生に対し，2016年現在の外国人技能実習制度で行われている研修の時間割合は不十分な状態であり，今後介護分野における外国人技能実習生を受入れるに当たっては，外国人技能実習生に対する介護資格を提供するためのよりきめ細かな研修の確立が必要であることが明らかになった．

　以上のように，介護分野における外国人労働者の受入れに関する一つの対策として考えられる外国人技能実習制度は非常に不安定な状態である．

　日本における外国人技能実習制度は，主に発展途上国から外国人を招き，日本の技術・技能等の修得を援助，支援することや発展途上国へ技術を移転することで，国際社会に貢献することを目的として設けられた制度である．もともとは，労働関係法規の適用のない研修生から，労働関係法規の適用のある技能実習生に移行させる研修・技能実習制度であったが，2009年の「出入国管理及び難民認定法」の改正により，一定期間の研修を経てから労働関係法規を適用させる技能実習制度として一本化された．

　技能実習制度は国際貢献という目的をもった制度であるにもかかわらず，実際には，技能実習生を労働者の代替的存在として捉え，農業，漁業，縫製などの日本人労働者が不足している分野での労働力不足解消のために利用されてい

るといった実態がある[1]. 特に, 外国人技能実習生は, 技能実習を実施する予定の実習実施機関を特定した場合のみ在留資格が与えられるため, 特定しなかった場合には実習実施機関を移る自由がない. そうすると, 実習実施機関での待遇に不満を持っていても, これに抗議したり外部に保護を求めたりすれば, 実習実施機関を失って帰国せざるを得ないことになる.

実習実施機関である受入れ機関がこのような外国人技能実習生を不足する労働力として利用し, これを搾取するといった問題を解決するため, 労働関係法が適用される外国人技能実習制度として改正された以降も, 賃金の問題のみならず, 労災事例などの外国人技能実習生に対する不正行為は未だに続いている状況である. このような状況が介護分野における技能実習生に対しても生じないようにする必要がある.

2016年9月の段階では, ベトナムにおいては介護分野における外国人技能実習制度の具体的実態がほとんどないこと, 日本側における介護職の在留資格問題が確定していないこと, 日本において介護分野における外国人技能実習生の受入れ機関の実態がないため, 本稿にはこれらの点についての分析ができなかったという限界がある. しかし, ベトナムにおける送出し機関の実態が確認され, 介護分野における在留資格が法制化され, 受入れ機関ができた時には, それらを分析することを今後の課題の一つにする.

韓国における当時の外国人産業研修生は, 「勤労労働法」上の保護を受けることなく, 低賃金の外国人労働力として扱われるなどの問題点から在留資格を変更することとなったが, これを除くと日本の外国人技能実習制度と導入背景や制度の仕組みなど類似点が多い.

現在日本と韓国においては, 政府の意思とは関係なく, すでに多くの多様な国の外国人労働者が流入している. このような状況は, 当分の間持続すると考えられる. 問題はすでに流入した外国人労働者の相当な部分が移住・定住を念頭に入れている点である. また, これだけではなく, 外国人労働者の移住・定住によるその家族の就労問題や子どもの教育問題などが付随的に発生している.

このような状況から考えると, 少子高齢化による介護労働力の不足問題を解決するための一つの方法として考えられている日本の介護分野における外国人技能実習制度やその運用は, 韓国における介護分野の外国人労働者を確保する

に当たっての制度設計とその運用の検討や，すでに第7章第3節で述べた介護
分野の外国人労働者への教育の4点の課題等において韓国に対し大きな示唆を
与えるに違いない．したがって，近々生じるであろう韓国における外国人介護
労働者の確保問題については，今後の研究課題の一つとしたい．

**注**

1） 佐野哲「外国人研修・技能実習制度の構造と機能」，一橋大学機関リポジトリ，2002，
　　p. 24.

付　録　姜美香氏の博士論文の概要と現在的意義，
　　　　その後の動向について

姜　美香・愼　英弘・和田　謙一郎

1　姜美香氏の博士論文の要旨
2　姜美香氏と愼英弘名誉教授（四天王寺大学）の対談
3　「外国人介護労働者の受入れと課題」，その後の動向について（解説）

## 1 姜美香氏の博士論文の要旨

　博士論文の概要については，当時，姜美香氏の博士論文指導教授であった慎英弘大学院教授（現・名誉教授）が作成・提出されたもの（注，四天王寺大学大学院研究論集，第12号，pp. 165-172，四天王寺大学2018）について，付録担当者（和田謙一郎）が一部を補足しつつその概略を以下に転記し示すことにする．これらについては，慎英弘名誉教授からの許可を得ている．

　本書（「外国人介護労働者の受入れと課題」）は，日本における介護労働者不足問題を取り上げ，その問題を解消するための一つの方策である外国人介護労働者の受入れについて考察を行ない，外国人介護労働者の受入れにおける課題や問題点を明らかにすることや，日本以上に急激に高齢化が進んでいる韓国における将来の介護労働者不足問題をどのような視点から考えていくべきであるかについて考察することを研究目的にしたものである．日本の取り組みは，韓国の将来における外国人介護労働者の確保に関して大きな示唆を与えるとの見地から，韓国における急激な高齢化に際して生じ得る介護労働者不足問題を視野に入れての研究であり，このような視点に立っての研究は本書が嚆矢である．

　本書は，20世紀後半から21世紀初頭にかけてのおよそ半世紀の時期を分析の対象にしている．

　日本が直面し，韓国が近々直面するであろう介護労働者不足は，家族機能の縮小や価値観の多様化に起因するところもあり，以前のように同じ世帯内で老親を扶養することがますます困難になってきている．このような状況を解決する一つとして，日本ではEPA（経済連携協定，フィリピン・インドネシア・ベトナムとの協定）による介護労働者の受入れを試みているが，博士論文執筆段階では，それらが役立つところまでにはほとんど至っていない現状を踏まえ，外国人介護労働者の介護職を新たな在留資格として位置づける政策がとられようとしている．そのような社会的背景を踏まえて，ベトナムの介護労働者を確保するための課題や問題点を明らかにするために現地調査による分析をも行なった価値ある研究である．

　本書の概要は次の通りである．

序章では，研究の動機や背景を踏まえて研究目的を設定している．

前述した研究目的を達成するために，本論では次の3点について検証を行なうとしている．

第一に，日本と韓国における統計資料を用いて，年齢階級別人口の推移や老年人口一人を支える生産年齢人口の推移等の比較を行なうことにより，日・韓における高齢者の実態を明らかにする．

第二に，日本の「外国人技能実習制度」のような，韓国における「外国人産業研修制度」の検討を行ない，その問題点を明らかにする．同制度は送出し機関等による不正や，研修生の人権侵害問題，賃金未払い問題等によって廃止後，「外国人勤労者雇用許可制度」を新たに実施した．なぜ韓国は，外国人産業研修制度を廃止せざるを得なかったのかについて明らかにする．日本の介護分野における外国人労働者の受入れの始発となるEPAや外国人技能実習制度について検討を行ない，両制度が抱えている課題や問題点について明らかにする．日・韓で制度に違いはあるものの，外国人労働者の受入れに関して類似した課題や問題点があることを明白ならしめる．

第三に，日本において外国人労働者の受入れが今後本格的に始まることを踏まえ，送出し国ではどのような取り組みをしているかについて明らかにするため，ベトナムを対象にして現地調査を行ない，どのような人が日本へ送出されることを希望しているのか，介護分野における技能実習生に対して送出し機関としてどのようなことを準備しているのか等について現状を明らかにする．この調査結果を基に，今後，日本における外国人介護労働者の受入れはどのような方向で進められるべきであるのか，特に教育面においてどのような視点をもって進むべきであるのかについても考察する．

本書の各章では，これらのことを検証するために分析している．

第1章では，日本と韓国の高齢化等の状況を明らかにしている．

日本と韓国における統計資料を用いて，年齢階級別人口の推移，高齢者世帯の推移，性別高齢人口の推移，老年人口一人を支える生産年齢人口の推移の比較，検討を行なっている．

日・韓における総人口の推移によると，韓国の総人口のピークは，日本の総人口のピークであった2004年よりも16年後の2020年であると推計されており，

その後，人口は減少傾向になると推計されている．人口の減少は生産年齢人口の減少に直結しており，物の生産やサービスを提供する人が減少するため，生産力の低下や介護サービス等の提供者の不足をもたらすことは，日本では従来から指摘されていることであるが，韓国でも日本と同様な状況であることを統計資料によって確認している．

　年齢階級別人口の推移によると，韓国の老年人口の構成比は，2015年以降持続的な増加傾向を示しており，特に2025年から2030年にかけて4.4％も急激に増加するとされている．これは，日本で問題になった団塊世代の問題が，韓国では2020年以降におきるからである．特に韓国における2025年から2030年にかけての老年人口の急激な増加は，日本の高齢化速度よりもはやいことを示している．また，高齢者世帯数も独居高齢者世帯数も，日本よりも韓国が急激に増加していることを明らかにしている．これらのことは，介護を必要とする高齢者の増加につながり，反面，介護労働者の不足をもたらすことを示している．また，高齢者世帯数も独居高齢者世帯数も，日本よりも韓国が急激に増加していることを明らかにしている．これらのことは，介護を必要とする高齢者の増加につながり，反面，介護労働者の不足をもたらすことを示している．

　第2章では，日本における外国人労働者の受入れ状況や技能実習生の受入れ状況について明らかにしている．

　国籍別技能実習生数の推移によると，中国，インドネシア，フィリピン，ベトナムのうち，ベトナムからの技能実習生の受入れ人数が2番目に多く，2010年から2015年にかけて技能実習1号ロは約8.2倍に増加していることを明らかにしている．その上で，現在の技能実習生数は中国人が圧倒的に多いものの，年度別の増加率からすると，ベトナム人技能実習生が急激に増加する可能性が高いとしている．それ故に，外国人労働者の確保のためには，後述するベトナムの現地調査をする必要性があることを看取している．

　第3章では，韓国における「外国人産業研修制度」について検討している．

　1980年代後半からの経済発展は国内労働者不足等を生じたため，1991年に外国人産業研修制度が制定された．しかし，1995年1月のネパール人の外国人産業研修生に対する差別的賃金や人権侵害問題をきっかけに同年2月に韓国労働部は，外国人産業研修生に対する基本的な労働基準を定め勤務状況を改善した．

その後1998年には零細企業にまでその労働基準を適用するようになったが，外国人産業研修生への人権侵害問題は解消できず，同研修制度は廃止せざるを得ない状況になり，2004年8月からは，同研修制度に代わって，研修生としての在留資格ではなく外国人勤労者としての在留資格を与える「外国人勤労者雇用許可制度」が施行された．ここに，韓国における将来の介護労働者不足を解消するための一つの方策としての外国人介護労働者の確保に関して，介護職を在留資格として位置づけることの必要性を，本論文の著者は看取している．

第4章では，日本におけるEPA（経済連携協定）について検討している．

日本での介護分野における外国人労働者の受入れが始まったのは，2006年の東南アジア諸国とのEPAからである．

EPAによって，看護師・介護福祉士候補者の受入れが可能となった．しかし，EPAによる看護師・介護福祉士の受入れは，国内における介護等の労働力不足への対応のためではなく，2国間の経済活動の連携強化の観点からであった．この特例的な受入れによって，日本に入国した介護福祉士等の候補者は「特定活動」の在留資格が与えられた．介護福祉士候補者の場合，国家試験に合格した者のみが，3年間，介護福祉士として受入れ機関との雇用契約を締結することができる．このため，この制度は実質的な日本の介護労働力不足問題の対策としての制度であるとはいえないことを明らかにした．ここにおいても，介護を「特定活動」という在留資格ではなく，介護職という在留資格の必要性を看取している．

第5章では，日本における「外国人技能実習制度」について検討している．

1980年代の日本におけるバブル経済は単純労働者の人手不足を生ぜしめ，建設業関連の外国人単純労働者の受入れに向けて「出入国管理及び難民認定法」が改正され，技術研修生の受入れを目的とした外国人技能実習制度が始まった．ここにおける在留資格は「研修」であった．しかし，1990年代に入っても建設・製造業等における人手不足問題はますます深刻となったため，1992年，従来の外国人技能実習制度の在留資格を「研修」から「特定活動」へと変更した．とはいえ，技能実習生として日本に入国した者は，3年間，日本で仕事をしながら技能修得を行なうことができるが，日本で修得した技能等を本国で活かしながら働くことができるのはおよそ半数程度であった．それ故に，外国人技能

実習生の帰国後におけるフォローアップの大事さを明らかにした．そして，介護分野における技能実習制度が実現される際には，介護職の在留資格の必要性を看取している．

第6章では，ベトナムにおける介護分野の技能実習生確保への取り組みに向けて，ベトナム・ハノイにおける送出し機関4カ所を対象に現地での調査を行なって，現状を明らかにしている．

その調査結果から次のことが明らかとなった．

日本語教育内容については，最低1カ月から最大6カ月までのベトナム人講師による日本語教育を実施しており，教育方法はテキストやDVDを使用している．技術的な教育については，EPAによる送出し機関としての経験をもつ場合には機関内に実習室を設けて行なっているが，小規模の送出し機関の場合には日本語教育のみを自社で実施し技術的な教育は外部機関へ委託している．

学生の大半が日本への外国人介護労働者としての渡航を希望しており，希望者のうち高卒の学生が最も多い．この学生たちの主な目的は出稼ぎである．送出し機関側も，今後，介護分野における外国人技能実習生の送出しができることを強く希望している．しかし，ベトナムにおいては，未だ社会的「介護」の概念が根付いていないため，介護の仕事といっても「病人の看護」をイメージする場合が多いことが明らかになった．したがって，ベトナム人の介護労働者を確保するにあたっては，「介護」という仕事内容の教育が重要になることを明白ならしめている．

第7章では，前章までに明らかになった内容を踏まえながら，日本は今後どのような視点から介護分野における外国人労働者の受入れをなすべきであるかについて検討している．

日本は，今後，外国人介護労働者を受入れるのであれば，人権問題の観点や移民問題，定住する外国人介護労働者の家族の教育問題等さまざまな観点はあるが，介護労働当事者のみを焦点にした場合，介護の現場で活用できる人材であるかどうかの問題が最も重要である．すなわち，単純労働者として受入れるのか，介護専門職として受入れるのかという問題である．介護専門職として受入れるのであれば，どのような観点から介護教育を行なうべきであるのかが課題になるとした．

日本で実施されている介護職員養成カリキュラムを分析した結果，現在のカリキュラムをそのまま使ったとしたならば，外国人介護労働者の人材養成には不充分な部分があることを明らかにしている.

　結びでは，本書において既に論述されている研究の成果を簡単にまとめるとともに，本書の限界と課題についても述べている.

　姜美香氏が提出した論文（博士論文）については，研究対象を介護労働者不足問題に焦点を当て，韓国において生じるであろう将来の介護労働者不足問題を視野に入れて，日本における外国人介護労働者の受入れ問題を分析した最初の独創的な研究であり，高く評価できる. また，本書は，今後，日本における外国人介護労働者の確保，さらには韓国における外国人介護労働者の確保の問題を研究しようとする者にとって踏まえなければならない研究であり，この点においても評価されることになった.

　日本の団塊世代の高齢化に伴い，介護サービスの需要は年々増加していく反面，生産年齢人口の減少をもたらしており，それは福祉サービスを提供する人手不足を引き起こしていることは周知の通りである. そして，その状況は介護現場における慢性的な人手不足問題につながっている. このような状況が韓国の第一次ベビーブーム世代の高齢化に伴って同様に生じ得るであろうことを明らかにしている. そのような介護労働者不足問題の解決策の一つとして，外国人介護労働者の受入れが必要不可欠であることは近年の日本の政策からも明白である. それは，近い将来における韓国においても同様の道を辿らざるを得ないことはこれまた明白であることを統計資料によって明らかにしている.

　日本で初めて外国人介護労働者（研修生）を受入れることとなった EPA や，ベトナムでの調査や日本で実施されている介護職員養成カリキュラム等の分析から，今後，介護労働者として受入れる予定の外国人技能実習制度の主要な問題点，換言すれば外国人介護労働者の確保のための主要な問題点として次の4点を指摘し，問題点解決のための課題を提示している.

　第一に，介護のように人の身体的・精神的状態を理解するために必要なコミュニケーション技術やアセスメント等を行なうための，現在の日本語教育の不充分さを問題点として指摘している.

　介護分野の外国人技能実習生の場合は，より膨大な時間をコミュニケーショ

ン技術の学習に当てなければならないことを課題として提示し，Ｎ２～Ｎ３程度の日本語能力を求めるべきであるとしている．

第二に，外国人とりわけベトナム人の場合は，介護に関する認識度が低いという問題点を指摘している．

社会福祉や介護に関する概念教育や理論教育が必須であることはいうまでもなく，特に一定回数以上の介護現場の見学が必要であるとの課題を提示している．

第三に，日本文化の理解はコミュニケーション技術とも深く関連しているが，外国人は日本文化に対する理解が不充分であるとの問題点を指摘している．

介護労働者は利用者の生活の場を支える支援者として私生活に密接な関わりをもつことからして，日本文化の理解は必要不可欠であるとの課題を提示している．

第四に，外国人労働者への人権擁護に関する日本人の意識の低さを問題点として指摘している．

ＥＰＡや従来の外国人技能実習制度が生み出してきたさまざまな人権侵害を減少させるためにも，外国人介護労働者の心身の健康管理や日本人と同様の処遇確保のための関連法の学習等を，外国人介護労働者のみならず日本人に対して行なうことが必要不可欠であるとの課題を提示している．

以上のような問題点は，日本以上にはやい速度で高齢化が進んでいる韓国においても生じ得ることは多言を要しないので，韓国における外国人介護労働者の確保に関しての課題の解決策を日本の経験から学んで活かすべきであると強調している．

これらの指摘の中には，斬新なものがある一方で，既に従来からいわれているものもある．しかし，従来からいわれているものであっても，この当時としては，資料や実態調査に基づいて示しているのは本論文が初めとされた．

新たな知見を含む本論文は，独創的な視点によって分析し導き出されたものであり，高く評価できるものとされた．

以上が主な内容である．

付録担当者は，韓国からの留学生であった姜美香氏が，外国人介護労働者の問題，ＥＰＡ（経済連携協定）と技能実習制度をしっかりと検証し，特に，ベトナムでの現地調査を行ない日本とベトナムの関係を積極的に検討し，母国語では

ない日本語で論文をまとめあげたことを高く評価した．つまり，姜氏の母国である韓国が日本とベトナムの渉外に関与していない事項について，それらの内容を日本語でまとめ論じたわけである．

姜氏がこの研究を継続され，EPA や技能実習制度のみならず，2019年 4 月からの外国人特定技能実習生の受入れについての検討を行ない，また，日本の政策の韓国への啓発を実行し，何よりも，東南アジアへのわが国の施策と日本型介護とその技術の積極的な還元策を積極的に探求し具体的に実行してほしいと願うところである．

## 2 　姜美香氏と愼英弘名誉教授（四天王寺大学）の対談

（2019年4月27日，場所・早川福祉会館　進行・和田 謙一郎）

**愼 英弘（シン ヨンホン）**　1947年生れ．1955年に原因不明で失明．現在，明暗も判からない視覚障害者．苦学しつつも1983年に学術博士号（大阪市立大学）取得．各非常勤講師を経て1997年に花園大学助教授．2002年に花園大学教授．2003年に四天王寺国際仏教大学（現・四天王寺大学）大学院人文社会学研究科教授．現在，四天王寺大学名誉教授，四天王寺大学大学院人文社会学研究科客員教授．論文・著作物多数．社会事業史，障害者福祉が専門分野．

**姜 美香（カン ミヒャン）**　1980年生れ．四天王寺大学大学院人文社会学研究科博士後期課程において愼英弘教授の下で薫陶を受け，2017年に人間福祉学博士号（四天王寺大学）取得．現在，四天王寺大学非常勤講師，介護福祉士，（株）そうせい介護支援事業所総務部・部長．一児の母．韓国の社会福祉，介護福祉が専門分野．

**和田 謙一郎（ワダ ケンイチロウ）**　1963年生れ．四天王寺大学人文社会学部・兼四天王寺大学大学院人文社会学研究科教授．社会保障法，社会福祉法制が専門分野．

**和田**　今日は，宜しくお願い致します．

　　　姜さんが博士論文を専門書として上梓を目指されている時期に，お二人（愼英弘名誉教授と姜美香氏）の対談を進めていただき，その論文の内容について色々とお話ししていただけたらと思います．

　　　愼先生からご質問やご意見を宜しくお願い致します．

**愼**　　姜さんは韓国から留学生として来日して，四天王寺大学大学院で研究を続けてこられましたが，本当に大変であったと思います．姜さんは，ある程度，日本語は流暢に話されます．しかし，日本語の文章というのは，特に論文などは何かと難しい表現をしますので，それらの内容を理解することはとても大変であったと思います．そして，母国語である韓国語ではなく，日本語で博士論文を執筆する必要性がありました．このことも，とても大変であったと思います．おそらく，頭の中では，どうしても文章は母国語で考え母国語にしてしまい，そして日本語に変換してパソコンのキーボードをたたいて論文を執筆されたものと思います．日本人が論文を執筆することと全く異なる苦労があったと思います．それを7年間でこれだけ

愼 英弘

の論文を執筆された．最後の1年間はものすごく力を入れて時間をかけて執筆された．その努力を私は評価します．

そこで，この博士論文を読んでくださる方々は，まず，著者が外国人であり，そして日本語でこの論文を執筆されたということを，ぜひ知っていただけたら幸いです．

**和田** そうですね．現在，動きが大きい国際的な交渉（姜氏の論文ならばEPA前後からそれ以降の事項）をまとめあげる，日本の渉外（国際法）関係の研究者が，たとえば，アメリカと中国の関係を英語で論じることと同様の論文を，ベトナムの現地調査を行ないつつまとめたわけですから，その努力には襟を正されました．

**愼** さて，姜さんの博士号が認定されたのが2017年です．博士論文を執筆するまでの期間ですが，博士後期課程に入学されてから7年かかりました．

当初は，日韓の関係で研究を進めたかったということで，日韓の高齢者施設の相違をまとめ始めたのですが，なかなかうまく研究が進みませんでした．つまり，日韓の施設の質が違いすぎる，制度も異なる，そのようななかで比較が思うようにできず研究が進めにくく，博士論文の執筆に至らないという状況でした．そのようななかで，姜さんが，研究の方向性として外国人労働者の問題に切り替えたきっかけは何だったのでしょうか．

**姜** 実際，その当時にボランティアとして関係しておりました仕事の関係で，ベトナムの技能実習生関係について事業の展開として考えていたことがきっかけになりましたね．その当時，建築関係などにおいて，技能実習生の環境の問題，たとえば賃金の未払いや，虐待の問題などさまざまな人権問題が発覚して，そのような問題を，マスコミを通して知ることにより自分のなかで大きな問題意識となりはじめました．その時期に，私のなかでこ

の研究（博士論文のテーマにかかわる研究）を進めようと考え，文献を探し始め，そこから博士論文の執筆に向かうことになりました．

慎　この論文を執筆する根底には，どうしても日韓の比較を研究したいということはあったものと思います．それらは，日本の経験が韓国の今後に必ず役に立つであろう，換言すると，高齢者政策において日本の経験がおそらく韓国で生かせることができるであろう，そのような思いがあり，文献を読み込み資料を確認されたものと思います．

姜　美香

まず，博士論文の第1章で取り上げた日韓の現状の比較，つまり，高齢化の問題であるとか，高齢者を支える人口の比率の問題であるとか，その時に，韓国の高齢化が日本の高齢化より非常にはやい速度で進んでいるということ，それは最初から把握されていましたか，それとも，資料を確認してから理解したのですか．

姜　今後は日本よりも韓国の方が高齢化のスピードがはやく進むだろうと思っていました．最初に老人ホーム関係の研究を進めていたので，そこを中心に資料を確認していたら，急激に韓国の高齢化が進むということを把握しました．少子高齢化も日本よりも急激なスピードで進むという正確な数字が示されていましたので，それらを確認しながら，今後は介護の人手不足の問題が発生すると想像し，また着目し，さまざまな資料を探し始めました．

慎　もし，韓国の高齢化のスピードがそれ程はやくなかったら，この論文は成り立ちにくかったと思うのです．つまり，姜さんの根底にあるのは，日本の経験が，今後は韓国で役に立つであろうと，現在，日本で困っていることは，きっと韓国でも困るであろう，日本で解決したことは，韓国でも

解決できるであろう，そのような考え方があったと思うのです．

　そこで第1章の統計を使った日韓の比較は，まさに，ものすごいスピードで，日本よりも韓国は高齢化が進んでいる，あるいは進むであろうということは，統計数字から明らかにできたと思います．つまり，韓国でも高齢者ひとりを支える生産年齢人口が急激に縮小していくということが明確になってきたので，今後，介護人員をどのように確保するのかということは，論文執筆当時の韓国は，それほど意識していないかもしれないけれど，10年もすれば，大変な状況になるであろうということを予測したと思うのです．これらのことが，論文を執筆する基盤となったと思うのです．

　その次には，日本は技能実習生を受入れにおいてもさまざまな経験があるけれども，韓国にそのような実態があるのかということも重要になったわけですね．韓国でもそのような実態があるけれども失敗して新しいものを考えていた，それらは何かについて文献を調べて気が付いたのか，それとも，日本の技能実習生のことを調査していくうちに，韓国のことも調査していこうと考えたのか，それらはどうであったのですか．

姜　　そもそも日韓の比較を博士前期課程のときから継続してきたので，比較になるかならないかということが根本的な問題であったと思います．そのなかで，介護労働力が不足してくるであろうという予測のなか，日本は現在どのようになっているのか，EPA にかかわる制度が日本で存在していることを知り最初は EPA から調査し始めたのですが，文献を調べていくと，それでは韓国は，実際，どのようになっているのであろうかという疑問が生じました．そこから韓国の事情を調査し始めたら，韓国も実は現在の技能実習生制度，つまり日本の技能実習制度のようなものが存在していたわけです．

慎　　そのような状況のなかで，日本の技能実習生にかかわる問題，たとえば日本語をどのように習得させていくのか，介護分野においての技能実習生としての在留資格を得て，初任者研修や実務者研修の受講から最終的に介護福祉士の国家資格取得に向けての一連の問題をどうするのか，さまざまな課題があると思います．制度政策の違いはあっても，おそらく韓国でも同様のことが生じると予想されたわけですね．

その時に，ベトナムの方々が来日された時に，どのような教育プログラムを組んだら良いのか，それらを論文で示されていますが，外国人労働者である介護人員を確保しようと思う時に，どの国（この段階であれば，フィリピン，インドネシア，ベトナム）の方々でも良かったと思うのですが，分析の焦点をベトナムに当てた理由は何ですか．姜さんは実際にベトナムに調査に赴かれましたが．

姜　そうですね．直接の理由は，業務の関係でベトナムに行っていたということ，そこで論文に関わる内容が実際に進んでいたことを確認したということです．

　もう一点は，ベトナムも家族を大切にする儒教的な考え方がありました．元来，韓国も儒教的な考え方が強く，ましてや家族内で介護を行なっていた時代から介護施設が必要になってくるという時代まで進んでいるという経緯から，それらは日本と共通している部分であると思い，最終的にベトナムを対象にした方が良いと考えました．

慎　今のお話にあった姜さんの仕事の関係でということについて，現在，行なっている仕事について関係があるから外国人労働者の介護人員を確保する時に，ベトナムを選んだという，その仕事の関係というのはどのようなものですか．

姜　現在，就職している会社なのですが，グループの中で協同組合がありまして，協同組合の方が来年（2020年）の秋くらいから，実際にベトナムから介護分野における技能実習生（監理団体における受入れの技能実習生）の受入れを予定しています．それらの関係からも，実務的な業務についている上での現状であったり，事前の調査であったり，当初から問題点を探り検討していました．

慎　現在，就職しているということですが，博士論文を執筆している時からの経緯はどのようになっていましたか．

姜　博士論文を執筆していた時には別の職場に属しておりまして，最初にこの問題に着目した時には，現在，就職しているところの方々のお話を伺う機会があり，そのようななかで，外国人労働者への対応が，おかしいな，ひどいなと注視していました．それがきっかけにもなりました．

愼　なるほど．技能実習生の話に戻りますが，日本における技能実習生に対して，非常に人権侵害的なところもあると，それは韓国の制度でも同様な状況があったということは博士論文でも明確にされています．

　　　今後，ベトナムの方々に来日してもらい，介護人員として就労してもらうとなると，その時にもさまざまな課題がありますよね．賃金の問題であるとか，言葉の問題であるとか，人権の問題であるとか，それは，おそらく韓国でも同様な状況が起きると思います．特に必要なこと，この課題は解決しておかなければいけないということ，博士論文のなかで明らかになったこと，姜さんが特に強調しておきたいことはどのあたりにありますか．

姜　特に強調しておきたいことは，私が直接関与している介護分野における技能実習生についてですが，ベトナムはそもそも介護という概念がない国なのです．そこから来日した方々が日本で働くにあたって，事前学習の形や，来日した後の学習は行なわれますが，そこで介護という概念そのものをどれだけ理解してもらい，その上で技能実習生の方々が単なる介護技術だけではなく，介護を必要とされている方々への対人援助を用いてもらえるのかという，それが一番の疑問となるのであれば大きな問題があると考えています．

愼　姜さんの言う，介護の対人援助とはどのようなものですか．

姜　私の考える介護の対人援助とは，介護保険制度が制定されて以降の，居宅介護等における利用者へのマネジメントの中での対人援助だけを想定しているわけではありません．また，社会福祉の学部や学科等で広く学ぶ対人援助技術のみを示すわけでもありません．まだまだ研究不足であり思うように博士論文では説明できませんでしたが，介護における対人援助とは，介護技術を習得する前段階として，介護を学ぶ，あるいは，これから介護職になる姿勢というか，それらの方々の基本的な資質を磨く力に近いものです．

　　　介護現場においては，当然ながら，介護者は利用者目線で向かい合い利用者が何を求めているかなど，利用者のお話を傾聴しながらコミュニケーションを取ります．その時の利用者の変化には，気分のむら，ADL やIADL などさまざまなものがありますが，それらに的確に気付くことがで

付　録　姜美香氏の博士論文の概要と現在的意義，その後の動向について　　175

きるようになるには経験が必要です．介護者がこれらの変化に気づき，そしてチームで行なう介護関係者に適切に報告する力を養えば，最終的には，介護を必要としている方々の持つ悩みを少しでもやわらげることができると思うのです．「身近に，この人がいれば安心ですね」と思われながら，介護者も介護技術を惜しみなく発揮できれば，介護を必要とされる方々の悩みと負担が軽減されていく，その正の循環の繰り返しを展開していくことができるという基本的な資質が介護者に問われていると思うのです．まだまだ日本語が未熟であっても，これらの資質を磨かれた外国人介護労働者が介護を必要とする方々の顔をみて，最初に顔と顔で話すことができるようになれたら最高ですね．

　日本の介護は，単なる介護の専門的知識による技術を使うだけではなく，その人がその人らしく生きていくことを尊厳しています．しかし何よりも，伝統的にあらゆる面から人と人とのつながりを大切にしていることが他に類を見ない強みであると思うのです．だからこそ，私は，これから日本で介護を学ぶ技能実習生の方々にそれらを伝えていきたいと思います．介護の専門的知識や技術だけではなく，日本の強みを持つ介護に立ち向かうための姿勢や心も一緒に学んでほしいと願っています．

　監理団体や実習実施機関等においても，技能実習生の方々へ教育を行なうときには，専門的知識と介護職としての姿勢だけではなく，その人の持つ介護職としての資質を磨いていくという，日本型介護を基礎にした教育支援が必要であると考えています．

慎　　私は介護福祉については専門外ですが，すばらしい考え方ですね．

和田　なるほど，それをベトナムで普及していきたいというわけですね．

姜　　ベトナムにも看護という概念はあります．実際にベトナムの方々が，看護師としてドイツに行かれたり，アメリカに行かれたり，ヨーロッパもそうなのですがそちらに行かれています．ベトナムの方々は看護師として働いた経験はお持ちの方もいますが，実際には，EPA で来日して看護師や介護福祉士として働かれている方は人数的に限られています．また，それらの方々が日本型介護の本来的な良さを熟知しているとは思いません．

和田　ベトナムからの EPA 看護師とほんの少しだけお話をする機会がありま

したが，彼女の日本語レベル，看護師としての優秀さや素敵な笑顔には驚きました．姜さんは，外国人介護労働者の方々に，さらに日本型介護の良さを理解してほしいわけですね．

姜　　はい．元々，EPA 看護師など母国の資格をお持ちで日本での就労意欲をお持ちの方は，数が少ないとはいえ非常に優秀であると思います．それに加えて，看護師であれ，介護職であれ，そこに伝統的な日本型介護という磨きをかけて欲しいと思います．

愼　　なるほど，良く分かりました．

姜　　ところで，EPA に比べて技能実習生という枠になると，EPA とは比較できないくらい人数の枠が広がります．また，EPA はある程度，政府の管理の下で行なわれるものであり，一方，技能実習生はまったく民間の株式会社などで行なわれるのがほとんどです．

　　そこで，せっかく日本に日本型の介護技術を学びに来たベトナムの方々が，日本の介護をどのレベル理解してもらい，3 年間の技能実習が終わった後にどのレベルになり，帰国した後に日本の介護技術をどのレベルまで実践してもらえるかが課題であり，その解決も私達に与えられた課題になります．

　　入国後にも 1 カ月から 2 カ月の研修はあるのですが，実際，ベトナムでも日本に入国前の研修として，日本語や介護の初歩的な知識を学びます．その過程において，まずは看護と介護では異なる部分があるということをしっかりと学んでほしいと思います．介護は，もちろん介護技術も大切ですが，その技術以外にも介護職としての対人援助技術が必要なのだということもしっかりと学んでほしいと思っています．

　　そして，ベトナムと日本は，文化が異なりますので，文化的な相違を理解したうえで，高齢者の方々，もしくは障害者の方々に接していただきたいと思っています．そのためには，事前学習と事後学習，あるいは事後学習を終えた後での現場での定期的な研修など，そこでの教育プロセスが大切であると思っています．

愼　　ベトナムの状況を把握するために姜さんはベトナムに渡られましたが，何度，行かれましたか．

姜　　論文を執筆している時には2回です.

愼　　当然，直接，聴き取りをされていると思うのですが，調査に赴いた場所について博士論文のなかに示されていますが，特にベトナムで感じたこと，あるいは心配なこと，それらがあれば教えてください.

姜　　第一印象としては，ベトナムの皆さん，とても明るい方が多いと感じました．特にベトナムの女性は，家庭のなかで重要な役割をもち，経済的な面もそうですし，それらを担っている方が多く，また何事に対しても前向きな方が多く，仕事に対しても勤勉性の高い方が多いです.

　　それらがベトナムの方々に対しての印象なのですが，心配ごとといいますと，勤勉性のある，頑張ろうという気持ちを持ちベトナムから来日した方々が，不安なく3年間の技能実習の制度を利用し介護技術を習得して帰国してほしいと思いますよね．やはり，一番の心配ごとというのは，マスコミで報道されているように賃金の未払い問題，虐待問題，職場内のいじめ問題，その他の人権侵害問題などさまざまな問題が生じているのですが，それ以外でも，実際に2017年から話題になっている技能実習生の労働災害の問題などが心配です.

　　来日後，ベトナムの方は実際に自殺率が，かなり高いことが大きな問題です．そのような問題は，結局，ベトナムで支援してくれている送出し機関ももちろんなのですが，日本の受入れ機関も，双方ともにしっかりとバランスを保ちながら支援をしていかなくてはならないということが一番の心配ごとであり課題ですね.

愼　　ベトナム人は非常に明るいという話がありましたが，ハノイとホーチミン市の両方に行かれましたか．全部で調査した教育機関は4カ所でしたね.

姜　　4カ所とも，ハノイです.

愼　　ハノイを中心に調査されたわけですね．ハノイは首都ですね．首都ですから，その国の状況というか雰囲気はおおよそ共通していると考えて良いのですか.

姜　　ハノイは首都ですから，ベトナムでは，現在，経済成長を進めている部分もあります.

愼　　姜さんが博士論文のなかで強調されていることに，技能実習生に対する

研修プログラムについて示されていましたね．研修プログラムそのものの問題点についても指摘されていましたが，ベトナムと限定しても良いですが外国人労働者が来日した時に，一般的に外国人労働者が来日して働く，その時に就労資格を得るための研修において，今までの初任者研修等は特に考えることもなく日本人を想定していたとしても，外国人労働者に就労資格を取得してもらう，そして，介護人員として働いてもらう，その時の研修プログラムは，当然，外国人労働者向けのプログラムが必要であると姜さんは考えるわけですね．特に，何が必要なのか，特に印象強くこれが必要だというものがあれば教えてもらえますか．

和田　加えますと，ここ数年大きな動きがあり，外国人介護労働者についてもさまざまなルートによる来日方法がありますから，当然に，ベトナムから介護労働者を目指す方々の事前学習や日本語レベルなどもバラバラになることが予想されます．それらを念頭に，愼先生のご指摘に回答していただけたらと思います．

姜　　まず，博士論文を執筆していた時に，外国人に介護というものを教育する場合，つまり学んでもらうときに，やはり大きな問題点となったことが，最初にお話ししたように言葉の壁です．

　　　介護も対人援助であるので，「どこが痛い・どこが悪い」などと100％正確に教えてくれる高齢者の方はわずかと考えつつも，現場で，コミュニケーションをとっていくなかでは，決して思い込みではなく，この高齢者は大体このようなニュアンスでおっしゃっているから，今，このようなことをおっしゃっているのだとある程度は予想していかなくてはならない部分が必ず介護の場面ではあると思います．しかし，日本語が母国語ではない方々にそれらのことをどこまで理解できるのかなということが，心配ごとでしたし，今でも心配です．

　　　次に，日本の場合ですと，基本的に介護福祉施設で働くにあたっては，ホームヘルパーというか，現在であれば初任者研修を終えているという目安を設けています．しかし，技能実習生が学ぶ予定の介護の基本知識は，そこまで全然満たないレベルになっていると思います．つまり，人の命を預からせてもらっているという介護現場や医療現場において不十分な知識

で働いても良いものか，大きな問題点と考えます．やはり，最低限の介護の初任者研修のレベルの知識や技術を備えておかなくてはならないのではということを強調させてもらいました．

慎　さまざまな制度で外国人労働者に介護にかかわる就労資格を与えるという状況が，現在，生じていますが，外国人労働者向きの初任者研修などの研修プログラムの変更は予定されているのですか．

姜　介護の分野で技能実習生が日本で働くためには，基本的に日本語と介護の基礎的な知識のみになります．実際，介護では，ほとんどが初歩的な対人援助技術にあたる部分になります．それも時間的に60日間です．つまり，実際に介護の概念がないベトナムで，介護の技術や基礎的な知識がどれだけ習得できるかということが問題であり，加えて，来日して1カ月ないし2カ月で教育を受けてもらうわけですから，その限られた時間のなかで，まして60日間という枠のなかで，どれだけ日本の介護を学んでもらえるかが気になります．

　実際，日本人の場合で介護の初任者研修を受けられて，すぐに現場に入っていただいてもすぐに戦力になるかというと，介護職ではそうではありません．一般的に1カ月ないし2カ月くらいは同行という形で，ベテランスーパーバイザーの方々の教育の下で働いて頂いて，2カ月か3カ月経ち，一人前には満たないけど，ようやく働き始めるという，大体，そのような流れになっていると思います．

　つまり日本人でも，介護技術などを習得してもらうのに3カ月くらいかかるということを考えれば，最終的に介護福祉士を目指すことになっても，まずは，外国人技能実習生や今回の特定技能実習生の方々がどれだけ日本の介護に必要な技術などを習得して介護の業務に取り組めるかという問題が生じると思っています．

慎　その時に来日された外国人介護労働者自身の努力もとても大切ですが，一方，受入れ側の教育体制，施設などでの研修体制というか，日本の側の教育を行なう機関の努力や熱心さ，情熱も大切だと思うのですが，そこは実際に大丈夫なのでしょうか．現実を聞きたいと思います．

姜　技能実習生の場合，受入れを行なう監理団体で教育を行ないます．来日

した後の教育を行なうわけですが，やはり監理団体のなかでもさまざまな環境の違いや希望があると思います．そのなかで，さまざまなプログラムをどこまで行なうことが可能かという，その余力が関わってくるかと思います．

なお，ベトナムは教育をしっかりと行なっているかということは，厚生労働省のホームページや法務省のホームページを確認されたら，ベトナムにおける送出し機関については，ベトナム政府がこの送出し機関は安心できる，しっかりとした教育ができる，その認定をされているベトナムの送出し機関のリストが存在しますが，それらは約240社くらいです．そのなかで，さらに星を六つから三つまでつけていまして，星六つに該当しているといえばごく僅かです．星六つと星五つをあわせても15社くらいになるかと思います．そうなると提供できるプログラムの質も量も格差が生じるのではないかと思います．

慎　日本の受入れ側の教育機関は，しっかりとそれらが出来上がっているのですか．

姜　どうしても技能実習生，特に介護分野においては混乱している様子があり，実際，私が博士論文を執筆していた時には，政府から日本語学習についてこのように支援していきましょうとか，そのような具体的なプログラムは目立ちませんでした．最近の動向としては，技能実習制度の場合ですと外国人技能実習機構（OTIT）があり，その機構のなかで日本語の支援プログラム，たとえばインターネットにより支援できるプログラムなどがあります．

一方，厚生労働省は，そのような支援できるプログラムをいくつかホームページに掲載しています．あとは介護福祉士会でも，日本語の部分と介護の部分について，テキストなどを技能実習生向けに加えて，指導者向けのテキスト類が出始めているくらいでしょうか．

慎　私は専門分野ではないので詳細をよく知らないのですが，教育機関としては協同組合などを設立して教育を行なうというようなことを聞いていますが，体制づくりはほぼ進んでいるのでしょうか，それとも混乱しているのでしょうか．一般的な場合と，姜さんの周辺で，姜さんが働いている職

場でそのような状況はどのようになっていますか.

姜　教育機関の規模によって異なると思います. 東京で大手の人材会社を経営している方や, その関係者の方のお話を聞くと, 研修センターを設け始めたと聞いています. そのようなところもあれば, 今, 何をどこから始めたら良いかということもわからない. そもそも EPA 以外では当時の介護の技能実習生は初めてであったので, どこから手をつけたら良いのか把握できていないところも存在したと思います. そこでは, 実際に教育が終わった後の技能実習生のレベルの差が生じると思います.

　　現在, 私が働いており関連している協同組合では, 日本語の研修と介護の基本的な研修を行なう予定ですが, 基本的にはベトナムの看護短大や看護大学などを卒業され, ベトナムの看護師資格を持っている方々を受入れる予定ですので, 既に看護の基本的知識はお持ちです. 実際, ベトナムの場合ですと, 病棟のなかで看護のなかで介護的なことも行なっていますので, 教育は, 最初は順調に進むかと思っている部分はあります.

　　それ以外にも, 日本人の看護師の資格を持つキャリアのある先生を確保したり, 日本語ですと, 外国で外国人に外国人向けの日本語教育を行なった経験のある日本語教員を確保したりと取り組んでいます.

愼　外国人労働者を受入れた時の教育体制は, 万全かどうかは別として準備はできているということですよね.

　　元に戻りたいのですが, 韓国の高齢化はものすごくはやくて, もう少しすると介護人材が非常に不足するという状況で, おそらく, 日本と同様の仕組みを研究して, そして, 介護人材を確保していくと思います.

　　姜さんの博士論文で示されていましたが, 外国人労働者に対しての賃金未払いとか, 人権侵害とか, 日本も韓国も同じように生じていることについて, 韓国で介護人員を確保する時の課題は日本の課題とおそらく変わらないであろうという予測があるなかで, 特に韓国で日本のこれまでの経験を学んでほしいということがあれば, いくつか指摘してください.

姜　そうですね. 人権問題も実際ありまして, 韓国の場合ですと技能実習制度自体が改正になったきっかけとして, 韓国で働いている技能実習生の人権侵害に対する運動というのがきっかけとなり制度改正となった経験があ

りました.

　日本は，東南アジアのなかでは福祉先進国といわれる国ですから，日本型介護がある程度，確立されていると思います．そのような日本に比較すると韓国は介護の歴史が浅い部分があり，韓国で技能実習生を受入れるにあたっては，特に教育に関わる部分を韓国は日本に学んでほしいと思います.

慎　なるほど，外国人労働者に対する教育だけでなく，受入れる側の国内の教育体制も必要であると言うわけですね．それは，やはり日本をモデルにするということは大いに必要であると思いました.

　最後に私の方から，ひとつお願いと，姜さんからお聞きしたいことがあります.

　私の方からのお願いというのは，この学位論文を完成させた時には，まだ外国人労働者に対する受入れ態勢が十分に整っていなかったわけですね．冒頭に申し上げましたが，論文が博士号として認定されたのが2017年の春ですから，それから2年経過していて急速に制度は動いているわけですね．今回は新しい動きについて論文を執筆できませんでしたが，今後，2017年以降の動向について，姜さんが分析した内容を論文として，ぜひ執筆してほしいと思います.

　また，姜さんにお聞きしたいのは，書籍を出版するということは，さまざまな方にこの書籍を手にしてもらうわけですね．姜さんは，現在，介護関係の仕事に従事しているということもあるのですが，姜さんが従事している仕事にこの書籍をどのように役立てるつもりなのか，それらの期待というか，それらがあれば教えてください.

姜　今回の博士論文は，基本的に私が実際にベトナムを2回訪問して，現地の教育体制を確認し，また，ベトナムの学生達の顔を見ながら研究を進めたということ，そして，実感したもの，加えて，ベトナムと日本の両国において，日本が介護の技能実習生を受入れるなかでの問題点などを提起させてもらいました．この書籍を手に取ってもらう方々は，おそらく介護現場で働くか，もしくは技能実習生や特定技能実習生に関心がある方ではないかと思います．私は，介護について最低限のことは技能実習生に認識し

てもらいたいと強調しておりますので，たとえば，文化の違いであるとか，言葉もこれだけ違うということ，ベトナムでは実際にこれだけしか教育が行なわれていないということを，そのように考えながらも，博士論文を執筆していた時には，受入れる側の日本も政策的にも体制的にもそれほど整備されていなかった段階での指摘となりましたので，それらのことを踏まえて内容を読んでいただけたらと思います．少なくとも，技能実習生である相手は外国人であることを良く理解し，その上で接していただきたい，すべての部分，生活の部分もそうですし，教育の部分もそうですし，それらを念頭に置きつつ読んでいただけたら幸いです．

慎　もう少し掘り下げて指摘すると，この書籍に示されている問題の指摘とか，あるいは課題とか，それらを知らない方々も多いと思いますから，日本で外国人労働者の受入れをしようという，介護関係で受入れをしようとする方々に読んでもらうような努力を姜さんにしてもらいたいと思います．つまり，姜さんが啓発していくという，また，将来，日本と同じ状況になるということが間違いない韓国でも，姜さんの研究成果を啓発し，この論文を読んでもらい，そして経験して，さらにその経験を学んでほしいと，繰り返しますが韓国でもこの研究成果を啓発してほしいと願います．著者が率先して啓発していかなければ，なかなか書籍を手に取り読み込むという方は最近少なくなっていますから，機会があれば，自信を持ち著者自身で啓発していく活動をしてもらえたらこの書籍が活きてくる，役に立つ，単に出版しましただけではなく，役立ってほしい，役立たせてほしい，しっかりと著者が啓発をしてください．指導教員であった者として，そのように申し上げておきます．

姜　はい，承知しました．

和田　最後になりますが，外国人労働者の問題については，ホンネとタテマエがあると思います．

姜　そうですね．

和田　技能を得てからそれらを母国に還元するということはタテマエであり，受入れる日本としてのホンネは労働者不足を少しでも補うことであり，一方，外国人労働者は出稼ぎのように外貨を稼ぎたい，東南アジアの方々は

貧困のなか来日される方も目立つと思います．まず，それらの方々に対し
ていかに接していくかということについて，どのようにお考えですか．

　そして何よりも，ベトナムもそうですが，周辺のカンボジアなど，ベト
ナム戦争の後，あるいは内戦の後のことは決して終わっていない，内戦等
で地雷を踏み片足を失った方がたくさん生活されていて，その障害がある
方々が高齢化しています<sup>(注)</sup>．そのようなところにも，日本の介護技術などを
還元してほしいという気持ちがありますが，姜さんは，どのようにお考え
ですか．

姜　まさにおっしゃる通りでして，ベトナムへの2回の訪問のうち，最初の
訪問の時だったでしょうか，日本の大使館の関係者の方とお話する機会が
ありまして，その時に話を聞いていただいたら，技能実習制度自体は，他
国への，つまりベトナムへの技術移転であっても，実際に来日する方々は，
出稼ぎであると指摘されました．日本へ出稼ぎした後にベトナムに帰国し
ても，建築などはベトナムも経済発展していますから日本で得た技術も意
味を持ちますが，介護になると介護施設は少なく需要がありません．

　ただし，ベトナムの場合は日本と比べると平均寿命が短く，介護技術は
現段階ではそれほど必要なくても，後には，10年後，20年後には介護技術
は絶対に必要になってきます．その前の段階で来日して介護技術を学んだ
方々には，10年後，20年後にはベトナムでそれらを活かしてもらい，活躍
してもらいたいと願っています．東南アジアの貧困国では，ある程度，ど
の国でも該当することであると考えています．

　ベトナムの場合ですと，来年から5・6年の間で，ベトナム国内で介護
関連施設を増やしていくという計画を政府は政策の一環としているようで
すので，その観点からアプローチすると，来日して介護技術を学ぶという
ことは非常に重要なことと考えて良いと思います．

和田　東南アジアの場合，首都や大都市，繁華街を除いては，日本でいう昭和
20年代，昭和30年代，そのような時代にスマートホンだけがあるような状
態だと想像します．決して介護技術の還元だけではなく，戦後日本の福祉
政策の発達過程も学ばれ，それらもぜひ還元してもらいたいと思いますが，
そのためのリーダーも育成してほしいと思います．

姜　　はい，承知しました．
和田　今日は，愼先生，姜さん，どうもありがとうございました．
　　　　　　　　　（テープ起こしと対談内容の編集は，進行の和田が行なった．）

（注）　左から2人目が原田翼氏である．左端の地雷で片足を失い，杖をついている方を家族が介助している様子である．カンボジアの地方の医療機関では，簡易なベッドと粗末な医療機器しか備えられていない．

写真　カンボジアの医療機関の様子
（出典）　四天王寺大学大学院生　原田翼氏の研究資料から提供された写真．2018年撮影．

## 3 「外国人介護労働者の受入れと課題」、その後の動向について(解説)

四天王寺大学人文社会学部・兼大学院人文社会学研究科　教授　和田　謙一郎

　姜美香氏が、博士号取得後、結婚、妊娠、出産、そして現在、育児に奮闘中の身であることからも、姜氏の研究にかかわる最近の動向を新しい論文として執筆する時間がとれない状況であった。そこで、博士論文の上梓にあたり、先の「対談」に関連する内容を中心にして、以下、その後の外国人介護労働者の受入れ動向など（ここでは、外国人介護労働者としての新たな就労方法など）について、専門外であるが付録担当者が若干の解説も担当させてもらうことになった。

　もちろん、愼英弘先生（四天王寺大学名誉教授）のご指摘にもあるように、「外国人介護労働者の受入れと課題」については、その詳細、さまざまな問題点の検討は、姜氏の後の研究に譲る。

　外国人労働者について、ここでは「外国人介護労働者」に限定させてもらうが、付録担当者は、それら外国人介護労働にかかわる介護労働従事者のホンネは大きく分かれていると考えている。

　まず、外国人介護労働者は、来日して就労し「外貨を得る」という目的があるものと思う。付録担当者は、先の対談のなかでも「出稼ぎ」という表現を使用した。母国と日本の物価の相違を考慮すると、来日した外国人介護労働者が賃金を得て母国の家族に月々数万円の仕送りをするならば、母国での地域差を考慮しても、5倍、10倍、あるいは、それ以上の価値になることもあると思う。つまり、外国人介護労働者が「合法的な就労手段」により数年間は日本で就労し外貨を得て帰国するならば、本心では、日本の介護技術を得ようと思っているとは考えにくい部分がある。それらの外国人介護労働者にとってみれば、日本での介護労働における「介護技術」は、あくまでも、外貨を得るための「手段」である。また、日本で学んだ介護技術を母国で活かす仕事に就労することも皆無に等しいものと想像する。

　一方、日本側からみても、当初、EPAなどで強調された「国際貢献である介護技術の母国への還元」などはタテマエであり、実際には、介護人員も含め日本の現場労働力不足を補う（いずれ補う）ことが念頭にあったことは十分に想

像できる.

　ちなみに，在留資格（ここでは，永住者，日本人の配偶者など，永住者の配偶者など，定住者などを示す．後述する在留資格「介護」と混同されないように留意願いたい）がある者が日本で外国人労働者になることに法的問題は生じなくても，それ以外の外国人は，研究者や技術者など専門性の高い職に就労する場合にのみ認められていた[1]．つまり，当初は「介護」は専門性が高いものとは扱われておらず，介護福祉士をはじめとする介護職では在留資格を得ることができなかったことになる．結局，日本側のホンネを克服するためには，外国人介護労働者を法的に就労させる環境を整備しなくてはならなくなったことになる．

　ところで，姜氏も触れているEPA介護福祉士候補者[2]は，日本の国家資格である「看護師」や「介護福祉士」資格を取得することを目的としたものである．EPA看護師候補者とEPA介護福祉士候補者では，後者は「就学コース（留学によるもの）」と「就労コース（実務によるもの）」に分かれていたが，資格取得後のEPA看護師とは異なり，当初のEPA介護福祉士は就労期間に限界があるなど差が生じていたようである．つまり両資格の専門性の違いが明確になっていたわけである[3]．

　繰り返しになるが，EPA介護福祉士候補者は，3カ国から来日した者が「就学コース」と「就労コース」があったとはいえ，相当数は就労コースによる実務経験（研修・実習後は就労していることが前提であり，すでに外貨を得ていることになる）を経て，国家資格である介護福祉士資格を目指す者が多かったものと思う．しかしここにも，外国人介護労働者の二つめのホンネがあらわれる．

　やはり，国家資格である介護福祉士を目指すことをタテマエとして日本で介護労働に従事し帰国する者（介護福祉士資格取得はタテマエである「出稼ぎ型」）と，介護福祉士を取得し，たとえEPA発行当初は有期であっても日本で働き，そして母国に何か技術を持ち帰ろうとした者（いわば「介護技術習得型・還元型」）がいたものと考えられる．

　もちろん，現在は介護福祉士資格の取得により永続的な就労（いわゆる，後述する在留資格「介護」）が認められており，EPA介護福祉士候補者は，本来的にも在留資格介護労働者を目指す者が増えたものと思われるが，後述する在留資格「介護」や在留資格「特定技能1号」の新設により，EPA介護福祉士候補

生は，それらにシフトしていく者が多くなるものと想像される[4]．

　ただし，当初であれ現在であれ，来日して外国人介護労働者を目指す者にとっての「日本語の壁」は高い．EPA 介護福祉士候補者によるものでも，介護福祉士国家試験の合格者数は思うように伸びないことも想像される[5]．

　さて，現段階のものになるが，EPA 介護福祉士候補者における日本語能力は，入国時の要件としては，以下，目安として，インドネシアとフィリピンの場合には日本語能力試験（JLPT）「Ｎ５」程度，ベトナムの場合には「Ｎ３」程度，３か国とも就労開始の段階で日本語能力検定の「Ｎ３」程度の日本語能力が求められている[6]．日本語能力試験の「Ｎ３」とは「日常的な場面で使われる日本語をある程度理解することができる[7]」というものであるが，これでは，外国人介護労働者が実務経験を経ても，介護福祉士国家試験受験となると，やはり「日本語の壁」が高いといわざるを得ない．

　ちなみに，技能実習制度の場合であれば，入国時の要件は日本語能力試験「Ｎ４」程度である[8]．日本語能力の「Ｎ４」とは「基本的な日本語を理解することができる[9]」というものである[10]．そして，１年目（技能実習１号）に日本語能力試験「Ｎ３」合格が要件とされた[11]．しかしながらこの条件は緩和され，さらには，後述する在留資格「特定技能１号」への資格変更も可能という選択肢が加わることになる．とにかく，入国後の受入れ機関の教育は，日本語能力と介護技術の向上ともに教育の質の向上が問われることになった．

　日本が介護職を専門職として扱い，それに在留資格を認めるのであれば，先の対談で，姜氏が指摘したように，この日本語能力での介護労働就労開始に疑問が残ることになる．

　なお，国家資格である介護福祉士の取得方法はさまざまであるが，日本人が介護福祉士資格を得るためには，一例をあげると，当初は高校卒業後に介護福祉士養成施設（短期大学や専門学校）の卒業などにより介護福祉士資格を取得できたが，2017年度からは，それらの者にも介護福祉士国家試験に筆記試験が課されることになった[12]．つまり，「Ｎ３」程度とは，介護技術を得るために高等教育機関に「入学」する段階でかなり対応できないものになるのである．

　以上を念頭に置けば，介護の現場では日本人・外国人を問わず，

　(1)介護福祉士（EPA 介護福祉士，在留資格「介護」などによる外国人介護労働者も含む）

(2)初任者研修・実務者研修受講者（実務経験で介護福祉士国家試験を受験する場合には，受講が必須である．）

(3)技能実習生

(4)在留資格「特定技能１号」

が混在し，介護技術のみならず日本語能力に，それぞれ相違が生じることになる．介護労働者を少しでも増やすことにはメリットがあっても，介護技術や日本語能力を原因とする介護過誤を防ぐためにも，送出し機関のみならず，やはり，受入れ機関，その後の研修・実習による教育の質が問われることになる．

　なお，この質については，以下のようなこともいえる．

　まず，技能実習生であれば，日本語「Ｎ４」以上で来日後の研修が２カ月と実習の６カ月を経ると，介護報酬上の算定対象となる．EPA 介護福祉士候補者の場合，インドネシア人・フィリピン人候補生の場合（インドネシア人候補生は2008年度から，また，フィリピン人候補生は2009年度から）には，日本語「Ｎ５」以上で来日後の研修が６カ月と実習の６カ月を経ると，介護報酬上の算定対象となる．なお，ベトナム人候補生（2014年度から）の場合には，日本語「Ｎ３」以上で来日後の研修が2.5カ月と実習の６カ月を経ると，介護報酬上の算定対象となる[13]．研修期間の差は，来日時の日本語レベルの差ということになる．姜氏は，以上の外国人介護労働者と，日本人など介護労働者が初任者研修を受講した後の介護技術などが同程度になるか否かに懸念を示し教育の質を問うているのである．

　次に，前述した「在留資格『介護』[14]」と「在留資格『特定技能１号』[15]」が加わる．在留資格「介護」（2017年９月から）は，短期大学や専門学校（入学段階で「Ｎ２」程度とされるが，在学生は実際には「Ｎ２」「Ｎ３」が相当数を示している[16]）などの介護福祉士養成施設卒業と介護福祉士国家試験合格を前提とした外国人が前提であるので，日本語能力や介護技術などは，日本人の介護福祉士と同等と考えて良い．もちろん，在留資格「介護」は，就労時から介護報酬算定対象となる[17]．

　在留資格「特定技能１号」（2019年度から）については，当初から人手不足を補うことを目的とした，最長５年（介護福祉士を取得すると永続的な就労が可）の在留資格である．日本語要件は入国時の要件として「ある程度日常会話ができ，生活に支障がない程度．介護の現場で働く上で必要な日本語能力」などと示さ

れている[18]．具体的には「日本語基礎テスト」か「日本語能力試験（Ｎ４）」に合格し，さらに介護分野では「介護日本語評価試験」に合格しなくてはならない．介護施設などの受入れ体制が整えられていれば，介護報酬の扱いは就労時から算定される．2019年４月13日にフィリピンのマニラで在留資格「特定技能１号」（介護分野）の試験が行なわれたが，フィリピンにおける生活苦を原因に外貨を稼ぎたい者が多い様子であった[19]．介護労働者不足を補うためとはいえ，これでは介護技術の質に懸念の声が上がっても当然といえる．

　加えて，３年以上の経験がある技能実習生は日本語能力試験における要件を満たしても，あるいは満たさなくても，結果としては在留資格「特定技能１号」に資格変更する途が認められた．この事実上の滞在期間延長が，日本語能力の向上はもちろん，介護福祉士資格を持たない外国人介護労働者が介護福祉士を目指すための新たな期間となれば良い．しかし，日本と外国人介護労働者双方にあるホンネの部分にある，単なる安価な介護労働者不足対策と外貨を得るための帰国までの期間を延ばす手段となれば，外国人介護労働者の介護技術の向上につながらない．一連の，外国人介護労働者にかかわる制度が形骸化する虞がある．

　最終的に，来日して外国人介護労働者として就労することは，やはり日本で「外貨を得る」ための「介護」を「手段」とする者（出稼ぎ型）と，「介護福祉士」資格を取得しその後も日本で働くとしても，一定期間は働き外貨を得て母国に帰国し別の職につくか，なんらかの形をとり日本で得た「介護技術」を活かし母国に還元していくことを目指す者（介護技術習得型・還元型），そして，「介護福祉士」として永続的な就労となる者（在留資格「介護」）が混在することになる．数年間という比較的短期の就労と，永続的な長期の就労を前提とした外国人介護労働者が混在して介護労働に従事することになるが，介護労働者が不足するとはいえ，これらの環境下における日本語能力の向上や介護技術格差の是正は喫緊の課題であり，送出し機関も受入れ機関も克服していかなくてはならない課題が数多い．

　なお，姜氏はベトナムには「介護」という概念はないという．もっとも，日本で使用されている「介護」という言葉自体も元々は造語であると付録担当者は記憶している．戦後直後の日本では「介護」ではなく，一般的に「看護」や

「介助」という言葉が使用されていたとされる．付録担当者が，過去に各資料を確認するなかで偶然に知った「介護」という表現の使用例は，昭和20年代後半から昭和30年代はじめに使用されてきたものと記憶をしているが，当初は「家族が家族を看護する」などと使用されていたと示されていたことを記憶しており，そこでの「看護」は「世話」をするという意味で使用されていたものと考えている．

　実際に，保健師助産師看護師法の第5条には，看護師の業務として「療養上の世話」「診療の補助」が定められている．「療養上の世話」とは相手が患者などであることが前提となるが，後に使用される言葉である「介護」とかなり重なる部分がある．

　ちなみに，日本では戦前から「看護婦」は存在していた．そして，敗戦後は，GHQ主導のもとでの医療法制の改革となり，保健婦・助産婦・看護婦らの資質向上も急務とされ保健婦助産婦看護婦法が定められた経緯がある[20]．さらに，敗戦後に医療従事者の活動により家庭奉仕員制度を普及させた過程を考えれば，姜氏が対談で述べた，「ベトナムには『看護』の概念は存在するが『介護』の概念がない」という事実に対し，日本の社会事業史や介護福祉を学んだ姜氏らの活動により，ベトナムや周辺諸国における「看護・介護の協働」の普及について，特に「介護」ついてはそれら活動が寄与することになると考えられる．

　日本では，現在，看護師の働く環境や就労者についての地域格差などの問題を除けば，潜在的看護師の再教育や看護系大学・学部の増設により，看護師の数の確保はある程度の見通しがたつ．しかし，少子高齢化が進むなかで現場の問題としては介護福祉士など介護職の数は決定的に不足している．介護職の質どころか，数の確保の見通しもたたない現実がある．

　外国人介護労働者などが介護福祉士国家試験に合格し在留資格「介護」の対象者となれば，永続就労も可能になり，先に述べたホンネとタテマエも本来的な姿に変わる．その前提には，もちろん，日本における介護職の待遇改善がある．この改善がなければ，レベルの高い外国人介護労働者は他の国で働く途を選択してしまうからである．

　一方，日本語能力の問題が存在する以上，日本語の試験による「介護福祉士試験合格の壁」は依然として高く，外国人介護労働者の介護福祉士国家試験合

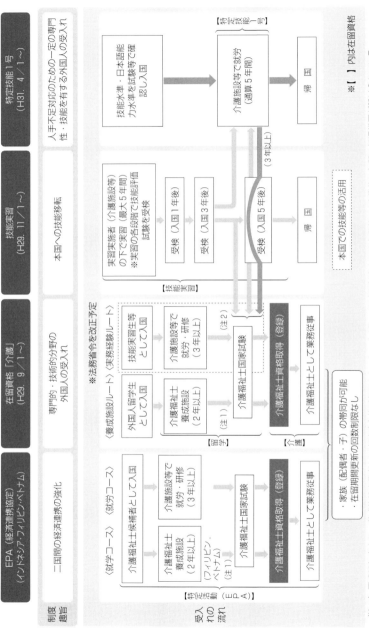

外国人介護人材受入れの仕組み

(注1) 平成29年度より、養成施設卒業者も介護福祉士国家試験合格が必要となった。ただし、平成33年度までの卒業者には卒業後5年間の経過措置が設けられている。
(注2) 「新しい経済対策パッケージ」(平成29年12月8日閣議決定)において、「介護分野における技能実習や留学中の資格外活動による3年以上の実務経験に加え、実務者研修を受講し、介護福祉士の国家試験に合格した外国人に在留資格を認めること」とされており、現在、法務省令の改正に向けて準備中。
(出典)「介護分野における特定技能外国人材の受入れについて」厚生労働省、2019(平成31)年3月。

格者の極端な増加は望みにくい現実がある．ただし，外国人介護労働者を受入れる側の日本は，外国人介護労働者が介護福祉士の国家資格を目指す・目指さないに関係なく，これまでにも見受けられるように「要件の緩和」で長期間の在留資格を認めながら，外国人介護労働者に介護労働を依存するしかないというジレンマが，そこにある．

　以上の矛盾やジレンマに対応していくためには，外国人が日本で介護労働者・介護福祉士になることを目指すならば，本人の努力は当然としつつも，とにかく「送出し機関」と「受入れ機関」における研修・実習などの日本語・介護教育の充実，そして外国人介護労働者を労働者として捉え生活面における受入れ体制を充実していくなど，それぞれの環境の設定が急務となる．

　最後に，単純に GDP などによる比較しかできないが，付録担当者は，相対的とはいえアジア貧困国にあたる国々の「新たな社会保障・社会福祉のひとり歩き」が必要と考えている．日本での高齢者介護の増大は周知の事実であり，障害者の高齢化も目前にあるが，遠くない将来に，アジア貧困国にあたる国々も同様の状態になっていく．

　それら国々の遠くない将来が予測できるなか，日本の社会福祉について，高齢・障害・児童などを問わず各種援助技術，そして姜氏のいう日本型介護と呼ばれるなかでの介護技術とその教育指導実践，さらには戦後の日本が歩み経験してきた福祉政策の発達について，姜美香氏ら若手実務家・若手指導者の研究と実務関係の積極的な活動によりそれらの国々に還元されていくことをこの付録をまとめた者として祈念することにしたい．

　以上，外国人介護労働者の後の受入れ動向というよりも，今後の姜美香氏らの活動に期待を込めた付録担当者の稚拙な文章であったが，ご了承願いたい．


注
1 ）　これらも在留資格である．一定の在留資格を設けることには，不法入国，不法就労などを防ぐことや，一方，ブローカーを通じて企業が安価な労働力を求め外国人労働者を虐待することなどを防ぐ双方からの意味があると考えられる．
2 ）　EPA 介護福祉士候補者が来日する（もちろん，すでに来日している）対象となる国は，インドネシア（2008年度から），フィリピン（2009年度から），遅れてベトナム（2014年度から）である．

3） この点は，2017年9月から在留資格「介護」が認められたことにより，介護福祉士の専門性が確立され解決されることになる．

4） インドネシア，フィリピン，ベトナムの看護師が来日しEPA看護師を目指す場合を除くと，外国人介護労働者が介護福祉士を目指す場合は，技能実習生や在留資格「特定技能1号」でも介護福祉を目指すことができることからも，EPA介護福祉士候補者は，母国での資格や学習経験の扱いや受入れ調整機関が異なる差が生じることを前提とした，あくまでも外国人介護労働者を雇用するための一つの選択肢に過ぎない．なお，EPA介護福祉士（資格取得者）は，広く在留資格「介護」に含まれたことになる．

5） なお，介護福祉士国家試験受験の際には，専門用語にルビをつけるなどの対応がなされた様子である．

6） 厚生労働省「外国人介護職員の雇用に関する介護事業者向けガイドブック」pp. 2-3 厚生労働省　老人保健健康増進等事業「外国人介護人材の受入れ環境の整備に向けた調査研究事業」（平成30年度）において作成されたもの（平成31年3月）．

7） 前掲6），厚生労働省，p. 3.

8） 外国人技能実習制度とは，「日本から諸外国への技能の実習を目的として，外国人を日本の産業現場に一定期間受け入れ，OJTを通じて技能や技術等を学んでもらい，母国の経済の発展に役立ててもらうための制度」と説明されている．在留期間は最長5年である．厚生労働省　前掲6）p. 8　しかし，現実には日本の労働力不足を補う制度となっていることは否定できない．

9） 前掲6），厚生労働省，p. 3.

10） 前掲6），厚生労働省，p. 3.

11） 朝日新聞2019年（平成31年）3月30日（土）朝刊7面．

12） 実技試験のみ免除となる．ただし，2021年度までの卒業生には，経過措置として卒業後5年間の経過措置がある．厚生労働省「介護分野における特定技能外国人材の受入れについて」（平成31年3月）（https://www.mhlw.go.jp/content/12000000/000510 709.pdf　2019年4月閲覧）．

13） 前掲12），なお，EPA，技能実習ともに，日本語能力試験「N2」を取得している者は，就労開始から算定される．厚生労働省．

14） 2017年9月からの受入れであるが，これはあくまで介護福祉士の資格取得者である．なお，短期大学や専門学校などに留学中の資格外活動については週28時間の制限があることなどに留意を要する．

15） 前掲12），在留資格「特定技能1号」は，当初から「人手不足対応のための一定の専門性・技能を有する外国人受入れ」とされていることが，技能実習制度との相違である．なお，介護施設などの受入れ体制が整えられていれば，介護報酬の扱いは就労時から算定される．厚生労働省．

16)　前掲6），厚生労働省，p. 13.

17)　前掲12），厚生労働省.

18)　前掲6），厚生労働省，p. 3.

19)　朝日新聞2019年（平成31年）4月14日（日）朝刊1・2面.

20)　当初は「保健婦助産婦看護婦法」（昭和二十三年法律第二十三号）である．戦前からの詳細については，園部逸夫・田中舘照橘・石本忠義編『社会保障行政法』pp. 424-425（有斐閣1980）など参照のこと.

# あ と が き

　本書は，2017年3月の四天王寺大学審査学位論文を上梓したものである．本書の構成としては，博士論文をまとめた本論と，付録1として，博士論文の審査結果の要旨，付録2として，学部の時代からお世話になっていた和田謙一郎先生の司会により進められた四天王寺大学大学院人文社会学研究科の博士後期課程時の指導教授であった慎英弘先生と筆者である私との対談，付録3として，最近の外国人介護労働者の受入れに関する資料と和田謙一郎先生が執筆してくださったその解説からなる．

　前述した博士論文に加え，付録を追加した主な理由としては，学位請求論文を提出したのが2016年9月であり，本書の出版時期から約3年前というタイムラグが発生しているからである．そのため，統計資料や参考文献等においても2016年までのものに限られている．特に，博士論文の第6章である「ベトナムにおける介護分野の技能実習生確保への取組み」は，介護分野の外国人技能実習生の受入れに関する事前調査をベトナムに限定し，現地調査を行ったものの，現地調査の実施時期が2015年11月であったことを考慮すると，当時のベトナム現地調査から明らかになった四つの問題点及び課題（①日本語教育や介護に関するカリキュラム整備の有無，②ベトナム人の介護に関する認識度，③外国人技能実習生の人権問題，④日本で習得した技術の母国での活用問題）も今やマスコミ等を通じて一般的な問題や課題としてすでに取り上げられているか，または，すでに法律上での改正等が施行されている部分もある．実際，私が本書に掲載している博士論文は前述したように2016年9月までの資料に基づくものである．同年11月1日の「外国人の技能実習の適正な実施及び技能実習生の保護に関する法律」（平成28年法律第89号）の施行にて，技能実習制度における介護分野が追加されることとなったが，そのことに触れることができなかった．しかしながら，その法律の内容に関連するものとして，現地調査実施時点において，上記の四つの問題点及び課題を明確にすることができたという点を強調しておきたい．

　現地調査の結果から現状を考えると，介護分野における技能実習生の受入れはEPAを除いて日本として初めての経験であるため，介護現場における不安

要素は多い．これは決して技能実習制度だけでなく，2019年4月1日に施行された「特定技能」という新たな在留資格においても同様であろう．その際の懸念として，①介護に関する教育問題である．技能実習制度においては，技能実習実施機関等において，技能実習責任者や技能実習指導員を配置し，技能実習生に対し技能実習の管理及び指導等を行う役割を持つものが存在する．しかし，各利用者の個別性に基づく介護援助技術の実践とはいえ，具体的にどのような基準に基づき，どのように指導すべきか等を含む教育・生活支援等のガイドラインとしての方針はなく，各監理団体，各企業，各介護現場（技能実習実施機関）や技能検定試験の試験監督員の裁量に依存している傾向が強い．つまり，技能実習内容において，それぞれの介護現場の性格によって異なる教育内容となる可能性が高いため，技能習得の過程においても，習得後の技能水準においても相違がみられる可能性が高い．これは，特定技能においても同様な問題として考えられるだろう．特定技能の場合において，外国人介護人材の受入れが初めての介護現場等に対する具体的な教育・生活支援等のガイドラインは存在せず，雇用後はすべて各企業や各介護事業所（施設）に委ねられている．

　また，日本における外国人介護人材の受入れは，従来のEPAを除き，具体的な実績や事例がないことから，今後どのような新たな問題や課題等が発生するかはまだ見当がつかないところである．この点については，今後も研究を続け，日本国内における介護分野の技能実習生や特定技能による外国人介護労働者の雇用に関する情報収集，事例検討及び介護現場における問題や課題などについて，教育，技能実習の実態，雇用の実態など，多方面から介護現場での外国人介護人材の受入れについて考察していく予定である．

　私の主な研究テーマである日本と韓国の比較研究においても，今後の日本の介護分野における外国人人材の受入れ問題は大きな意味をもつものとなるだろう．韓国においても，日本と同様に介護という仕事は，いわゆる3K労働としてのイメージが強く，年々加速化していく高齢化に伴い，介護労働者の人手不足問題は深刻化していくに違いない．これらの状況を踏まえると，この外国人介護人材の受入れ問題を多角的な視点に立って研究し続けることは，日本だけではなく，韓国における今後の介護労働者のあり方について微力ながら貢献できるだろう．

あとがき　*199*

　あとがきを終えるにあたって，2005年四天王寺大学，当時は四天王寺国際仏教大学の人文社会学部に編入した時，鈴木壽惠先生のご指導を受け，2007年四天王寺大学大学院人文社会学研究科の博士前期課程に進学した時には，中垣昌美先生，鈴木壽惠先生のご指導を頂いた．ここに記して心を込めて感謝を表したい．また，博士後期課程から現在に至るまでご指導・ご鞭撻を頂いた愼英弘先生に心より深く御礼を申し上げたい．愼先生のご指導があったからこそ，本書が存在可能であったといえる．そして，四天王寺大学の学部時代から大変お世話になっている和田謙一郎先生に御礼を申し上げたい．本書の出版をこころよく引き受けてくださった蘆田康二氏，編集部の西村喜夫氏，野田純一郎氏にも感謝したい．

　最後に，いつもそばで応援してくれる両親，夫など我が家族全員に感謝したい．

　　2019年 8 月21日

　　　　　　　　　　　　　　　　　　　　　　　　姜　　美香

# 主要参考文献

## 日本語文献

青木健，馬田啓一『グローバリゼーションと日本経済』，文眞堂，2010.

朝日新聞社『知恵蔵』2015，朝日新聞社，2015.

アジア人労働者問題懇談会『侵される人権・外国人労働者　日本への出稼ぎ労働者をめぐる現状と助言』，第三書館，1992.

石井由香，関根政美，塩原良和『アジア系専門職移民の現在　変容するマルチカルチュラル・オーストラリア』，慶應義塾大学出版会，2009.

石川秀樹，松村武，本間邦弘，小林幸雄，西川豪康『最新外国人労働者雇用管理マニュアル』，新日本法規出版，2005.

石田路子「日本におけるフィリピン人介護職の受け入れに関する現状」，城西国際大学紀要第19巻第3号，2011.

馬田啓一，小野田欣也，西孝『国際関係の論点　グローバル・ガバナンスの視点から』，文眞堂，2015.

大重史朗「外国人技能実習制度の現状と法的課題」『中央学院大学法学論叢』第29号，2016年3月.

岡谷恵子「介護人材受け入れのめざすもの」『月刊福祉』，全社協，2008年10月.

岡谷恵子「日本看護協会の外国人看護師受け入れに関する見解」『インターナショナルナーシングレビュー』，日本看護協会出版会，2005年7月号.

小倉充夫『国際移動論　移民・移動の国際社会学』，三嶺書房，1997.

落合恵美子『アジア女性と密接生の労働』（変容する親密圏／公共圏2），京都女子大学学術出版会，2012.

外国人介護人材受入れの在り方に関する検討会『外国人介護人材受入れの在り方に関する検討会中間まとめ』，厚生労働省社会・援護局福祉基盤課福祉人材確保対策室，平成27年2月4日.

外国人研修生権利ネットワーク『外国人研修生時給300円の労働者2』，明石書店，2009.

「外国人実習生」編集委員会編『外国人実習生』，学習の友社，2013.

外国人労働者の雇用管理のあり方に関する研究会『外国人労働者の雇用管理のあり方に関する研究会報告書』，厚生労働省職業安定局，2003.

外国人労働者労務管理問題研究会『外国人労働者・研修生の労務管理の実務』，第一法規出版，1991.

介護福祉士のあり方及びその養成プロセスの見直し等に関する検討会「これからの介護を支える人材について──新しい介護福祉士の養成と生涯を通じた能力開発に向けて──」，厚生労働省，2006.

介護労働安定センター業務部雇用管理課「平成27年度『介護労働実態調査』の結果」，公益
　　財団法人介護労働安定センター，2016.

外務省「最近のベトナム情勢と日ベトナム関係」，外務省，2002.

鐘ヶ江晴彦『外国人労働者の人権と地域社会　日本の現状と市民の意識・活動』，明石書店，
　　2001.

上林千恵子『外国人労働者受け入れと日本社会　技能実習制度の展開とジレンマ』，東京大
　　学出版会，2015.

関東弁護士会連合会『外国人労働者の就労と人権』，明石書店，1990.

岸本和博『外国人技能実習生受入れ実践ガイド』，明石書店，2015.

木村汎，グエン・ズイ・ズン，吉田元夫『日本・ベトナム関係を学ぶ人のために』，世界思
　　想社，2000.

グエン・タイン・タムほか2名「ベトナムにおける日本語教育と日本研究の動き」，国際日
　　本文化研究センター，2015.

グエン・ティ・ホアン・サー「日本の外国人研修制度・技能実習制度とベトナム人研修生」，
　　佛教大学大学院紀要第41号，2013.

グエン・ティエン・ルック「ベトナムにおける近年の日本研究の状況とその特徴」『立命館
　　言語文化研究』21巻3号，立命館大学国際言語文化研究所，2010.

グエン・ファン・ハオ「ベトナムにおける日本語教育」『世界の日本語教育』第2号，国際
　　交流基金日本語国際センター，1995.

桑原靖夫『グローバル時代の外国人労働者　どこから来てどこへ』，東洋経済新報社，2001.

桑原靖夫「アジアにおける国際労働力移動の一断面──フィリピン経済と海外出稼ぎ労働者
　　──」『日本労働研究雑誌』第373号，日本労働研究機構，1990.

桑原靖夫，香川孝三，坂本恵『外国人労働者と地域社会の未来』（福島大学ブックレット
　　『21世紀の市民講座』），公人の友社，2008.

経済産業省経済産業政策局『ダイバーシティ経営戦略3』，一般財団法人経済産業調査会，
　　2015.

経済省統計局『世界の統計2015』，経済省統計局，2015年3月.

建設労働安全研究会編『建設業における外国人技能実習制度と不法就労防止』，労働新聞社，
　　2014.

建設労務安全研究会編『建設業における外国人技能実習制度と不法就労防止』，労働新聞社，
　　2012.

小井土有治『外国人労働者　政策と課題』，税務経理協会，1992.

公益財団法人介護労働安定センター「実務者研修について」，公益財団法人介護労働安定セ
　　ンター，2012.

公益財団法人国際研修協力機構「技能実習生・研修生統計2015年12月末分」，公益財団法人
　　国際研修協力機構，2016年3月.

公益社団国際厚生事業団「平成27年度版EPAに基づく外国人看護師・介護福祉士受入れパンフレット」，公益社団国際厚生事業団，2006.

厚生労働省「今後の出入国管理行政の在り方」，第6次出入国管理政策懇談会，2015年12月.

厚生労働省『世界の厚生労働2015』，厚生労働省，2015.

厚生労働省・法務省と共同提出「外国人の技能実習生の適正な実施及び技能実習生の保護に関する法律案要綱」，厚生労働省，2015年3月.

厚生労働省社会・援護局福祉基盤課「介護福祉士養成課程における教育内容の見直しについて（案）」，厚生労働省，2007.

厚生労働省職業安定局外国人雇用対策課「外国人雇用問題研究会報告書の取りまとめについて」，厚生労働省，2002年7月.

厚生労働省職業安定局総務課「雇用対策法等の見直しに係る検討課題について」，厚生労働省，2006年11月.

厚生労働省職業能力開発局「技能実習制度に関する基礎資料」，厚生労働省，2014.

国際学園『外国人による介護福祉士業務の定着に向けた効果的研修プログラムの開発に関する調査研究』，国際学園，2014.

国際研修協力機構『外国人技能実習生労務管理ハンドブック』，国際研修協力機構，2011.

国際厚生事業団『EPA介護福祉士の定着促進の課題に係る調査報告書』，国際厚生事業団，2015.

国際厚生事業団『外国人介護労働者に係る実態調査報告書』，国際厚生事業団，2015.

後藤純一『外国人労働者と日本経済 マイグロノミクス（外国人労働者の経済学）のすすめ』，有斐閣，1993.

小林英之『外国人労働者雇用のノウハウ 中小企業の人手不足に応える』，海南書房，1990.

今後の介護人材養成の在り方に関する検討会「今後の介護人材養成の在り方について（概要）」，厚生労働省，2013.

今後の介護人材養成の在り方に関する検討会「今後の介護人材養成の在り方について（概要）」，厚生労働省，2011.

近藤秀将『外国人雇用の実務』，中央経済社，2015.

財団法人国際研修協力機構「外国人技能実習生総合保険のご案内」，財団法人国際研修協力機構，2013.

財団法人国際研修協力機構『外国人技能実習制度概説』，国際研修協力機構，2010.

坂場三男『大使が見た世界一親日な国・ベトナムの素顔』，宝島社，2015.

坂幸夫『外国人単純技能労働者の受け入れと実態 技能実習生を中心に』，東信堂，2016.

佐藤忍「フィリピンからみた外国人労働者問題研究の現在」『大原社会問題研究所雑誌』No. 529，法政大学大原社研，2002年12月.

佐藤誠『越境するケア労働 日本・アジア・アフリカ』，日本経済評論社，2010.

佐野誠，宮川真史ほか2名『すぐに使える！事例でわかる！外国人雇用実践ガイド』，レク

シスネクシス・ジャパン，2015.

佐野哲「外国人研修・技能実習制度の構造と機能」，一橋大学機関リポジトリ，2002.

ジェトロ・ハノイ「2015年ベトナム一般概況」，JETRO，2015年8月.

島田章『外国人労働者流入と経済厚生』，五絃舎，2006.

社会政策学会『社会政策　第7巻第2号（2015DECEMBER）〈小特集〉1．東アジアにおける外国人労働者，移民と多文化主義2東アジアにおける外国人労働者，移民と多文化主義　2．労働・職業教育の新地平』，社会政策学会本部，2015.

「社会福祉法等の一部を改正する法律」（平成28年法律第21号）.

「社会福祉法等の一部を改正する法律の施行について（通知）」（平成28年3月31日社援発0331代41号社会・援護局長通知）.

社会保障審議会介護保険部会「介護人材の確保について」，厚生労働省，2015.

「出入国管理及び難民認定法の一部を改正する法律」（平成元年法律第79号）.

出入国管理政策懇談会外国人受入れ制度検討分科会『技能実習制度の現状と課題等について』，法務省入国管理局，平成25年11月.

女性労働問題研究会『女性労働研究』No. 52，女性労働問題研究会，2008.

鈴木宏昌「外国人労働者受け入れ問題を考える――FTA交渉と看護・介護分野を含めて――」『看護展望』Vol. 29，メディカルフレンド社，2004.

世界保健機関『WorldHealthStatistics2015』，世界保健機関，2015年5月.

丹野清人『越境する雇用システムと外国人労働者』，東京大学出版会，2007.

チャン・ソン「ベトナムにおける日本語教育の発展」『日本・ベトナム文化交流会報』，明治書院，1992.

塚田典子『介護現場の外国人労働者　日本のケア現場はどう変わるのか』，明石書店，2010.

東京外国語大学多言語・多文化教育研究センター『外国人労働者をどう受け入れるのか「くにのかたち」と「まちづくり」』，東京外国語大学多言語・多文化教育研究センター，2007.

独立行政法人日本学生支援機構「平成27年度外国人留学生在籍状況調査結果」，独立行政法人日本学生支援機構，2016年3月.

独立行政法人労働政策研究・研修機構『専門的・技術的労働者の国際労働力移動――看護・介護分野とIT産業における主要課題――』JILPT資料シリーズNo. 19，独立行政法人労働政策研究・研修機構，2006.

トラン・ヴァン・トウ『東アジア経済と労働移動』，文眞堂，2015.

内閣府「第9次雇用対策基本計画」，内閣府，1999年8月.

内閣府大臣官房政府広報室「外国人労働者問題に関する世論調査」，内閣府，2000年度，2004年度.

永野秀雄「あなたは外国人看護師に命を預けられるか」『正論』，産経新聞社，2007年3月.

中原光信『ベトナムへの道　日越貿易の歴史と展望』，社会思想社，1995.

中本博皓『グローバル化時代を迎えた日本経済と外国人労働者政策　現状と課題』，税務経理協会，2001.

日経 BPnet「時代を読む新語辞典」，日経 Bpnet，2008年2月5日.

日本経済団体連合会『外国人材受入れに関する第二次提言』，（社）日本経済団体連合会，2007年3月20日.

日本経済調査協議会『外国人労働者受入れ政策の課題と方向　新しい受入れシステムを提案する』，日本経済調査協議会，2008.

日本弁護士連合会「外国人建設就労者受入事業に関する告示案に係わる意見書」，日本弁護士連合会，2014年7月.

日本弁護士連合会「外国人技能実習制度の早急な廃止を求める意見書」，日本弁護士連合会，2013.

日本労働研究機構研究所『ベトナムの労働事情』（海外調査シリーズ４），日本労働研究機構，2000.

日本労働研究機構研究所『発展途上国の雇用開発ベトナム編』（調査研究報告書 No. 109），日本労働研究機構，1998.

日本労働研究機構研究所『外国人労働者が就業する地域における住民の意識と実態　群馬県大泉町・長野県上田市・宮城県古川市の地域研究』，日本労働研究機構，1997.

日本労働研究機構研究所『外国人労働者受入れの法規制　その国際的動向と課題』，日本労働研究機構，1995.

林幹『外国人労働者雇用・活用実践ガイド　入管手続・労務管理のポイントがよくわかる1冊』，労働調査会，2009.

藤原孝章『外国人労働者問題と多文化教育　多民族共住時代の教育課題』，明石書店，1995.

法務省「出入国管理及び難民認定法の一部を改正する法律」，法務省，2015年3月6日．法務省入国管理局「技能実習生の入国・在留管理に関する方針」（平成25年12月改訂），法務省入国管理局.

法務省「出入国管理及び難民認定法の一部を改正する法律案の概要」，法務省，2015年3月6日.

法務省「第2次出入国管理基本計画」，2003年3月.

法務省統計局「国籍・地域別在留資格（在留目的）別在留外国人」2015年度.

法務省統計局「国籍・地域別在留資格（在留目的）別在留外国人」2014年度.

法務省入国管理局「技能実習生の入国・在留管理に関する指針」，2013.

法務省入国管理局「技能実習生の入国・在留管理に関する指針」，2009.

細田尚美『始動する外国人材による看護・介護——受け入れ国と送り出し国の対話——』，笹川平和財団，2009.

堀田正典『事業を始めるなら「事業協同組合」が絶対お得です』，中経出版，2012.

増谷英樹『移民・難民・外国人労働者と多文化共生』，有志舎，2009.

宮川俊二『アオザイの国へ』，同友館，2002．

宮島喬『外国人労働者と日本社会』，明石書店，1993．

宮島喬，鈴木江理子『外国人労働者受け入れを問う』，岩波書店，2014．

宮原彬「ベトナムの日本語教育事情」『長崎大学留学生センター紀要』vol. 7，留学生センター，1999．

村下博『外国人労働者問題の政策と法』，大阪経済法科大学出版部，1999．

吉田良生「国際人口移動の新時代」『人口学ライブラリー』4，原書房，2006．

依光正哲『日本の移民政策を考える人口減少社会の課題』，明石書店，2005．

労働政策研究・研修機構「帰国技能実習生のフォローアップ調査」（平成26年度），厚生労働省，2015年5月22日．

労働政策研究・研修機構『欧州諸国における介護分野に従事する外国人労働者』（JILPT 資料シリーズ），労働政策研究・研修機構，2014．

労働政策研究・研修機構『アメリカの外国人労働者受入れ制度と実態』（JILPT 資料シリーズ），労働政策研究・研修機構，2009．

労働政策研究・研修機構『外国人労働者の雇用実態と就業・生活支援に関する調査』（JILPT 調査シリーズ），労働政策研究・研修機構，2009．

労働政策研究・研修機構「アジアにおける外国人労働者受入れ制度と実態（労働政策研究報告書）」，労働政策研究・研修機構，2007．

労働政策研究・研修機構『欧州における外国人労働者受入れ制度と社会統合』（労働政策研究報告書），労働政策研究・研修機構，2006．

労働政策担当参事官室が実施する検討会『日本再興戦略』改訂2015――未来への投資・生産性革命――，労働政策担当参事官室，平成27年6月30日．

渡邊博顕「外国人労働者の雇用の現状と雇用管理上の課題」『ビジネス・レーバー・トレンド』2008年5月号，独立行政法人労働政策研究・研修機構，2008年4月．

2012年厚生労働省告示第507号「看護師及び介護福祉士の入国及び一時的な滞在に関する日本国政府とベトナム社会主義共和国政府との間の交換公文に基づく看護及び介護分野におけるベトナム看護師等の受入れの実施に関する指針」．

2008年11月6日付医政発第1106012号，職発第1106003号，社援発第1106004号，老発第1106007号「経済上の連携に関する日本国とフィリピン共和国との間の協定に基づく看護及び介護分野におけるフィリピン人看護師等の受入れの実施に関する指針」．

2008年厚生労働省告示第312号「経済上の連携に関する日本国とインドネシア共和国との間の協定に基づく看護及び介護分野におけるインドネシア人看護師等の受入れの実施に関する指針」．

## 韓国語文献

김원철「국내 외국인 노동자의 효과적인 관리제도에 관한 연구」，동신대학교 대학원, 1999.

김선수「세계화와외국인노동자 인권」, 『한겨례신문』 1995年 1 月 14日.

김홍락「일본의 입관법 개정과 외국인 노동자 정책」『지역연구』, 1994.

박영범「외국인력 수입과 정책과제」, 중소기업연구원, 1996.

「산업기술연수생의 노예노동」, 『한겨례신문』 1995年 1 月 12日.

설동훈『외국인노동자와 한국사회』, 서울대학교출판부, 1999.

설동훈『노동력의 국제이동』, 서울대학교출판부, 2000.

설동훈「이주노동자 복지의 현황과 전망」『계간 사회복지』, 2005.

설동훈「일본과 한국의 외국인노동자 정책비교」, 전북대학교, 2005.

송병준「외국인력문제의 실태와 대응방안」, 산업연구원, 1994.

임동규「불법체류외국인 감소를 위한연구」, 성균관대학교 행정대학원, 1999.

이광석「정책참여자간 갈등원인과 양상에 관한 연구」, 성결대학교대학원, 2015.

「외국인 산업기술연수생은 현대판 노예」, 『동아일보』 2000年 5 月 3 日.

염제호「외국인 고용에 따른 사회, 경제적 영향평가와 규율방안」, 고려대학교 노동
문제연구소, 1998.

중소기업협동조합중앙회, 중소기업연구원『외국인 연수취업제의 정책적효율성에 관한
연구』, 중소기업중앙회, 2004.

허윤정외 3 명「외국인 노동자의 실태 및 고용허가제의 문제점」, 한국노총중앙연구원,
2006.

韓国『外国人勤労者の雇用等に関する法律』第 4 条, 第27条.

韓国雇用許可制度「外国人雇用許可制情報」.

韓国雇用労働部「外国人雇用許可制」.

韓国統計庁「経済活動人口調査」各年度.

韓国統計庁「年齢別経済活動人口総括」各年度.

# 索　引

### 〈数字・アルファベット〉

3K 労働　1
65歳以上高齢人口　15
65歳以上高齢世帯　15
65歳以上女性人口　17
65歳以上男性人口　17
ADL　174
IADL　174
MOU（了解覚書）　38

### 〈ア　行〉

悪徳斡旋事業者　3
斡旋機関　54
一般雇用　39
一般世帯　15
インドネシア　20
受入れ機関　193
永住者　23
送出し機関　119

### 〈カ　行〉

介護援助技術　145
介護過程　138
介護技術　135
　　——講習　131
外国人技能研修制度　2
外国人技能実習機構（OTIT）　180
外国人技能実習生　3
　　——総合保険　86
外国人技能実習制度　3
外国人勤労者雇用許可制度　2
外国人雇用問題研究会　71
外国人産業技術研修調整協議会　30
外国人産業研修就職制　32
外国人産業研修制度　2
外国人産業人力政策審議委員会　32
外国人単純労働者　1
外国人の技能実習の適正な実施及び技能実習生

　　の保護に関する法律案要綱　76
外国人留学生在籍状況調査　97
外国人労働者　1
　　——の受入れ実態　6
　　——の雇用　6
介護実習　135
介護職員　20, 128
　　——基礎研修修了者　138
　　——初任者研修実施機関　147
介護人材の確保について　124
介護総合演習　135
介護日本語評価試験　190
介護の基本　138
介護福祉士　55, 128
　　——候補者　55
　　——養成校　48
介護報酬　20
介護保険法　135
介護労働実態調査　124
介護労働者　4
介護労働力　123
開発途上国　23
家政婦　102
家族機能　9
家族形態　9
家族滞在　23
家族内介護　118
家庭奉仕員制度　191
カリキュラム　101
韓国カトリック教会協議会　33
看護婦　191
企業単独型　74
企業内保育所　20
帰国技能実習生のフォローアップ調査　89
技術・人文知識・国際業務　22
技術移転　3
技能移転　6, 70
技能検定　70, 83
技能実習 1 号　73

―――ロ　20
技能実習2号　73
―――ロ　20
技能実習計画　83
技能実習指導員　84
技能実習生の入国・在留管理に関する指針
　　88
技能実習日誌　84
協同組合　181
経済連携協定（EPA）　4
公益財団法人国際研修協力機構（JITCO）
　　70, 81
後期高齢者　20
講習手当　84
高度人材　58
高齢化社会　13
高齢社会　13
高齢者虐待防止法　132
高齢者世帯の推移　4
高齢者福祉　13
高齢世帯数　9
高齢世帯の推移　13
ゴールドカード制度　36
国際協力　29
国際厚生事業団（JICWELS）　51
国籍別外国人登録者数　20, 21
国籍別技能実習生数　20, 24
こころとからだのしくみと生活支援技術
　　144
個人情報保護法　132
国家人権委員会　33
個別ケア　135
コミュニケーション　117
―――技術　138
雇用率　27

〈サ　行〉

サービス提供責任者　140
在留資格　22
―――別外国人数　20
―――別人数　23
事後学習　176
事前学習　176

事前研修　77
事前調査　5
実技試験　136
実務者研修　130
社会福祉士及び介護福祉士法　129
就学コース　187
就業形態及び性別離職率　126
就職制　32
自由貿易協定（FTA: Free Trade Agree-
　　ment）　48
就労コース　187
熟練労働者　68
出入国管理及び難民認定法　5, 47
出入国管理法　29
障害の理解　144
紹介料　119
商工部産業政策局　28
少子高齢化　1
処遇改善制度　20
職業倫理　132
女性総人口　17
自立支援　144
人権相談所　119
人権問題　3, 119
人権擁護　132
生活支援技術　138
生活指導員　84
生産年齢人口　11
政府開発援助　97
性別高齢人口　15
―――の推移　4, 15
世代間扶養　19
全産業平均離職率　48
専門的外国人労働者　35
総人口推移　10
総世帯　13
尊厳の保持　144

〈タ　行〉

ターミナルケア　145
第1次雇用対策基本計画　67
第1次ベビーブーム世代　11
第6次雇用対策基本計画　46

索　　引　　*209*

第 6 次出入国管理政策懇談会　　72
第 9 次雇用基本計画　　46
対人援助　　174
多文化共生社会　　1
男性総人口　　15
団体監理型　　23，74
中国　　20
中小企業協同組合中央会　　30
超高齢社会　　13
賃金水準　　27
賃金の未払い問題　　31
賃金未払い問題　　3
定住者　　23
出稼ぎ　　6
特定活動　　54，70
特定技能　　182
　　――1 号　　187
特別永住者　　23
特例雇用　　39
独居高齢世帯　　13

〈ナ　行〉

日本介護福祉士会　　129
日本学生支援機構　　97
日本看護協会　　57
日本経済団体連合会　　58
日本語基礎テスト　　190
日本語教育　　98
日本語能力　　60
　　――試験　　55
日本再興戦略　　60
日本人の配偶者等　　23
人間と社会　　132

認知症の理解　　144
認定介護福祉士　　141
年少人口　　11
年齢階級別人口　　11
　　――の推移　　4
年齢別人口の推移　　10

〈ハ・マ・ヤ・ラ　行〉

ハノイ国家大学外国語大学　　99
非専門的外国人労働者　　35
人づくり　　73
フィリピン　　20
フォローアップ　　88
富士山型　　150
ベトナム　　20
法定労働時間　　31
訪問介護員 1 級　　138
訪問介護員 2 級　　138
ホーチミン国家大学人文社会科学大学　　99
保健師助産師看護師法　　191
まんじゅう型　　150
要支援・要介護状態　　20
留学　　22
零細企業　　27
老化の理解　　144
労働基準　　31
　　――法　　119
労働力不足問題　　1
労働力不足　　27
老年人口　　11
　　――1 人を支える生産年齢人口　　18
　　――1 人を支える生産年齢人口の推移　　4

著者紹介

姜　美香（カン　ミヒャン）

　株式会社 そうせい介護支援事業所　部長，博士（人間福祉学）

1980年10月　韓国生まれ．
2014年3月　四天王寺大学大学院　人文社会学研究科人間福祉学専攻　博
　　　　　　士後期課程単位取得による満期退学
2017年3月　四天王寺大学大学院　人文社会学研究科人間福祉学専攻　博
　　　　　　士号取得
2017年7月　株式会社そうせい介護支援事業所　総務部　総務課長を経て
　　　　　　2018年7月より現職

# 外国人介護労働者の受入れと課題

| 2019年11月30日　初版第1刷発行 | ＊定価はカバーに 表示してあります |
|---|---|

著　者　　姜　　　美　香©

発行者　　植　田　　実

印刷者　　江　戸　孝　典

発行所　株式会社　晃　洋　書　房

〒615-0026　京都市右京区西院北矢掛町7番地
電話　075（312）0788番㈹
振替口座　01040-6-32280

装丁　野田和浩　　　　印刷・製本　共同印刷工業㈱

ISBN978-4-7710-3261-3

**JCOPY** 〈（社）出版者著作権管理機構　委託出版物〉

本書の無断複写は著作権法上での例外を除き禁じられています．
複写される場合は，そのつど事前に，（社）出版者著作権管理機構
（電話 03-5244-5088, FAX 03-5244-5089, e-mail: info@jcopy.or.jp）
の許諾を得てください．